Hans-Joachim Markowitsch

Dem Gedächtnis auf der Spur

Hans-Joachim Markowitsch

Dem Gedächtnis auf der Spur

Vom Erinnern und Vergessen

PRIMUS VERLAG

Einbandgestaltung: Jutta Schneider, Frankfurt a. M.

Einbandmotiv: Gedächtnisverarbeitung im menschlichen Gehirn (Hans-J. Markowitsch und Eva Böcker)

Die Deutsche Bibliothek – CIP-Einheitsaufnahme
Ein Titeldatensatz für diese Publikation ist bei
Der Deutschen Bibliothek erhältlich.

Gedruckt auf säurefreiem und alterungsbeständigem Papier
Printed in Germany

www.primusverlag.de

ISBN 3-89678-447-1

Inhalt

Vorwort

Dieses Buch soll „Gedächtnis“* für den interessierten Laien aus neurowissenschaftlicher Sicht in all seinen Facetten darstellen. Ich werde relativ ausführlich auf historische Beispiele und auf Beispiele aus den Anfängen der Hirnforschung eingehen, weil hierin die Wurzeln für ein Verständnis unserer heutigen Wissenschaft vom Gedächtnis und seiner hirnanatomischen und hirnphysiologischen Grundlagen liegen. Eingewoben in diese Beschreibungen werden aber viele Bezüge zur Jetztzeit und viele Vergleichsbeispiele, die eine Brücke zu unseren heutigen Auffassungen von funktioneller Anatomie und Informationsverarbeitung bilden.

Gedächtnis wird als zeitbezogen und als unterteilbar in inhaltlich unterschiedliche Systeme dargestellt. Beispiele für Gedächtnisleistungen im Tierbereich werden denen von Menschen gegenübergestellt. Hieraus abgeleitet werden „Bottom-up“- und „Top-down“-Zugänge zur Untersuchung von Lern- und Gedächtnisvorgängen. Die Hirnebene und hier insbesondere die möglichen Zusammenhänge zwischen Gehirn und Gedächtnis auf Humanebene werden ausführlich dokumentiert.

Weder Kapitel noch Unterkapitel sind in ihrer Länge gleichwertig. Das ist beabsichtigt. Es gibt Bereiche, die weniger ausführlich dargestellt zu werden brauchen als andere, die aber dennoch der Vollständigkeit halber Erwähnung finden müssen. Schwerpunkte in dem Buch sind teilweise natürlich auch Schwerpunkte eigener Forschung. Da für diese die Kompetenz des Autors vermutlich am höchsten ist, werden sie auch entsprechend ausführlicher dargestellt.

Das Buch vermittelt gleichwohl inhaltlich ausgewogen den Stand moderner Gedächtnisforschung, sowohl was Tierforschung als auch Humanforschung im gesunden und erkrankten Gehirn angehen und was unterschiedlichste Methoden bis hin zu den allermodernsten der funktionellen Bildgebung betrifft.

Am Ende des Buches befindet sich ein ausführliches Glossar. Tritt ein Fachbegriff, der im Glossar erklärt wird, das erste Mal im Text auf, wird er mit einem Sternchen versehen.

Ich danke Frau Prof. Dr. Monika Pritzel für viele Anregungen, insbesondere zu dem Bereich der Gedächtniskunst im Mittelalter, Frau Margot

Rengstorf für Korrekturen im Text und Frau Eva Böcker für die Anfertigung zahlreicher Abbildungen. Dem zuständigen Lektor der WBG, Herrn Christian Geinitz, danke ich für die sehr konstruktive Zusammenarbeit.

1. Gedächtnis – Formen und Facetten

Einführung

Sich zu erinnern ist nicht nur für den Einzelnen eine Selbstverständlichkeit im Alltag, sondern auch in fast allen Kulturen eine hoch gehaltene Tugend, die sich nicht nur in den Gedenktagen und der Geschichtswissenschaft widerspiegelt, sondern die sich auch in der Literatur in unzähligen Zitaten wiederfinden lässt (Box 1). Genauso wie wir auf unser funktionierendes Gedächtnis stolz sind, bedauern wir aber auch regelmäßig, dass wir etwas vergessen haben, uns etwas entfallen ist, es womöglich sogar auf der Zunge liegt, aber wir eben doch – wie durch eine unsichtbare Mauer blockiert – am erfolgreichen Abruf* gehindert sind.

Box 1: Zitate zum Thema ‚Gedächtnis und Erinnerung'

Erinnerung

- Die Erinnerung ist das einzige Paradies, aus welchem wir nicht vertrieben werden können. (*Jean Paul*)
- Die Erinnerungen verschönen das Leben, aber das Vergessen* allein macht es erträglich. (*Honoré de Balzac*)

Gedächtnis

- Das Gedächtnis verbindet die zahllosen Einzelphänomene zu einem Ganzen, und wie unser Leib in unzählige Atome zerstieben müßte, wenn nicht die Attraktion der Materie ihn zusammenhielte, so zerfiele ohne die bindende Macht des Gedächtnisses unser Bewußtsein* in so viele Splitter, als es Augenblicke zählt. (*Ewald Hering*)
- Der Lügner muß ein gutes Gedächtnis haben. (*M. Fabius Quintillianus*)
- Das Gedächtnis stirbt zuerst. (*Aucelot*)
- Das Gedächtnis will geübt sein. (*Leroux*)
- Was nicht im Gedächtnis ist, das ist nicht unser. (*Egeria*)
- Das habe ich getan, sagt das Gedächtnis. Das kann ich nicht getan haben, sagt mein Stolz und bleibt unerbittlich. Endlich – gibt mein Gedächtnis nach. (*Friedrich Nietzsche*)

- Das Gedächtnis nimmt ab, wenn man es nicht übt. (*Cicero, Cato maior)*
- Wer ein schlechtes Gedächtnis hat, wird nicht darum herumkommen, seine Fehler zu wiederholen. (*Indisches Sprichwort*)
- Ein Kopf ohne Gedächtniskraft ist eine Festung ohne Besatzung. (*Napoleon I.*)
- Wenn eine unserer Gaben noch großartiger als die anderen genannt werden kann, dann ist es, finde ich, das Gedächtnis. Es liegt etwas Verräterisches darin, dass die Stärke, das Versagen, die Unzuverlässigkeit des Gedächtnisses so viel unbegreiflicher ist als die all unserer anderen Geisteskräfte. Das Gedächtnis ist manchmal so verlässlich, so nützlich, so gehorsam und manchmal so verwirrt und so schwach und dann wieder so tyrannisch, so unkontrollierbar. (*Jane Austen*)

Woran dies liegen kann, wie Gedächtnis funktioniert, wie wir es üben können und wann es uns im Stich lässt, sind die Fragen, die in diesem Buch ausführlich erörtert werden. Ebenso aber geht es um die Verankerung der Erinnerung im Gehirn: Lässt sich Gedächtnis im Gehirn lokalisieren? Müssen wir dabei an umgrenzte einzelne Regionen – Orte der Erinnerung – denken oder an diffuse Netzwerke? Gibt es überhaupt anatomische Korrelate für unser Denken und Fühlen oder ist es eine Illusion, wenn man sich eine bleibende Abbildbarkeit der erlebten Außenwelt im Hirngewebe vorstellt (quasi wie die Wachstafel der alten Griechen)?

Sind unsere Erinnerungen abhängig von unserer Stimmung oder unserem Hormonhaushalt? Inwieweit ist Erinnerung an die Stimulierung durch die Außenwelt gebunden oder wird gar von ihr gesteuert? Können längst „vergessene" Erinnerungen wiederkommen? Marcel Proust beschrieb, dass der Geruch von Petit-Madeleine-Küchlein ihm unmittelbar ein Fenster zu entfernten, längst vergessen geglaubten Geschehnissen seiner Kindheit aufstieß (Box 2).

Eine 85-jährige Altenheimbewohnerin schrieb mir, dass sie mit einem Mal Gedichte aus ihrer Kindheit fließend aufsagen konnte, die sie die letzten 70 Jahre nicht wieder gehört hatte und an die sie auch nie gedacht hatte. Können wir hieraus nicht nur ableiten, dass wir weit mehr im Gehirn haben, als uns bewusst ist und dass bestimmte Erinnerungsinhalte unterdrückt oder gehemmt werden und dann, wenn die Hemmung (etwa auch durch die Abnahme der Neurone im alternden Gehirn) nachlässt, „verschüttete" Inhalte wieder an das Tageslicht gelangen können?

In Isabel Allendes (1999) Roman ›Fortunas Tochter‹ verfügt die zentrale Figur, Eliza Sommers, wie schon zu Anfang des Buches betont wurde, über zwei hervorstechende Fähigkeiten – ein gutes Gedächtnis und ein

Box 2: Auszug aus Marcel Proust:
Auf der Suche nach der verlorenen Zeit
(Proust 1954)

Viele Jahre lang hatte von Comprèse, außer dem was der Schauplatz und das Drama meines Zubettgehens war, nichts für mich existiert, als meine Mutter an einem Wintertag, an dem ich durchfroren nach Hause kam, mir vorschlug, ich solle entgegen meiner Gewohnheit eine Tasse Tee zu mir nehmen [...] Gleich darauf führte ich, bedrückt durch den trüben Tag und die Aussicht auf den traurigen folgenden, einen Löffel Tee mit dem aufgeweichten kleinen Stücke Madeleine darin an die Lippen. In der Sekunde nun, als dieser mit dem Kuchengeschmack gemischte Schluck Tee meinen Gaumen berührte, zuckte ich zusammen und war wie gebannt durch etwas Ungewöhnliches, das sich in mir vollzog. Ein unerhörtes Glücksgefühl, das ganz für sich allein bestand und dessen Grund mir unbekannt blieb, hatte mich durchströmt. Mit einem Schlage waren mir die Wechselfälle des Lebens gleichgültig, seine Katastrophen zu harmlosen Mißgeschicken geworden. Gleichzeitig aber fühlte ich mich von einer köstlichen Substanz erfüllt oder diese Substanz war vielmehr nicht in mir, sondern ich war sie selbst [...] Woher strömte diese mächtige Freude zu mir? Ich fühlte, dass sie mit dem Geschmack des Tees und des Kuchens in Verbindung stand, aber darüber hinausging und von ganz anderer Wesensart war. Woher kam sie mir? Was bedeutete sie? Wo konnte ich sie fassen? Ich trinke einen zweiten Schluck und finde nichts anderes darin als im ersten. Dann einen dritten, der mir sogar etwas weniger davon schenkt als der vorige. Ich muß aufhören, denn die geheime Kraft des Trankes scheint nachzulassen. Es ist ganz offenbar, daß die Wahrheit, die ich suche, nicht in ihm ist, sondern in mir. [...] Sicherlich muß das, was in meinem Inneren in Bewegung geraten ist, das Bild, die visuelle Erinnerung sein, die zu diesem Geschmack gehört und die nun versucht, mit jenem bis zu mir zu gelangen. Aber sie müht sich in so großer Ferne und nur allzu schwach erkennbar. Wird sie bis an die Oberfläche meines Bewußtseins gelangen? Diese Erinnerung, jener Augenblick von einst, [...] Wer weiß, ob es je wieder aus dem Dunklen emporsteigen wird. Zehnmal muß ich wieder versuchen, mich zu ihm hinunterzubeugen und jedes Mal rät mir die Trägheit, die uns von jeder schwierigen Aufgabe fernhalten will, das Ganze auf sich beruhen zu lassen, meinen Tee zu trinken im ausschließlichen Gedanken an meine Kümmernisse von heute und meine Wünsche für morgen, die ich unaufhörlich und mühelos in mir bewegen kann und dann – mit einem Male – war die Erinnerung da. Der Geschmack war der jener Madeleine, die mir am Sonntagmorgen in Comprèse, sobald ich ihr guten Morgen sagte, meine Tante Leonie anbot, nachdem sie sie in ihren schwarzen oder Lindenblütentee getaucht hatte.

ausgezeichnetes Geruchsvermögen. Beides hängt, wie die Hirnforschung weiß, zusammen, wenngleich zum Teil indirekt. So ist insbesondere die Einspeicherung* persönlicher und damit emotional besetzter Erlebnisse an Hirnregionen gebunden, die früher als Riechhirn* bezeichnet wurden (heute wird ein umfassenderer Begriff gewählt). Auch weiß man, dass Patienten mit Alzheimer-Krankheit* schon zu Beginn ihrer Erkrankung ihr Geruchsvermögen stark einbüßen; gleichzeitig stellen Gedächtnisstörungen (Vergesslichkeit) auch ein Initialsymptom der Erkrankung dar.

Ein weiteres Thema dieses Buches ist die Vielfalt der Gedächtnisformen – vom Erinnern, wie man beim Schifahren abbremst, bis zum ersten Kuss in der Pubertät – und die der Gedächtnisstörungen, angefangen von Beeinträchtigungen nach einfachem Alkoholrausch über solche nach schwerem Kinnhaken bis hin zu denen nach Hirntumor oder Hirninfarkt. ‚Gedächtnis und Zeit', ‚Gedächtnis und Bewusstsein' und ‚Gedächtnis und Affekt' sind weitere Ecksteine dieser Monographie. Auch werden individuelle Besonderheiten beschrieben – vom Gedächtniskünstler, der 100 Ziffern in umgekehrter Reihenfolge aufzählen kann, bis zum *Idiot savant*, der zwar die Blumen im Klostergarten auf Deutsch und Latein fließend „vorbeten" kann, aber nicht zwei mit sechs zu multiplizieren in der Lage ist.

Wann kann man sich auf sein Gedächtnis verlassen, wann täuscht es einen, obwohl man „steif und fest" der Meinung ist, das Gesagte so erlebt zu haben? Lässt Gedächtnis sich im Computer finden, gar an Maschinen „abgeben" – wann und wo helfen moderne Varianten des Knotens im Taschentuch? Ist eine zunehmende Lückenhaftigkeit des Gedächtnisses, die *benigne Altersvergesslichkeit,* unser aller Schicksal, wer bekommt besonders wahrscheinlich eine *Altersdemenz*? „Wie kann ich mein Gedächtnis trainieren?", „Hilft geistige Flexibilität gegen ein vorzeitiges Ausbrechen der Alzheimer'schen Krankheit?" und „Leistet ein großes Gehirn mehr als ein kleines Gehirn?". Auf all diese Fragen soll hier eine Antwort gegeben werden.

Obwohl jedes der Schicksale von Patienten mit Amnesie* – dem nahezu vollkommenen Verlust, sich an die eigene Vergangenheit zu erinnern, oder der hochgradigen Unmöglichkeit, sich neue Information bleibend anzueignen – tragisch ist, hat die Wissenschaft gerade durch das intensive Studium dieser Kranken wertvolle Einsichten in die Hirnvorgänge von Informationsaufnahme, Informationsablagerung und Informationsabruf bekommen. Auch hat man inzwischen neurophysiologische Erklärungsansätze für Phänomene, die die Psychoanalyse als Repression* oder Verdrängung dem Wirken des dunklen Es zuschrieb.

Menschen können ihr Gedächtnis verlieren und wissen nicht einmal darum. Ein Neurologieprofessor, der nach einem Schlaganfall vollständig unfähig blieb, sich Neues einzuprägen, antwortete mir auf die Frage, wie er sein Gedächtnis einschätze, mit: „Wie soll's schon sein, normal." Und auf die Nachfrage: „Meinen Sie nicht doch, dass Sie Probleme haben?", mit: „Ja, Witze kann ich mir schlecht merken und meine Träume behalte ich nicht." Dass er aber eine Minute, nachdem er ein Bild gesehen hatte, sich nicht mehr an dieses erinnerte und er weder Jahreszeit noch Jahresdatum nennen konnte, blieb ihm unbewusst.

Andere Menschen können aber auch ohne Erinnerung sein und bedauern dies in nahezu jeder Stunde ihres Lebens. Eine 46-jährige Frau schrieb mir folgenden Brief:

Herr Markowitsch,

ich habe in dem Artikel ‚Zwei Seiten der Erinnerung' in der FAZ vom 09. 06. 99 über Ihre Arbeit gelesen.

Es ist möglich, daß ich in den letzten Jahren schon einmal an Sie geschrieben habe, denn daß ein Psychologe in Bielefeld sich mit den Gehirnfunktionen beschäftigt, die bei mir gestört sind, fiel mir bei der Lektüre des Artikels wieder ein. Ich habe allerdings keine Erinnerung daran, ob ich Ihnen schon einen Brief geschrieben habe. Zwar liegt keine Kopie eines Schreibens in dem Aktenordner, in dem ich Kopien meiner Korrespondenz mit jedwedem ablege, aber es ist möglich, daß ich vergessen habe, eine einzulegen.

Aus dieser Einleitung können Sie ersehen, daß ich eine Gedächtnisstörung habe. Man hat mir gesagt, ich habe sie mir zugezogen, als ich Anfang 1993 in dem, was man ‚suizidale Absicht' nennt, aus einem siebten Stockwerk gesprungen sei. Wenn man mir etwas anderes erzählt hätte, würde ich das auch glauben. Glauben müssen.

Meine Gedächtnisstörung setzt ungefähr ein, als ich um die 30 Jahre alt war. Jetzt bin ich 46. Und der Meinung, ich sei erst seit etwa einem Jahr wieder halbwegs bei Verstand, aber ich habe in meiner Existenz nach dem Sprung Dutzende (unübertrieben Dutzende) von DIN-AE-Heften vollgekritzelt. Ich erinnere die Zeit, in der ich damit angefangen habe, nicht – aber wenn ich Hefte aus dem Jahr 1994 lese, wundere ich mich über die logisch denkende Person, die da geschrieben hat, und die ich war.

Ich werde jetzt diese Ausführungen unterbrechen – ich könnte seitenweise weiterschreiben, um Ihnen eine nur grobe Schilderung meines Zustandes zu geben. Der Grund meines Schreibens: Glücklicherweise betrachte ich mich selbst als ‚faszinierenden Fall'. (Glücklicherweise, denn sonst würde ich ‚verrückt', so wie sich der Kleinbürger Verrücktheit vorstellt – also anfangen zu schreien und nie wieder aufhören.)

Mir fehlen zwar ca. 15 Jahre aus meinem Leben vor dem Sprung, aber durch die Lektüre meiner vielen alten Tagebücher (ich habe seit meinem vierzehnten Lebensjahr gekritzelt), sind ‚Erinnerungen' gekommen. Erinnerungen in Anführungszeichen, weil es Bilder sind, die aufblitzen und nicht das, was man wohl allgemein Erinnerung nennt.

Ein Beispiel: Als ich über die Wohnung eines total vergessenen Freundes las (mit dem ich, laut Kritzelheft, das Aufgebot bestellt habe), kam ein ‚Biedermeiersofa' in dem Text vor. Seitdem weiß ich, detailliert, wie die Wohnung aussah. (Leider ist der Mann nicht auf den Bildern.)

Abgesehen von diesen ‚Blitzlichtern', die ich aus dem habe, was ich meine ‚total' vergessene Vergangenheit nenne, scheint das, was in dem FAZ-Artikel als ‚semantisches Gedächtnis' bezeichnet wird, erhalten geblieben zu sein.

Wie Sie sehen, kann ich noch tippen. Auch die Fremdsprachen, die ich beherrschte, verstehe ich noch mit der üblichen Verschlechterung, die durch Nichtgebrauch kommt. Die FAZ ist auf meinen Wunsch vor längerer Zeit für mich abonniert worden (zu so etwas ‚Konkretem', wie etwas zu bestellen, war ich damals noch nicht fähig), und wenn ich auch die Informationen, die ich täglich aus ihr erhalte, schnell wieder vergesse, erinnere ich die ‚Urteile', die ich über bestimmte Themen getroffen habe.

Jetzt werde ich endlich konkret:

Ich habe versucht, über das, was ich ‚meine Macke' nenne, Literaturempfehlungen zu bekommen. Vor allem interessiert mich, ob Leute, die etwas Ähnliches haben, darüber einen ‚Erfahrungsbericht' geschrieben haben oder jemand es über sie gemacht hat. Als Autobiographisches oder Biographisches.

Recht erfolglos. Alexander Lurija: ›Der Mann, dessen Welt in Scherben ging‹.

Wissenschaftliche Literatur ist mir gar nicht empfohlen worden. Es ist möglich, daß man mich für unfähig hielt, sie zu verstehen, obwohl ich glaube, daß ich als Person, die vor 25 Jahren Abitur gemacht hat und an der Universität studiert hat (ohne Abschluß), über Wischiwaschibildung verfüge. Aber vielleicht kannten die Leute, die ich gefragt habe, auch keine passenden Titel.

Langer Rede kurzer Sinn: Ich möchte Sie bitten, mir Literatur zu empfehlen: Telefonisch wäre auch möglich: ... (ist meine Privatnummer). Ich würde mich sehr freuen, wenn Sie mir einen Tip geben könnten. Denn glücklicherweise habe ich mein ganzes Leben die Einsamkeit geliebt und bin dadurch ein bißchen vorbereitet gewesen, doch so allein wie jemand mit meiner Störung sich fühlt, ist etwas, was keiner von uns vermitteln kann, aber es wäre tröstlich, wenn jemand außer mir es versucht hätte.

Denn in meiner Neuexistenz verbringe ich täglich mehrere Stunden mit Schreiben. Nicht nur über meine Störung, aber es ist doch fast immer ein Teil meines Gekritzeles.

Ich würde dankbar sein, wenn ich eine Antwort erhielte.

Aus diesem Brief wird deutlich, dass die Schreiberin ihren Zustand reflektieren kann, sie ihn offensichtlich auch beklagt, wenngleich schon resignierend. Inwieweit lässt sich die Schreiberin nach diesen Erlebnissen noch als die Person und Persönlichkeit ansehen, die sie vor ihrem „Fenstersturz" war? Müssen wir unsere Strafgesetze ändern, weil „Verbrecher" sich nicht an ihre Untaten erinnern können, sie nach dem Verbrechen zu einem anderen Menschen geworden sind? Auch derartige Fälle von massiven Amnesien, die insbesondere alle Umstände im Umfeld eines begangenen Verbrechens, unter Umständen sogar die gesamte bislang erlebte Biographie betreffen, finden sich zunehmend und verwirren Juristen bei ihrer Urteilsfindung. Sie können aber auch jeden Betroffenen und Nichtbetroffenen verunsichern, der sich die Frage stellt, ob er der ist, der er einmal war, oder ob ein stark emotionalisierendes Ereignis, z. B. das Miterleben der Ermordung des Lebenspartners, aus ihm – dem Saulus – einen anderen Menschen – den Paulus – gemacht hat. Bestimmt das Sein das Bewusstsein, wie Karl Marx meinte, und somit auch die Erinnerungsfähigkeit?

Interessanterweise geht mit einer reduzierten Fähigkeit, sich auf seine Vergangenheit zu besinnen, auch eine Affektverflachung einher. Die Patienten sind häufig weit weniger über ihren Zustand betroffen, als wir uns dies vorstellen. Ein Patient sagte mir, dass Lebensereignisse für ihn offensichtlich weit weniger bedeutsam seien als für seine Frau und seine Kinder. Eine Patientin schrieb: „Ich bin nicht einmal fähig gewesen, und das dauert an, meine Söhne in die Arme zu schließen oder meine Enkelkinder. ... Ich habe mich mit meinem So-Sein abgefunden, im Februar erreiche ich vielleicht meinen 60. Geburtstag oder meinen wirklich 27. Ich weiß, dass sich nichts ändern wird."

Da gerade diese Zitate auf die Verquickung von Emotion und biographischen Erinnerungen hinweisen, stellt sich die Frage, ob derartige Verbindungen auch bei Tieren zu finden sind und ob sich im Tierreich überhaupt eine dem Menschen analoge Vielfalt an nachweisbaren Gedächtnisformen finden lässt. Können sich Tiere an Episoden aus ihrer Kindheit erinnern, können sie – was wir prospektives Gedächtnis nennen – bewusst ihre Zukunft planen? Sollte man diese Fragen spezifisch auch an bestimmte Tierarten richten und lassen sich mit den heutigen Methoden der Verhaltens- und der Hirnforschung Antworten finden? Dies werden weitere Themen des Buches sein, um die Facetten der Gedächtnisforschung offen zu legen.

Warum gibt es überhaupt Gedächtnis?

Gedächtnis hat in unterschiedlichen Wissenschaftsbereichen ganz unterschiedliche Konnotationen – Computerwissenschaftler, Techniker und Informatiker sehen Gedächtnis in Chips oder auf Tonbandspuren, Kultur- und Geisteswissenschaftler sprechen vom Volksgedächtnis und für die Psychologen und Neurowissenschaftler ist Gedächtnis an das Gehirn geknüpft und ist, da individuell gebunden, allen möglichen Interferenzen* und Schwankungen ausgesetzt. Wichtig ist deswegen sich die Frage zu stellen, wozu Gedächtnis gut ist. Ich will meine Antwort auf den neurowissen-

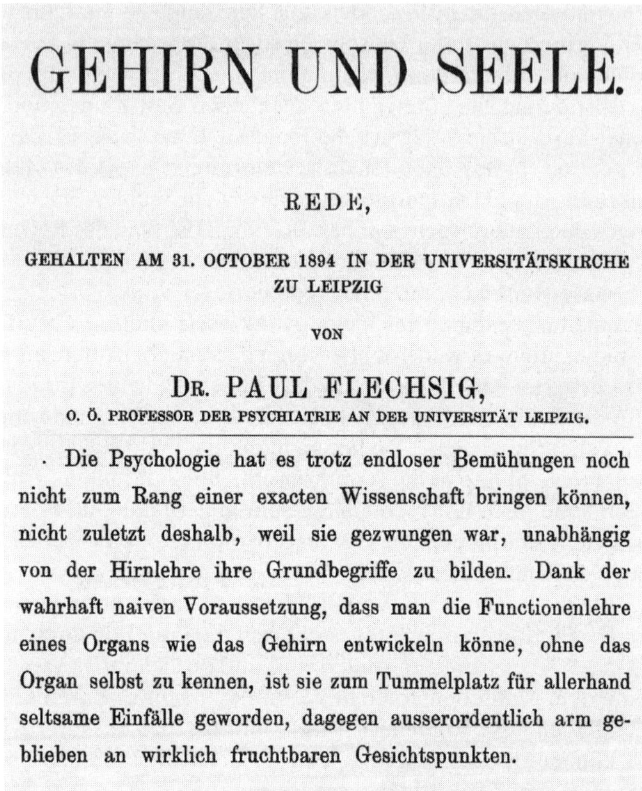

GEHIRN UND SEELE.

REDE,

GEHALTEN AM 31. OCTOBER 1894 IN DER UNIVERSITÄTSKIRCHE
ZU LEIPZIG

VON

DR. PAUL FLECHSIG,

O. Ö. PROFESSOR DER PSYCHIATRIE AN DER UNIVERSITÄT LEIPZIG.

· Die Psychologie hat es trotz endloser Bemühungen noch nicht zum Rang einer exacten Wissenschaft bringen können, nicht zuletzt deshalb, weil sie gezwungen war, unabhängig von der Hirnlehre ihre Grundbegriffe zu bilden. Dank der wahrhaft naiven Voraussetzung, dass man die Functionenlehre eines Organs wie das Gehirn entwickeln könne, ohne das Organ selbst zu kennen, ist sie zum Tummelplatz für allerhand seltsame Einfälle geworden, dagegen ausserordentlich arm geblieben an wirklich fruchtbaren Gesichtspunkten.

Abb. 1: Ausriss aus der ersten Seite von Flechsigs Rede von 1894 (aus P. Flechsig: Gehirn und Seele. Leipzig: Veit u. Co. 1896).

schaftlichen Bereich beschränken und Gedächtnis aus evolutionsbiologischer Perspektive erklären.

Wie schon oben erwähnt, wird die Hauptfigur in Isabell Allendes Biographie ›Fortunas Tochter‹ durch zwei hervorstechende Merkmale charakterisiert: ihr gutes Geruchsvermögen und ihr gutes Gedächtnis – Merkmale, die für den Neurobiologen zusammengehören. Die Geruchsverarbeitung geschieht wesentlich in „mittelalten“ Hirnstrukturen des sog. Limbischen Systems*. Diese Hirnstrukturen werden in Box 3 näher besprochen.

Die Verbindung von Psychologie und Hirnforschung ist für ein Verständnis von Gedächtnisvorgängen essentiell; dies haben inzwischen die meisten Psychologen, ja sogar viele Psychoanalytiker anerkannt. Vor

100 Jahren dagegen schien Flechsig (Abb. 1) noch gegen Windmühlen anzurennen, als er in seiner Leipziger Rede von 1894 (gedruckt 1896) hierauf hinwies.

Ebenso finden im Limbischen System die Verarbeitung von Affekt und bedeutende Teile der Gedächtnisverarbeitung statt, nämlich die Einspeicherung von Information und deren Übertragung zur festen, langfristigen Ablagerung*. 1937 postulierte der Hirnforscher James Papez, dass es im Limbischen System einen Schaltkreis gebe, der Emotionen verarbeite (Papez 1937). Später wurde der gleiche Schaltkreis als essentiell für die Einspeicherung und Weiterverarbeitung von Gedächtnis angesehen. Innerhalb des Limbischen Systems gibt es Hirnstrukturen, die eher für die kognitiven Komponenten der Informationsverarbeitung zuständig sind, und andere, die sich eher um die affektiven kümmern.

Warum also haben wir und brauchen wir Gedächtnis? Die (oder eine) Antwort ist offensichtlich: Gedächtnis ermöglicht uns, in der Welt selbständig zu bestehen. Wir können auf allgemeines Wissen zurückgreifen, etwa auf das, was wir in der Schule gelernt und behalten haben, und wir können uns als soziales Individuum zu anderen Menschen und zu unserer eigenen Vergangenheit in Beziehung setzen. Gedächtnis ist einfach lebenspraktisch. Darüber hinaus ermöglicht Gedächtnis uns, Information zu tradieren: Wir können unser Wissen und unsere Erinnerungen aufzeichnen und weitergeben und können damit ein *Geschichtsbewusstsein* entwickeln, oder einfacher ausgedrückt: Wir müssen nicht in jeder Generation das Rad neu erfinden. Diese Tradierung wird manchmal als kollektives Gedächtnis verstanden und findet sich in Abwandlungen auch in psychodynamischen Ansätzen, die dann allerdings mehr den genetisch programmierten Verhaltensweisen sozialer Insekten ähneln. Carl Gustav Jungs Archetypen (z. B. die im Traum ausfallenden Zähne) oder die in der modernen Literatur anzutreffende Vorstellung, wir alle würden uns das Paradies gleichartig vorstellen, nämlich so, wie die afrikanische Landschaft der Urmenschen aussah, passen in diese Sichtweise.

Aber warum haben Tiere, die in keiner Schule waren und die manchmal sehr isoliert leben, Gedächtnis? Hier spielen – wie meist in den Biowissenschaften – Überlebensvorteile eine Rolle: Es war für das Überleben des *Individuums* von Vorteil, wenn es beispielsweise über seinen Geruchssinn behielt, welche Nahrung schmackhaft und welche toxisch ist oder wo es die süßesten Früchte gibt. Für das Überleben der *Art* wiederum war es notwendig, sich Aussehen und Geruch von Feinden zu merken oder den Geruch eines paarungsbereiten Partners von dem eines aggressiven differenzieren zu können und diese Geruchsstoffe differenziert behalten zu können.

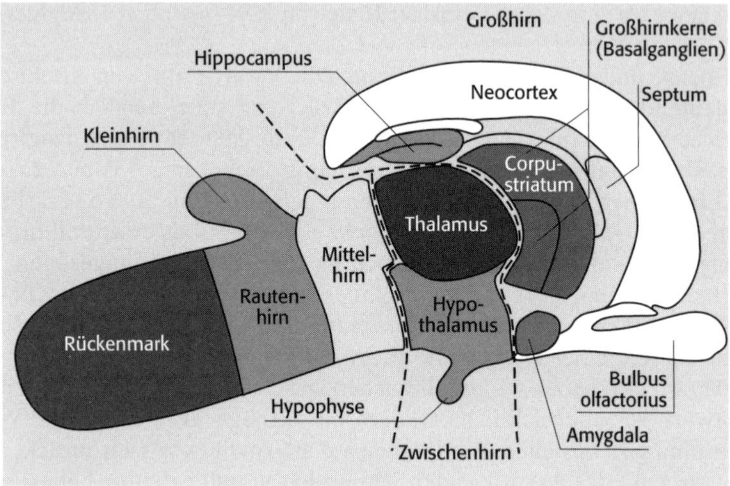

Abb. 2: Schematische Aufteilung des Säugetiergehirns in seine fünf Grundabschnitte – das Großhirn, Zwischenhirn, Mittelhirn, Brücken- oder Rautenhirn und Rückenmark. Unter Neocortex versteht man den entwicklungsgeschichtlich jüngeren, in sechs horizontale Schichten ausdifferenzierten Cortex; phylogenetisch alter Cortex – wozu auch der Hippocampus gehört – hat nur drei, vier oder fünf Schichten. Thalamus und Hypothalamus bilden zusammen das Zwischenhirn.

Box 3: Strukturen des Limbischen Systems und ihre grundsätzlichen funktionellen Implikationen

ANATOMIE

Das Gehirn wird in fünf Hauptbereiche unterteilt: **End-* oder Großhirn*, Zwischenhirn, Mittelhirn*, Brücken-* oder Rautenhirn*** und den **Rückenmarksbereich** (Abb. 2). Von diesen sind diejenigen, die sozusagen „oben" und „außen" liegen, die entwicklungsgeschichtlich jüngsten. Diese und Regionen in dem darunter liegenden Zwischenhirn stellen die Bezirke dar, die vorwiegend mit der Informationsverarbeitung (**Lernen** und **Gedächtnis**) befasst sind. In beiden Bereichen – dem End- und dem Zwischenhirn – befinden sich auch die wichtigsten limbischen Hirnstrukturen. Im Zwischenhirn gibt es nur zwei wichtige Regionen, die jeweils aus sog. Kernen* bestehen – eine oben liegende, die sog. medial thalamische, und eine an der Hirnbasis, die hypothalamische. Innerhalb der hypothalami-

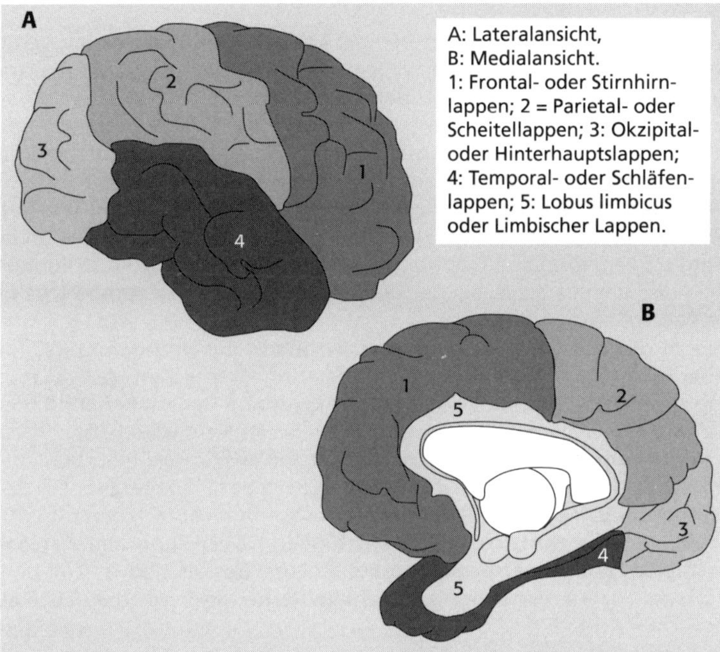

A: Lateralansicht,
B: Medialansicht.
1: Frontal- oder Stirnhirnlappen; 2 = Parietal- oder Scheitellappen; 3: Okzipital- oder Hinterhauptslappen; 4: Temporal- oder Schläfenlappen; 5: Lobus limbicus oder Limbischer Lappen.

Abb. 3: Unterteilung der Großhirnhemisphäre in Lappen.

schen ist es wiederum die am tiefsten unten liegende Struktur – die Mammillarkörper* –, die an der Informationsverarbeitung wesentlich mitwirkt. Ein wichtiger Bestandteil des Endhirns ist die Hirnrinde (Cortex*). Wie der Name ‚Rinde' sagt, ist der Vergleich mit der Rinde eines Baumes durchaus angebracht; es handelt sich um eine 2 bis 6 mm dünne Ummantelung des Großhirns – die „graue Masse"*. Andere Bestandteile sind die darunter liegende „weiße Masse"* (ein kabelartiges Fasergeflecht, das die Verbindungen und damit die Kommunikation innerhalb und zwischen den verschiedenen Hirnarealen gewährleistet) sowie Endhirnkerne. Kerne sind Zusammenballungen von Nervenzellen, die sich unterhalb der Hirnrinde, also im Hirninnern befinden.
Die Hirnrinde unterteilt sich in mehrere große Bezirke, die als solche häufig dann genannt werden, wenn innerhalb ihrer Schäden auftreten oder man Bereiche angeben will, denen man bestimmte Funktionen zuspricht. Abbildung 3 zeigt diese (Hirn-)Lappen genannten Bereiche für die Außen- oder Lateral- und die Innen- oder Medialfläche des Großhirns.

FUNKTION(EN)

Im Grundsatz haben alle Strukturen des **Limbischen Systems** mit der Informationsverarbeitung zu tun, viele darüber hinaus mit der Verarbeitung von Affekt (**Emotionen**). Eventuell sind insbesondere die Kerne im oberen (thalamischen) Teil des Zwischenhirns mit der Bewusstwerdung oder dem Erlangen von **Bewusstsein** beschäftigt. Diese Kerne spielen auch eine Rolle bei der Schlafregulierung.

Kernstrukturen des Endhirns heißen **Amygdala*** (Mandelkern) und **Septum***. Sie sind primär an der Bewertung einkommender Information beteiligt („Evaluation von Emotionen"), haben aber noch weitere Funktionen – die Amygdala z.B. bei der Geruchsbewertung, die Septumkerne bei der Kontrolle von Aggression.

Die zentralste Struktur im Limbischen System ist der **Hippocampus*** (genauer wäre es, von Hippocampaler Formation zu sprechen, da es sich um eine anatomisch und funktionell diversifizierbare Region handelt). Viele – selbst Fachwissenschaftler – betrachten ihn als Kern oder heben ihn als getrennt vom Cortex ab, tatsächlich ist er Teil des Cortex, nur eben einer der ältesten Teile. („Alt" heißt, dass er sich in der Phylogenese, der Entwicklungsgeschichte, des Säugetiergehirns schon recht früh herausbildete – bevor andere Cortexregionen entstanden.) Der Hippocampus („Seepferdchen") hat eine recht charakteristische Gestalt und ist Ziel einer Großzahl von Tierversuchen – sowohl im Verhaltensbereich als auch auf neurochemischer Ebene.

Viele Strukturen des Limbischen Systems sind untereinander durch Schaltkreise verbunden. Die wichtigsten beiden sind der **Papez'sche Schaltkreis*** und der **basolaterale limbische Kreis*** (Abb. 4).

Der Papez'sche Schaltkreis verbindet über den Fornix* (ein Faserstrang) den Hippocampus mit den Mammillarkörpern; diese dann werden über den mammillothalamischen Trakt mit vorderen („anterioren") Thalamus*-Kernen verknüpft, und von diesen wiederum geht eine Projektion (thalamo-corticale Fasern) teilweise direkt zurück zum Hippocampus, teilweise indirekt über den sog. cingulären Cortex und das in ihm gelegene Fasergeflecht, das sich Cingulum nennt.

Der Papez'sche Schaltkreis ist grundsätzlich für die eher **kognitiven Aspekte** der Informationsselektion und -auswahl zuständig; er vollzieht die Übertragung von Information zur Ablagerung im Langzeitgedächtnis*. (Als **Kurzzeitgedächtnis*** wird die Spanne von Sekunden bis wenigen Minuten betrachtet, alles zeitlich darüber Hinausgehende gilt als **Langzeitgedächtnis**.)

Der basolaterale limbische Kreis ist mit dem Papez'schen verbunden und unterstützt diesen bei der Auswahl von zu speichernden Informationsinhalten. Ihm obliegt primär die **emotive Selektion** von Informationsinhalten. Zusammengesetzt ist er aus drei Strukturkomplexen: der Amygdala, von der eine Faserverbindung (ventrale amygdalofugale Bahn) in den

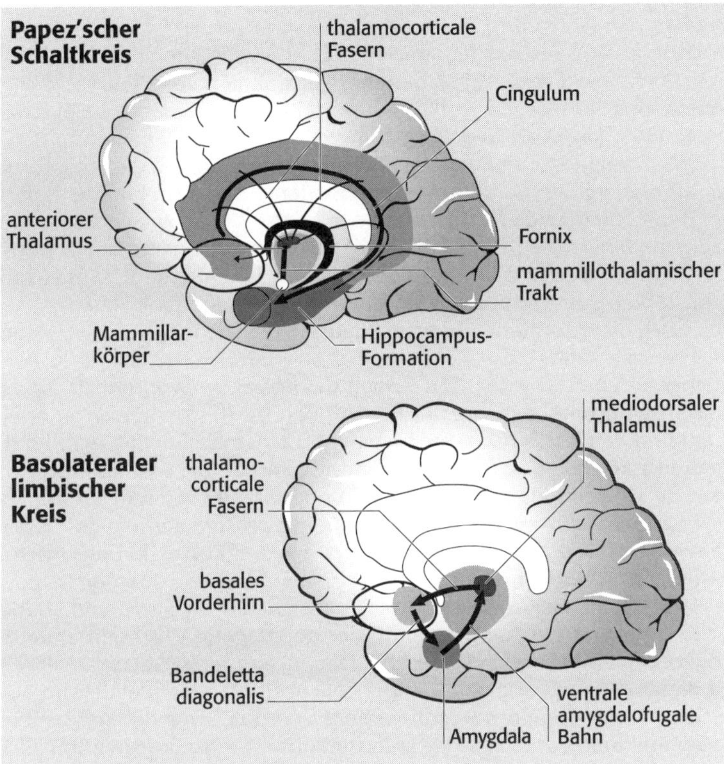

Abb. 4: Die beiden Schaltkreise des Limbischen Systems.

mittleren Thalamusbereich (mediodorsalen Thalamus) verläuft, und dem basalen Vorderhirn (in dem sich das Septum befindet), das über thalamocorticale Fasern erreicht wird. Vom basalen Vorderhirn läuft ein Faserzug (die Bandeletta diagonalis) zurück in die Amygdala.

Schon vor Papez' Zeit gab es Wissenschaftler, die auf die Bedeutung limbischer Hirnstrukturen für Gedächtnis und Bewusstsein verwiesen (Papez selbst stellte übrigens den nach ihm benannten Kreis als einen Emotionen verarbeitenden dar): Im Jahre 1925 beschrieb Dercum den Thalamus als Sitz aller Wahrnehmungen, Gefühle und Emotionen und meinte, dass thalamische Aktivität die notwendige Voraussetzung für bewusstes Erleben darstelle. (Umgekehrt meinte LeDoux ein Dreivierteljahrhundert später [1996], dass der Thalamus Wahrnehmungen schon verhaltenswirksam an die Amygdala weiterleiten könne, bevor diese vom Cortex auf ihren Sinn hin überprüft wären.)

Ein anderer Wissenschaftler vor Papez (1937) war Gamper, der 1928 die nach Korsakow (1854–1900) benannte Krankheit untersuchte, die im Grunde eine Vitaminmangelkrankheit darstellt, in unserer Gesellschaft aber am häufigsten als Folgekrankheit übermäßigen Alkoholkonsums auftritt. Man weiß, dass als Folge des Korsakow-Syndroms Gedächtnisstörungen und damit verbunden Störungen der Zeitwahrnehmung auftreten. Diese kommen dadurch zustande, dass das Korsakow-Syndrom regelmäßig mit einer Schädigung kleinerer Strukturen im Inneren des Gehirns – dem Zwischenhirn (Thalamus, Hypothalamus*) – einhergeht. Diese Strukturen zählen zum Limbischen System und stellen eine Art Flaschenhälse dar, durch die Information hindurch muss, bevor sie langfristig abgespeichert werden kann.

Gamper nun betrachtete schon damals das Korsakow-Syndrom als Diskonnektionssyndrom*, das zu einer Unfähigkeit führt, sich zeitlich zu orientieren und damit sich das eigene Ich bewusst zu machen. Er beschrieb die Mammillarkörper (eine für die Gedächtnisverarbeitung wichtige hypothalamische Struktur) als „wichtige[n] Knotenpunkt des vegetativen Apparates, [...], eine Zentralstelle, die irgendwie mit der Regulierung des Zusammenwirkens zwischen Mittelhirn, Thalamus und Cortex bei psychischen Vorgängen zu tun hat, derart, daß bei ihrer Schädigung oder Vernichtung als Herdsymptom jener eigenartige Riß zwischen Bewußtsein und Erleben in der Gegenwart zustandekommt, der durch volles Wachsein ohne die Möglichkeit eines Erlebniszuwachses gekennzeichnet ist".

Mit dieser Beschreibung gab Gamper gleichzeitig auch ein einleuchtendes Beispiel für den Terminus *Diskonnektionssyndrom*: Es handelt sich um eine funktionelle Störung, die dadurch bedingt ist, dass Information nicht mehr zwischen zwei oder noch mehr Regionen fließen kann, ohne dass der Ort der Unterbrechung selbst (allein oder primär) für die Funktion relevant sein muss.

WESENTLICHE LIMBISCHE STRUKTUREN
UND DEREN DOMINANTE FUNKTION(EN) (vgl. Abb. 4)

Hippocampale Formation	(Neu-)Gedächtnis, räumlich-zeitliche Integration
Entorhinaler, perirhinaler Cortex (um den Hippocampus herum angeordnete Regionen)	(Neu-)Gedächtnis
Gyrus* cinguli	Aufmerksamkeit, Triebe, Schmerzwahrnehmung
Anteriorer und medialer Thalamus	Gedächtnis, Schlaf, Emotionsverarbeitung

Assoziierte Regionen:	
Medialer und orbitofrontaler Cortex	Emotionale Bewertung, Sozialverhalten, Initiative (Initiierung des Informationsabrufs)
Schläfenlappenspitze	Gedächtnisbezogene sensorische Integration, Initiierung des Informationsabrufs, Hervorholen von Engrammen*
Temporaler Cortex*, inferotemporaler Cortex	Schläfenlappen bzw. dessen untere Windung. In diesen Bereichen werden wesentliche Engrammkomponenten vermutet.
Fasersysteme:	
Fornix	(Neu-)Gedächtnis?
Mammillothalamischer Trakt	(Neu-)Gedächtnis?
Fasciculus uncinatus	Altgedächtnis*(abruf)?
Cingulum	(Neu-)Gedächtnis?

Aus den in der Box 3 genannten Beispielen wird ersichtlich, dass sich die frühen Gedächtnisinhalte weitgehend auf Gerüche bezogen und damit wiederum Strukturen des Limbischen Systems aktivierten, d.h. Strukturen eines Systems, das zu Beginn der Hirnforschung als Riechsystem galt und in dem – z.B. mit der Amygdala – tatsächlich Gerüche verarbeitende Strukturen enthalten sind. Hierdurch wird auch die Tieren wie Menschen gemeinsame Geschichte des Gedächtnisses deutlich, nämlich Gedächtnis zuerst einmal als affektbezogene Informationsverarbeitung zu erleben. Dieses Gedächtnissystem ist interessanterweise beim Menschen offensichtlich am höchsten entwickelt, aber auch am anfälligsten gegenüber störenden Einflüssen wie Hirnschäden oder traumatischen Erlebnissen. Weiter unten wird erläutert, dass dieses Gedächtnissystem nur eines unter mehreren ist und dass es hirnanatomisch am komplexesten verschaltet ist.

Die Bedeutung des Limbischen Systems für unser Gedächtnis wird – wie häufig im Bereich der Hirnforschung – am ehesten deutlich, wenn man sich Patienten (oder manchmal auch Tiere) mit Hirnschädigungen anschaut. Hier will ich deswegen zwei Syndrome, die mit Schäden im Bereich des Limbischen Systems zu tun haben, vorstellen und das klassische Fallbeispiel für Gedächtnisstörungen nach Verletzungen innerhalb des Limbischen Systems – den Fall des Patienten H. M. – anführen. Die Syndrome sind das *Klüver-Bucy-Syndrom* und die *Urbach-Wiethe-Krankheit.* Die Beschreibung weiterer Patienten mit selektiven Gedächtnisstörungen findet sich an anderen Stellen.

Das Klüver-Bucy-Syndrom

Das Klüver-Bucy-Syndrom wurde von zwei amerikanischen Wissenschaftlern in den dreißiger Jahren des letzten Jahrhunderts zuerst bei Affen entdeckt. Kennzeichnend für das Syndrom sind eine sog. visuelle Agnosie* (Nichterkennen), überbordende orale Aktivitäten (beispielsweise alle möglichen Objekte in den Mund zu nehmen), Hypersexualität, „Hypermetamorphose" (auf alle möglichen Umweltreize zu achten und übertrieben zu reagieren), Zahmheit und Änderungen in der Nahrungsaufnahme (jede Art von Nahrung in großen Mengen zu sich nehmen).

Unter der Fülle inzwischen bekannt gewordener Fälle will ich auf einen von Dahlmann und Schaefer beschriebenen 16-jährigen Patienten eingehen (Dahlmann u. Schaefer 1979): Dieser hatte einen Unfall im Straßenverkehr erlitten und zeigte im Krankenhaus die typischen Symptome des Klüver-Bucy-Syndroms, nämlich psychische Blindheit, orale Tendenzen, extreme Reizgebundenheit, affektive Störungen, Hypersexualität, Esssucht, Gedächtnisstörungen und das Auftreten von Greifreflexen. Der Patient konnte selbst über seine Bewegungsautomatismen und seine triebhaften Handlungsweisen berichten. Im ersten Krankheitsstadium zeigte er formkonstante instinktive Verhaltensweisen (zusammen mit einer emotional neutralen Wahrnehmung), im zweiten Krankheitsstadium gewannen Trieb- und Bedürfnisspannungen, Lust- und Unlustgefühle an Bedeutung. Mit der Zeit nahm ein Teil dieser Symptome in ihrer Intensität und Häufigkeit ab, insgesamt blieb er aber noch nach Jahren beeinträchtigt.

Das Klüver-Bucy-Syndrom ist somit ein gutes Beispiel für die Verschränktheit von Emotion und Gedächtnis. Ein weiteres stellt die nachstehend beschriebene Urbach-Wiethe-Krankheit dar.

Die Urbach-Wiethe-Krankheit

Die Urbach-Wiethe-Krankheit (Lipoidproteinose) stellt eine sehr seltene, genetisch bedingte Hautkrankheit dar, die aber auch das Nervensystem betreffen kann. Hier führt sie zu einer selektiven Schädigung (Mineralisierung) der linken und rechten Amygdala, die im Gehirn wie ausgestanzt wirkt. Dies bedeutet, dass derartige Patienten ein ansonsten intaktes Limbisches System (s. hierzu Box 3) haben, ihre Amygdala aber einkommende Information nicht mehr auf ihre biologische oder soziale Bedeutung „überprüfen“ kann.

Wir haben ein Geschwisterpaar mit diesem Krankheitsbild mit einer Reihe neuropsychologischer Verfahren untersucht. Hierbei zeigte es sich zum Beispiel, dass die Patienten Schwierigkeiten hatten, die emotionalen Gesichtsausdrücke von Personen (Schauspielern) richtig einzuschätzen, die die sechs Grundemotionen (Freude, Überraschung, Ekel, Furcht, Wut, Trauer) ausdrückten. Des weiteren hatten sie massive Probleme, Wichtiges von Unwichtigem abzugrenzen. Erzählte man beispielsweise eine Geschichte, bei der eine Frau im gelb-schwarz geblümten Kleid einen Raum betrat und im weiteren Verlauf der Geschichte von hinten erdolcht wurde, und fragte die Patienten eine halbe Stunde später nach dem Inhalt der Geschichte, dann berichteten sie eher über das Kleid der Frau als über deren Ermordung. Dies Beispiel zeigt, dass Lernen und Erinnerung wesentlich an Emotionen gebunden sind und dass dann, wenn die emotionale Bewertung nicht mehr adäquat geschieht, das Gedächtnis beträchtlich darunter leidet. (Gleichartige Gedächtnisstörungen findet man übrigens auch, wenn Emotionen nicht – wie bei Amygdalaschädigung – verflacht sind, sondern wenn sie unproportional zunehmen. Dies tritt ein, wenn der Gegenspieler der Amygdala, die im vorderen, basalen Teil des Stirnhirns* gelegene Septum-Region, geschädigt ist.)

Der Fall H. M.

Schon vor über 100 Jahren veröffentlichte der russische Nervenarzt Wladimir Michajlowitsch von Bechterew (1857–1927) unter dem Titel ›Demonstration eines Gehirnes mit Zerstörung der vorderen und inneren Theile der Hirnrinde beider Schläfenlappen*‹ in Band 19 des Neurologischen Zentralblatts den in Box 4 wiedergegebenen Text, in dem er bei dem Patienten eine „aussergewöhnliche Gedächtnisschwäche“ diagnostizierte. (Als Nebenbemerkung ist hier interessant, dass man damals noch sehr ernsthaft den Hippocampus als Teil des Riechhirns betrachtete; vgl.

Box 4: Herr Prof. W. v. Bechterew: Demonstration eines Gehirns mit Zerstörung der vorderen und inneren Theile der Hirnrinde beider Schläfenlappen

Vortr. demonstrirte ein Gehirn, dessen Rinde im Gebiete der vorderen (Gyrus uncinatus) und inneren (Gyrus cornu ammonis) Theile beider Schläfenlappen und die darunterliegenden Theile sich in einem Zustande der Erweichung befanden. Das Gehirn stammt von einem 60jähr. Kranken, bei dem während der letzten 20 Jahre eine aussergewöhnliche Gedächtnisschwäche, Erinnerungsfälschungen und grosse Apathie bestanden hatten. Da der betreffende Kranke in einer der Sitzungen der Gesellschaft der Psychiater und Neurologen in Moskau als ein Fall von polyneuritischer Psychose vorgeführt worden war, so nimmt Vortr. an, dass der für die polyneuritische Psychose charakteristische Symptomencomplex zuweilen auch bei organischen Läsionen* des Grosshirns auftreten kann. Der vorliegende Fall bietet ein grosses Interesse auch für die Lehre von den Localisationen im Gehirn. Bekanntlich nehmen Munk und Ferrier an, dass dasjenige Gebiet der Hirnrinde, das im vorliegenden Falle eine Läsion erlitten hat, das Centrum für das Geschmack- und Geruchsvermögen enthält. Der Geschmack war indessen beim Kranken unzweifelhaft erhalten geblieben, hinsichtlich des Geruchs waren genaue Angaben nicht vorhanden. Da beim Kranken der Geschmack erhalten war, so muss angenommen werden, dass das Geschmackscentrum nicht im Gyrus cornu ammonis, sondern in anderen Theilen der Grosshirnrinde gelegen ist. Die Untersuchungen berücksichtigend, die im Laboratorium der Klinik von Dr. A. W. Trapesnikow und J. P. Gorschkow ausgeführt worden sind, gelangt Vortr. zu dem Schluß, daß das Geschmackscentrum auf der äußeren Oberfläche der Großhirnhemisphären, in den äußeren Abschnitten der motorischen Region gelegen ist, in den Theilen, die im Gehirn des Menschen der Gegend des Operculum entsprechen.

die Diskussion zu Zusammenhängen zwischen Riechen und Gedächtnis in der Einführung auf S. 12 beim Hinweis auf den Roman ›Fortunas Tochter‹.)

Aber erst in den fünfziger Jahren des letzten Jahrhunderts lenkte der Bericht, den der Neurochirurg William Scoville zusammen mit der Neuropsychologin Brenda Milner veröffentlichte, den Blick auf den Hippocampus als einer für die Übertragung vom Kurzzeit- ins Langzeitgedächtnis zentral wichtigen Struktur. Tatsächlich berichteten Scoville und Milner 1957 über mehrere Fälle mit einer operativen Entfernung von Teilen eines oder beider Schläfenlappen und nachfolgendem Verlust der Neugedächtnis*bildung. Aufsehen erregte der erste der zehn beschriebenen Fälle – Patient H. M. –, weil die Autoren für diesen einen sehr direkten Zusammenhang zwischen seiner nach der Operation auftretenden und konstant bestehen bleibenden Amnesie mit der operativen Entfernung beider Hippocampi postulierten (Scoville u. Milner 1957). H. M. stand danach über Jahrzehnte im Brennpunkt neuropsychologischer Gedächtnisforschung. In den letzten Jahren wurde dann auch das Ausmaß seiner Hirnschädigung mit modernen bildgebenden Verfahren überprüft und festgestellt, dass Scovilles Operationsprotokoll das Ausmaß der Schläfenlappenresektion (-entfernung) eher untertrieben hatte.

H. M. wurde 1926 geboren. Mit 10 Jahren hatte er seinen ersten (kleineren) epileptischen Anfall, mit 16 den ersten großen. Nach seinem zwanzigsten Lebensjahr hatte er dann im Schnitt täglich etwa 10 kleinere Anfälle und wöchentlich eine große Attacke.

Da seine Epilepsie damals nicht medikamentös kontrollierbar war, entschlossen er und seine Familie sich schließlich, durch Scoville eine beidseitige Resektion des medialen Temporallappens vornehmen zu lassen, die am 1. September 1953 durchgeführt wurde. In beiden Hirnhälften wurden die Bereiche von Hippocampusformation und Amygdala weitgehend entfernt, wobei die Operation als „frankly experimental" bezeichnet wurde.

Kurz nach seiner Operation erkannte H. M. weder das Krankenhauspersonal noch den Weg ins Bad und schien auch nicht imstande, sich in seiner Krankenhausumgebung zurechtzufinden. Darüber hinaus war seine Erinnerung an die Zeit unmittelbar vor der Hirnoperation teilweise beeinträchtigt. Seine Erinnerungen an Jahre zurückliegende Ereignisse waren dagegen lebendig und offensichtlich ohne Lücken. Auch nach der Operation traten noch epileptische Anfälle auf, so dass er weiterhin medikamentös behandelt werden musste. Die Auswahl seines Vokabulars wurde als überdurchschnittlich beschrieben, er erfasse die Pointen von Witzen, auch von solchen, die auf semantischem Doppelsinn beruhten.

H. M. gilt als der klassische Patient für das, was man früher als globales amnestisches Syndrom bezeichnete, das heißt, er hat eine hochgradige anterograde Amnesie* (was bewusste Lernvorgänge betrifft) bei ansonsten erhalten gebliebener Intelligenz und Persönlichkeit. Beispielhaft für das Ausmaß seiner Amnesie ist, dass er auch sechs Jahre nach seiner Hirnoperation Hausnachbarn nicht erkennt, die unmittelbar nach seiner Operation einzogen, dass er ständig dieselben Zeitschriften liest, sich dauernd am gleichen Puzzle erfreuen kann und dass er schon eine halbe Stunde nach Beendigung der Mittagsmahlzeit nicht mehr weiß, ob er schon zu Mittag gegessen hat.

Formale Tests ergaben im Jahr 1955 einen Intelligenzquotienten von 112 und im Jahr 1967 einen von 117, beides Werte, die über dem präoperativen Wert von 104 lagen. (In späteren Jahren vorgenommene Untersuchungen von Brenda Milner zeigten, dass sein IQ jedoch auf unter 100 gefallen war.) Ursprünglich wurde von einer retrograden Amnesie*-Periode von drei Jahren berichtet; diese schrumpfte dann zuerst auf ca. ein Jahr, stieg dann später, vermutlich auch unter dem Einfluss andauernder Medikation wieder an. (Unter retrograder Amnesie versteht man den Verlust oder die Blockierung der Erinnerung an vergangene Ereignisse oder früher gelerntes Wissen.)

Vorhandene Erinnerungen schienen dagegen umso häufiger wiederholt und dadurch belebt und (re)aktiviert zu werden. Hierzu zählten beispielsweise lange Anekdoten aus seiner Schulzeit, Ferienerlebnisse, sein erster epileptischer Anfall und das Rauchen seiner ersten Zigarette. Wie auch für andere „klassische" Amnesiefälle gültig, war sein Kurzzeitgedächtnis nicht beeinträchtigt, vielleicht sogar überdurchschnittlich.

H. M. ist sich seiner Gedächtnisstörung bewusst. Er beschreibt seinen Lebensablauf z. B. mit den Worten: „Every day is alone, whatever enjoyment I've had, and whatever sorrow I've had", und sagt, er komme sich in seiner Umgebung immer so vor, als erwache er gerade aus einem Traum. Wenn er in neue Situationen gerät, reflektiert er dies, kann sie aber nicht einordnen; so realisierte er beispielsweise, dass er zur Beobachtung und Kontrolle in einem Krankenhaus war, wusste aber nicht wieso und warum, weswegen er dann drei Nächte hintereinander der Nachtschwester klingelte.

Interessant sind H. M.s Wissensinseln*. So weiß er, was ein Astronaut ist, dass Rockmusik eine neuartige Musikform ist (zumindest in den 60er Jahren war) und dass Präsident Kennedy ermordet wurde. Auch erkannte er einen erst nach seinem Hirnschaden komponierten Schlager; ansonsten aber nur Musik aus der Zeit vor seiner Operation.

H. M.s langes postoperatives Leben hat der Neuropsychologie eine Fülle von Daten gebracht, es hat aber auch, und insbesondere wegen seiner mehr als eine Generation währenden amnestischen Lebensweise, gezeigt, wie ärztliche Hilfe in einem Spannungsfeld zwischen subjektiven Bewertungen von lebenswertem Leben entscheiden muss und die getroffene Entscheidung sich in ihren Auswirkungen auf die Lebensqualität des Patienten über Jahrzehnte nicht verbessern oder korrigieren lässt.

Gedächtnis in Altertum, Mittelalter und Neuzeit

Die Erforschung des Gedächtnisses und die möglicher Zusammenhänge zwischen Gedächtnis, Erinnerung und Körper (Gehirn) kann sehr weit in die Geschichte zurückverfolgt werden (Carruthers 1990; Flexner 1995).

Griechen wie Römer wie auch die europäischen Menschen des Mittelalters setzten sich in vielfältiger Weise mit Gedächtnis und Erinnerung auseinander. „Ars memorativa“, die Kunst des Sich-Erinnerns und der Gedächtnisschulung, war im Mittelalter eine der zentralen Ideenvorstellungen. Man trachtete danach, sein Gedächtnis zu schulen, sowohl das bildlich-imaginative wie das verbal-textliche. So wie wir heute eine Technologiegesellschaft sind, kann man die mittelalterliche Gesellschaft fast als „Gedächtnisgesellschaft“ bezeichnen. Lesen und Schreiben galten dabei nicht als ‚externe Gedächtnisspeicher‘, die die Merkfähigkeit des Einzelnen entlasten konnten, sondern als Instrumente zur Gedächtnisschulung. Der Ausdruck Instrument wird dabei dem Ansinnen mittelalterlicher Scholaren insoweit nicht gerecht, als sie in der Gedächtnisschulung eine Kunst und nicht ein Hilfsmittel oder eine Technik sahen.

Man stützte sich dabei auf Schriften des Altertums, etwa von Aristoteles (›De memoria et reminiscentia‹), Cicero (›De inventione‹; ›De oratore‹), dem unbekannten Autor von ›Rhetorica ad herennium‹, Quintilian (Bücher über ›Institutio oratoria‹), Martianus Capella (›De nuptiis mercurii et philologiae‹), Augustinus (›Confessiones‹), Alkuin (›De rhetorica et de virtutibus‹), Albertus Magnus und Thomas von Aquin (›Summa theologica‹).

Obwohl man ja schon im Altertum die Wachstafelanalogie für Gedächtnis benutzte, also das Bild von der Eingravur der Gedächtnisspur* in eine formbare Masse, waren Schriftlichkeit (Literalität) und Mündlichkeit (Oralität) der Überlieferung oder Tradierung kein Gegensatz. Gedächtnis, gleich ob mündlich oder auf Wachstafeln, Pergament oder Papier tradiert, war immer der Sammelort von Erfahrungen, eine Art kognitiver Archetypus. Neben der „Tafelmetaphorik“ gab es, wie H. Weinrich feststellte, noch die „Magazinmetaphorik“, die Gedächtnis als Thesaurus, Palast oder Schatzkammer auffasste (Weinrich 1964). Bei der Tafelmetaphorik gewähren eher visuo-räumliche Gedächtnisfähigkeiten, bei der Magazinmetaphorik bildhaft-semantische den Zugriff zu den gespeicherten Inhalten. Und sie geht auch der Frage nach, wie die Gedächtnisleistung des „Sammelns von Informationen“ am besten stimuliert und stabilisiert werden kann.

Die Aufnahme (Einspeicherung) von Gedächtnisinhalten wurde als höchst körperbezogener Vorgang verstanden: Geprägt von klösterlichen Bräuchen wurde im Mittelalter zwischen Informationsaufnahme durch die Sinne und der Aufnahme von Nahrung eine enge Beziehung gesehen. So sollten die Mönche während des Essens in Meditation versunken einer Lesung lauschen und deren Inhalt ihrem Gedächtnis „einverleiben“. Dass der Sinn gehörter Worte bildlich kodiert und vom Geist so aufgenommen würde wie Nahrung vom Magen, dass also geistige Inhalte wie Speisen in einzelne Bestandteile zerlegt werden müssen, um dem Wohlbefinden zu dienen, erschien selbstverständlich.

Schon im Altertum wurde dabei zwischen dem physikalisch Wahrgenommenen und dem mentalen Endprodukt des Gedächtniseindrucks oder der Erinnerung differenziert, d.h., die geistige Vorstellungskraft änderte und übertraf die physikalischen Vorgaben. Geistige Vorstellung („Imaginationsfähigkeit“) wurde dennoch meist als eine visuelle angesehen. In der Vorstellungswelt des Mittelalters stellte Gedächtnis somit eine Art Sammlung bildhaft codierter Fakten dar, die untereinander nicht in Beziehung stehen müssen, sondern eher als Datenbank aufzufassen sind, deren Inhalte man sich zu gegebener Zeit bedient. Die Fähigkeit, einen Gedächtnisinhalt hervorzuholen, bedeutete folglich, aus der stofflichen Veränderung das geistige Bild wieder zu extrahieren.

Heute weiß man inzwischen, dass „Ablesen aus dem Gedächtnis“ und „Verstehen des Inhaltes“ durchaus durch zwei getrennte Gedächtnisleistungen repräsentiert sein kann. Die als ‚eidetisches Gedächtnis‘ beschriebene Fähigkeit reicht nicht aus, um die Imagination der antiken Mnemotechnik zu charakterisieren. Manche geistig Behinderte – die sog. Idiots savants – zeichnen sich durch hervorragende eidetische Gedächtnisleistungen aus, ohne jedoch den Sinn des Gesagten zu verstehen. Sie können beispielsweise die komplette Flora eines Klostergartens auf Deutsch und Latein aufsagen oder über Jahrhunderte Wochentage oder Feiertage kalendarischen Daten zuordnen (sogar unter Berücksichtigung von Schaltjahren), indem sie sich z.B. die „Spalten“ beliebig vieler aufgeschlagener Kalender vorstellen und miteinander vergleichen („Kalendergedächtnis“), ansonsten sind sie jedoch als hochgradig geistig zurückgeblieben zu bezeichnen.

Das „Ablegen“ von Wissensinhalten an „Orten“ des Geistes warf natürlich die Frage auf, wie man bereits gespeicherte Gedächtnisinhalte im Gehirn wiederfinden kann. Dazu bedürfe es, so glaubte man von der Antike bis zum Mittelalter, eines hohen Maßes räumlicher Ordnung der gespeicherten Inhalte, anders könne das Gedächtnissystem des Gehirns nicht funktionieren. Und da einem Individuum im Laufe der Zeit nicht nur viele, sondern natürlich auch ganz unzusammenhängende Inhalte vermittelt werden, waren verschiedene Indexmodelle im Umlauf, die den Vorgang optimieren sollten, der es erlaubte, einzelne Kenntnisse sicher zu katalogisieren und schnell auffindbar zu machen. Dazu wurden Bilder-, Buchstaben- oder Zahlensysteme ausgedacht, die als Indizes für den Zugriff auf verschiedene Gedächtnisinhalte dienen sollten. Derartig „artifizielle“ Kodierungsformen kennen wir auch heutzutage: § 218, EU, NATO etc.

Gedächtnisspeicher galten in Antike und Mittelalter nicht als von vornherein vorhanden, sondern mussten durch Übung und Erziehung entwickelt und ausgebaut werden (Carruthers 1990). Unterschiede in der Intelligenz führten dazu, dass bei den einen die Wissenstruhe schneller, bei den anderen langsamer angefüllt und entwickelt wurde.

Da man Gedächtnisbildern eine emotionale Etikettierung zubilligte, bevor sie letztendlich abgespeichert wurden, war die Frage nach Hirn oder Herz im Mittelalter sehr zentral (Motto: „Die Seele verursacht das Sein der Materie"). Carruthers (1990) meint, um darauf eine Antwort geben zu können, waren die aus der Antike stammenden Konzepte von Herz und Hirn und ihren möglichen Pendants, der Seele und dem Geist, zu wenig ausgereift; jedoch wurde eine beiden Strukturen übergeordnete „Körpertheorie des Gedächtnisses", die verschiedene Organe bzw. deren flüssigkeitsgefüllte Hohlräume umfasste, nicht angezweifelt, im Gegenteil, eine recht strikte Beziehung zwischen ‚mens sana in corpore sano' wurde als gegeben angenommen.

Und was geschah nach dem Tod mit den geistigen Inhalten? Thomas von Aquin beispielsweise war sich sicher, dass das auf sensorische Einflüsse zurückgehende Gedächtnis nur zu Lebzeiten existiere, das intellektuelle aber den Menschen auch in den Tod begleite.

Interessanterweise differenzierten die Gelehrten von der Antike bis zum Mittelalter, allen voran Aristoteles, zwischen verschiedenen Gedächtnisformen, ähnlich wie dies heutzutage die moderne kognitive Gedächtnisforschung tut. Die Erinnerungsfähigkeit wurde auf autobiographische Ereignisse („episodisches Gedächtnis"*; s. u.) bezogen und ging damit über auswendig aufgesagtes Wissen („Weltwissen", „semantisches Gedächtnis"; s. u.) weit hinaus. Des Weiteren nahm man an – wie schon oben erwähnt –, dass Gedächtnis einen kognitiven Akt darstelle, der im Menschen immer eine materielle Veränderung hervorrufe. Dazu wurden, wie Carruthers (1990) beschreibt, bereits in der Antike gut durchdachte Vorschläge unterbreitet, die im Großen und Ganzen darauf abzielten, jede einzelne Lernsituation durch sensorische (Beachtung von Helligkeit, Sehwinkel und Unterscheidbarkeit der Objekte) und emotionale Reize (Gefühle des Abscheus oder der Bewunderung) zu einem unverwechselbaren und sehr persönlichen Ereignis werden zu lassen.

Auch dem, was wir heute als optimales Timing bezeichnen würden, nämlich der Verarbeitungskapazität unseres Geistes in Abhängigkeit von Reizmenge und Reizfrequenz, wurde mit genau ausgearbeiteten Vorschlägen Rechnung getragen – ähnlich solchen, wie sie gegenwärtig beispielsweise LeDoux (1996) macht: Eine emotional lebhafte, farbig und räumlich gut zu differenzierende Vorstellung aus günstigem Winkel und eine unserem visuellen System angepasste Entfernung galt als A und O jedes Gedächtnistrainings.

Für das Erhaltenbleiben der Erinnerung wurde häufiges Üben als essentiell angesehen, was eine hohe Arbeitsmoral, Geduld und Begabung erforderte. Es müsste beständig geübt werden, sich etwa „Räume“ geistig zu vergegenwärtigen, in die Gedächtnisbilder integriert werden. Diese sollen deutlich und in Gedanken bis ins Detail „betrachtbar“, eventuell sogar „begehbar“ vor dem geistigen Auge stehen. Man sollte diese Räume täglich „aufsuchen“ und geistige Bilder dort „ablegen“. Bereits Aristoteles leitete seine Schüler zu solchem Vorgehen an und bezog sich damit auf die Stärkung der assoziativen Verknüpfung von mentalem geistigem Raum und den zu erinnernden Objekten.

Die geordnete Folge von Räumlichkeiten, die „abgeschritten“ oder „aufgesucht“ werden sollte, um damit assoziierte Gedächtnisinhalte zu vernetzen, ermögliche mit zunehmender Erfahrung, so die Lehrmeinung, die immer intensivere Verknüpfung divergenten Wissens, wodurch dann sogar qualitativ neue Einsichten entstehen könnten.

Dieser Sprung im Erkenntnisgewinn machte aus der Mnemotechnik eine Kunst: Aristoteles hat diese aktivierende Rolle des Gedächtnisses erkannt, Cicero und Quintilian haben sie aufgegriffen und Thomas von Aquin und Albertus Magnus haben sie lebendig erhalten.

Die Anwendung von Merkhilfen in Form von „Gedächtnisräumen“ reicht überdies bis in unsere heutigen Tage hinein, wie Lurijas (1971) „Fall S“ zeigt. (Alexander Lurija war der wohl bekannteste Neuropsychologe der damaligen Sowjetunion.) Der Gedächtniskünstler „S“ wandte die Methode der „Gedächtnisräume“ an, um sich beliebig viele Einzelheiten über beliebig lange Zeiträume zu merken. Allerdings geschah dies in Unkenntnis antiker Vorbilder und ohne dass Herrn „S“ besonders herausragende Geistesqualitäten zugesprochen werden konnten. (Er war ursprünglich Zeitungsreporter gewesen und fiel dem Chefredakteur dadurch auf, dass er sich nie Notizen machte.)

Die Anwendung von Gedächtnisräumen stieß an ihre Grenzen, wenn es sich nicht um „Objekte“, sondern um „Worte“ eines Schriftstückes handelte, die fehlerfrei, und zwar nicht nur hinsichtlich des inhaltlichen Zusammenhangs, sondern auch hinsichtlich ihrer genauen Reihenfolge wiedergegeben werden sollten. Für möglichst fehlerfreies Reproduzieren von Texten galt deshalb die Anwendung dessen, was man mit Quintilian als Verkettung bezeichnen kann und was in der heutigen Lernforschung als ‚Chunking‘ und ‚Chaining‘ bezeichnet wird. Hierbei werden immer umfassendere, sinngebende Textabschnitte als eine Einheit (chunk) aufgefasst, gelernt und mit vorausgegangenen und nachfolgenden Abschnitten assoziativ vernetzt (chaining).

Neben dem ‚Gedächtnisraum' (Carruthers [1990] benutzt den Ausdruck ‚architektonisches Gedächtnis') war bei mittelalterlichen Gelehrten die Bildung eines textbezogenen Referenzgedächtnisses in Gestalt von Zahlengittern oder einer alphabetischen Indizierung des Lernmaterials eine gern angewandte Merkhilfe. Die Gedächtnisschulung durch Zahlengitter besteht im Wesentlichen darin, sich kurze Textteile vor dem Hintergrund eines Zahlengitters zu merken. Mit dem Gedächtnisabruf einer bestimmten Zahl, so der Grundgedanke, soll durch Assoziationsbildung auch der Text, der ihr zugeordnet wurde, wieder präsent werden.

Ein beliebiger Wechsel von einer zu einer anderen Zahl, der das „Artifizielle" dieser Mnemotechnik ausmachte, wurde besonders geübt. Er ermöglichte nicht nur, beliebige Textstellen – meist Psalmen – zu passender Gelegenheit zu zitieren, man hoffte auch auf eine Entlastung des Bezugssystems, also dessen, was man in der heutigen Gedächtnisforschung als Referenzgedächtnis bezeichnen würde. Statt komplexer Baulichkeiten individueller Gedächtnispaläste waren nur noch Zahlenkolonnen zu lernen, die gleichzeitig Ankerreize für immer längere (Chaining!) Textstellen bildeten.

Die Zahlengitter-Methode funktionierte vermutlich aus zwei Gründen. Einmal deshalb, weil im Mittelalter verschiedenen Zahlen oft ein hoher Symbolwert zugesprochen wurde, wie wir ihn heute nur noch für wenige Zahlen wie z.B. 3, 7, 12 oder 13 kennen, sie somit positiv oder negativ gefärbte emotionale Empfindungen auslösten und deshalb gut merkbar waren. Zum anderen ist das Gedächtnis für Zahlen bei Männern aufgrund geschlechtsspezifischer Eigenheiten der Gehirnorganisation generell besser als bei Frauen und in der Regel waren es Männer, die sich dieser Methode bedienten bzw. sie propagierten.

Da es im Mittelalter zeitlich aufwendig, wenn nicht unmöglich war, in einem Buch nachzuschlagen, um das Gedächtnis aufzufrischen, bildete ein Zahlengitter vermutlich eine effiziente Art und Weise, möglichst vieles Wort für Wort (verbaliter) zu begreifen, um es dann im geeigneten Zusammenhang sinngemäß (sententialiter) weiterzugeben. Auch in der Methode, einzelnen Buchstaben des Alphabets (oder Kombinationen daraus) Signalcharakter für die Aufeinanderfolge von Hunderten, wenn nicht Tausenden von Textabschnitten zuzuordnen, die mit dem oder den jeweiligen Buchstaben anfingen, wurden verlässliche Indizes für das Referenzgedächtnis gesehen. Zusammen mit der gedächtnisunterstützenden Textur eines Schriftstückes, Ornamenten, verschiedenen Schriftgrößen und -arten, farblichen Variationen des Pergaments usw. hatten Zahlengitter bzw. alphabetische Indizes für die schriftbezogene Gedächtniskultur des Mittelalters eine große Bedeutung.

Die Herstellung eines Schriftstückes – sei es gemalt, geschrieben oder gedruckt – wirkt sich unterschiedlich auf die Aufmerksamkeit aus. Diese wird durch wechselnde Kontrastunterschiede nicht nur angeregt, sondern das Individuum wird auch veranlasst, die Aufmerksamkeit länger auf das Schriftbild zu fokussieren; Einförmigkeit hingegen ermüdet. Je nuancenreicher also die Figur-Hintergrund-Variationen ausfallen, desto ausdauernder die Konzentration. Auch die die Schrift begleitenden Bilder beeinflussen die Bildung assoziativer Netzwerke im Gehirn. Interferierende Bildinformationen lenken ab, inhaltsbezogene verstärken Aufmerksamkeits- und Gedächtnisnetzwerke. Dies wird dadurch bedingt, dass Bild und Schrift im Gehirn an unterschiedlichen Orten gespeichert werden. Gehört beides, weil thematisch verwandt, einem größeren Netzwerk an, so erhöhen sich die „Abrufchancen" und der Inhalt wird besser gegen Vergessen geschützt.

Der Inhalt eines Schriftstückes wird umso besser erfasst, je mehr Sinne er anspricht und je mehr integrative sensuo-motorische Funktionen zu seiner Erfassung eingesetzt werden. Darüber hinaus wird der Inhalt eines Schriftstückes erheblich stabiler vernetzt, wenn er während des Bearbeitungsvorganges im Gehirn sowohl links- als auch rechtshemisphärisch codiert wird. Informationen – Bilder oder Geschriebenes, die sich auf der oberen linken Seite unseres Gesichtsfeldes befinden, so wie dies in mittelalterlichen Schriften häufig der Fall war – werden mit höherer Aufmerksamkeit bedacht als solche, die sich rechts befinden, da sie, bedingt durch eine lateralisierte „festverdrahtete" Verschaltung im Gehirn, rascher einer ganzheitlichen emotionalen Bewertung zugeführt werden, die ihrerseits notwendig ist, um die Aufmerksamkeit an einem Gegenstand des Interesses zu halten. Jede Segmentierung von Information (z. B. die Bildung von Kolumnen) ist geeignet, Aufmerksamkeit zu bewahren, was damit zu tun hat, dass wir Menschen als terrestrische Säuger von Natur aus für eine selektive, durch horizontale Augenbewegungen gesicherte Aufmerksamkeit, parallel zur Erdoberfläche, besonders gut ausgerüstet sind.

Schriftstücke wurden im Mittelalter sehr intensiv gelesen, ja geradezu meditativ aufgenommen, dann kommentiert, überarbeitet und ausgestaltet, bevor sie schließlich als Produkt kollektiven Gedächtnisses in Umlauf kamen.

Carruthers (1990) beschreibt, wie im Mittelalter der „Kunst des Gedächtnisses" eine zentrale Bedeutung in der sich entwickelnden humanistischen Gesellschaft bewahrt wurde: Die Wiederentdecker antiker Gedächtniskultur (z. B. Johannes von Garland, Albertus Magnus, Thomas von Aquin, Thomas Bradwardine) stellten die alten „rhetorischen Merkstrategien" in den Dienst des Erhalts der christlichen Grundwerte. Der Rhetoriklehrer Johannes von Garland erkannte die Bedeutung der Imagination und setzte sie um, indem er ein illustriertes Lehrbuch für Leseanfänger schrieb. Thomas Bradwardine, Professor für Theologie und Logik, hob einen weiteren Aspekt der Gedächtnisbildung besonders hervor – den Erhalt der Aufmerksamkeit durch emotional ansprechendes Lernmaterial. Albertus Magnus stand in voller Wertschätzung antiker Gedächtniskünste für die Einheit von Imagination, Emotion und Intellekt bei der Gedächtnisbildung.

Hervorgehoben wurde in diesen Schriften – und damit bereits Jahrhunderte vor der z. B. durch Ebbinghaus 1885 vertretenen wissenschaftlich-experimentellen Psychologie (siehe S. 50) – die begrenzte Kapazität des Kurzzeitgedächtnisses, durch die nur eine kleine Anzahl von Einzelheiten gleichzeitig verarbeitet werden kann. Darüber hinaus wurde, anders als heute, die Bedeutung der Moral für die Auswahl von Gedächtnisinhalten hervorgehoben, was unter dem Aspekt des Erhalts überdauernder christlicher Grundwerte durch mündliche Weitergabe gut nachvollziehbar ist. Aufmerksamkeit (heute zentrale Voraussetzung jeder Merkstrategie) galt schon damals als wesentliche Voraussetzung von Lern- und Gedächtnisvorgängen, ebenso, wie bekannt war, dass Emotion und Kognition (cogitatio) zusammenwirken müssen, um eine möglichst hohe Erinnerungsfähigkeit zu erreichen.

Warum aber hatte die stetige Zunahme an nachlesbarem Quellenmaterial eine recht geringe Auswirkung auf die Gedächtnisschulung im Mittelalter? Dies scheint – so argumentiert Carruthers – dadurch bedingt, dass Lesen als Gedächtnishilfe und nicht als Gedächtnisersatz angesehen wurde. Sie verweist beispielhaft auf Wilhelm von Ockham, der ohne Zugang zu einer Bibliothek eine wichtige Abhandlung schrieb, woraus man schließen kann, dass er wesentliche Erkenntnisse seiner Zeit im Kopf hatte.

Mittelalterliches „Lesen“ war also nicht, wie wir es heute sehen, ein eher passiver konsumierender Vorgang des „Sich-Informierens“. Gerade der Gelehrte, der Lehrer, erfuhr durch die intensive geistige Auseinandersetzung mit dem Inhalt einer Schrift mehr als eine Bestätigung seines Wissens. Der Einfluss war vielmehr wechselseitig, es entstand ein regelrechter „Dialog“ zwischen dem Leser und dem Inhalt einer Abhandlung, der sich z. B. in Streichungen oder Randbemerkungen niederschlug. Diese Form des „gelehrten“ meditativen Lesens (meditatio) war aber nicht die einzige. Sie wurde von einer sich Inhalte aneignenden Form des Lesens von Schülern (lectio) unterschieden, die u. a. Zusammenstellungen von Lehrsätzen (Florilegien) diente. In einer Art gedachtem Kontinuum entwickelte sich aus der „lectio“ von Florilegien schließlich die Fähigkeit des meditativen Lesens von Originalliteratur, welche es, so Carruthers, erst ermöglichte, auf kollektivem Wissen basierende verinnerlichte Werturteile abzugeben.

Natürlich erwähnt die Autorin auch, dass diese kontemplative oder meditativ zu nennende Form des Lesens nicht die einzige war, sondern neben einer sich rasch entwickelnden Lesart des „Überblicks“ und der „informativen Zusammenfassungen“ von Schriften bestand. Und es entspräche nicht der Wahrheit, verschwiege man, dass letztere Form des Lesens – des „Sich-Instruierens“ – auch angesichts der zunehmenden Fülle an Büchern rasch steigenden Zuspruch fand.

Lesen (das geistige Auseinandernehmen des Inhalts) umfasste jedoch nur einen Teil dessen, was man unter konzentrierter Textarbeit (meditatio) verstand, das Verfassen eines Schriftstückes (die Zusammenstellung geistiger Inhalte) gehörte ebenfalls dazu. Anders als heute gewann eine Abhandlung nicht dadurch an Überzeugungskraft, dass sie von einem „bekannten Autor“ verfasst wurde, sondern dadurch, dass sie durch intensive Bearbeitung, etwa durch interpretierende Kommentare des „meditativ lesenden“ Gelehrtenkreises in das gelehrte Wissen integriert wurde und schließlich mit neuen Anregungen versehen wieder in die Hände des Verfassers gelangte. Die Tatsache, dass als Folge dieses Review-Verfahrens die Auffassungen mehrerer „Autoren“ zum Inhalt einer Schrift wurden, war erwünscht. Man konnte und sollte an der Anordnung von eingefügten Texten und verschiedenen Handschriften erkennen, dass mehrere Menschen an der Gedankenführung beteiligt waren und ihr dadurch Glaubwürdigkeit verliehen.

Die erweiterten Kenntnisse des Verfassers und die neuen, durch Randbemerkungen, Streichungen und Änderungen vermittelten kollektiven Gedächtnisinhalte mündeten in eine weitere geistige Aufbereitung eines Traktats. Und erst durch diesen Vorgang der Einbindung in Kenntnisstand und Weltbild der gelehrten Kollegen erhielten Schriftstücke Autorität, wurden allgemein verbindlich. Als „Autor“ galt folglich derjenige, dessen Gedankengänge aus dem kommentierten Schriftstück Wort für Wort gelesen und behalten wurden und sinngemäß in andere Zusammenhänge eingebunden werden konnten.

Wie schon weiter oben betont, war die ‚Cogitatio‘ nötig, um zusammenzuführen, was in der Erinnerung verstreut war, d.h. divergentes wie konvergentes Denken zu lenken, und das mentale Produkt davon bildete das Kernstück der weiteren Arbeit. Daneben, aber mindestens so bedeutend, war die emotionale Ebene der Gedächtnisverarbeitung und das, was man ‚Invention‘ nannte: Diese wirkte sich stark auf die psychische Befindlichkeit des Gelehrten aus, ließ ihn um „Eingebung flehen“ und beten, so dass insgesamt gesehen der intellektuelle Anteil dem „Ringen um (göttliche) Eingebung“ sogar deutlich nachgeordnet und die „kreative Phase“ primär eine emotionale gewesen zu sein scheint. Auch aus heutiger Sicht ist die Verknüpfung von Affekt und Informationsverarbeitung außerordentlich bedeutend, da affektbesetzte Gedächtnisinhalte weit eher langfristig abgespeichert und wieder erinnert werden als andere. Auch das im Mittelalter vorherrschende Gestalten von Texten durch kolorierte Initialen (incipit) oder Wortbilder (imagines verborum), die Hinweisreize für den Inhalt eines Schriftstückes gaben, förderte die Einspeicher- und Erinnerungsfähigkeit. Emotion, Denken und Ästhetik trugen so im Mittelalter gemeinsam zur Optimierung der Speicherfähigkeit des Gedächtnisses bei.

Erinnerungen wurden nicht reproduziert, sondern wieder hervorgeholt, und zwar in einer eigenständigen Interpretation. Hierzu wurden assoziative neurale Netze aktiviert – Hören, Sehen oder Fühlen und das damit verbundene Ausformen von Gedächtnisbildern sowie das sprachliche Umkodieren von Gedächtnisinhalten wurden als ganzheitliche, meditativ motivierte Vorgänge verstanden. In Übereinstimmung mit heutigen Vorstellungen zur Informationsverarbeitung wurde im Mittelalter Vergesslichkeit nicht als Konzentrationsschwäche oder altersbedingter Abbau verstanden, sondern als sensorische Mangelleistung bei der Einspeicherung von Informationen.

Frühe Suchen nach körperlichen Substraten kognitiver Leistung

Die Frage, ob sich Geistiges in Körperlichem widerspiegelt, wurde über die Jahrhunderte kontrovers diskutiert. Beispiele für Ansichten aus der Zeit um die Jahrhundertwende finden sich bei Büchner und Kronthal: Ludwig Büchner, der Bruder des berühmten Dichters Georg Büchner, verfasste 1872 das Werk ›Kraft und Stoff‹, in dem er von einer stetig ansteigenden Stufenleiter von Tier zu Mensch schrieb, begleitet von einem Rückgang des Somatischen und einer Zunahme des Geistigen. 1916 hieß es dann bei Kronthal in seiner Arbeit ›Über den Seelensitz‹: „Die Seele ist ein Geschehen; ihr Sitz ist weder im Gehirn noch in irgendeinem anderen Organ. Die Seele ist die Summe der Reflexe. Daher ist die Seele wo das Leben ist“ (Kronthal 1916).

Vor dieser Zeit hatte die Phrenologie weltumspannend Menschen zu der Annahme verleitet, alle geistigen Fähigkeiten seien in kleinen Bereichen der Hirnrinde festzumachen (quasi in Modulen) und man könne das Ausgeprägtsein einzelner Fähigkeiten sogar außen an bestimmten Wölbungen auf der Schädeloberfläche reflektiert sehen. Franz Gall in Straßburg und seine Schüler machten diese Lehre um die Wende zum 19. Jahrhundert populär und erst die nähere Entdeckung des Hirnaufbaus (Existenz von Nervenzellen etc.) und die Zunahme detailliert untersuchter Patienten mit fokalen Hirnschäden* (auch post mortem) ließ die phrenologischen Kopfbüsten in Museen und Dachspeicher wandern.

Gleichwohl war auch die darauf folgende Suche nach Zusammenhängen zwischen intellektuellen Leistungen und Hirnsubstanz ein Irrweg: In ganz Europa wurden menschliche Hirne vermessen und gewogen, um von Größe und Gewicht auf geistige Leistungen zu schließen. Hier finden sich dann Werke wie ›Anatomische Studien an Verbrecher-Gehirnen‹ (Benedikt 1879), ›Das Gesammtgewicht und die Theilgewichte des Gehirns in ihren Beziehungen zum Geschlechte, dem Lebensalter und dem Irrsinn, untersucht nach einer neuen Wägungsmethode an den Gehirnen der in der Wiener Irrenanstalt im Jahre 1866 Verstorbenen‹ (Meynert 1867) oder ›Untersuchungen von 16 Frauenschädeln, darunter solche von 12 Verbrecherinnen (incl. einer Selbstmörderin)‹ (Näcke 1893).

Abenteuerliche Schlussfolgerungen wurden angestellt, so z. B., dass sog. Psychopathen weit größere Schädelvolumina hätten als normale Leute oder ihr Innenschädel asymmetrisch aufgebaut sei, meistens hatten aber prominentere, gesellschaftlich höher gestellte Personen auch ein höheres Hirngewicht als andere (Literatur und weitere Beispiele in Markowitsch 1992). Huschke (1854) meinte, dass Frauen ein voluminöseres Scheitelhirn hätten, weil dort das „Gemüth" sitze, während bei Männern das Stirnhirn als Sitz der Intelligenz stärker entwickelt sei.

Um die Jahrhundertwende nahm man sich dann die Gehirne berühmter Personen vor – von Hermann von Helmholtz, Karl Friedrich Gauß, „des Mathematikers [!] Sonja Kowalewska", des Historikers Mommsen, des Chemikers Bunsen und des Malers Adolf von Menzel. Man schrieb dem einen oder anderen ein „luxuriöses Äußeres" seines Stirnhirns oder ungewöhnliche sekundäre Hirnwindungen zu. Auf der anderen Seite verglich man die Hirne ungewöhnlicher Menschen mit denen von „Hottentotten", „Buschfrauen", „Papuas aus Britisch Neuguinea", Eskimos und australischen Ureinwohnern, und diese wiederum mit denen von Gorillas und Orang-Utans (s. Markowitsch 1992).

Schlussendlich gab man derartige Vergleiche aber (fast) auf, nachdem man zuvor noch argumentiert hatte, dass die bei einem „schwachsinnigen Epileptiker" gefundenen 2850 g Hirngewicht (normal seien etwa 1,5 kg) und die 2400 g Hirngewicht bei einem Zeitungsboy („mehr oder weniger ein Schwachsinniger") nicht überzeugen könnten, denn „wer würde die funktionslose Hirnmasse eines Irren mit dem aktiven Hirn geistig distinguierter Personen vergleichen“ (Matiegka 1902, S. 30). Eine Ausnahme bildete die auch im Buch von Tilman Spengler (›Lenins Hirn‹) beschriebene Untersuchung des Gehirns von Lenin durch einen recht berühmten Nervenarzt – Oskar Vogt. Vogt bezeichnete Lenin als Assoziationsathleten, da er in seinem Frontalhirn überdurchschnittlich große Pyramidenzellen fand.

Man muss den damaligen Wissenschaftlern aber zu Gute halten, dass sie nicht über die neurowissenschaftlichen Methoden verfügten, die heute existieren; auch soll nicht unerwähnt bleiben, dass man auch heutzutage bei Mördern versucht, Anormalitäten in ihren Hirnen nachzuweisen und hier auch fündig wurde. So fand man mittels funktioneller Bildgebung bei Mördern vor allem im Stirnhirn eine gegenüber Normalen reduzierte Aktivität. Auch über Änderungen im Emotionen steuernden Mandelkern wurde in jüngerer Zeit berichtet. Es gab in der Neuzeit auch Untersuchungen an Einsteins Hirn, dem man in bestimmten Cortexstrukturen besondere Zellvorkommen zuschrieb.

Der Mythos Stirnhirn: menschlichste der Hirnstrukturen oder nutzlose Auswucherung?

Nachdem man es weitgehend aufgegeben hatte, direkte Zusammenhänge zwischen Gehirnmaßen und Verhaltensausprägungen zu suchen, nahm man sich bestimmte Hirnregionen vor, denen man exzeptionelle Eigenschaften im intellektuellen und sozialen Bereich zuschrieb. Zu diesen zählte vor allem das Stirnhirn, das um die Jahrhundertwende als „der mythenreichste der Gehirnteile“ galt. Planung, Vorausschau, Entscheidungsfindung und ähnliche geistige Tätigkeiten wurden dem Stirnhirn zugeschrieben.

Schon 1888 beschrieb Leonore Welt, eine der ersten Ärztinnen in Zürich, Verhaltensauffälligkeiten bei einem Patienten mit Stirnhirnschaden, einem 37-jährigen Zimmermann, der sich auf Grund einer Stirnhirnschädigung charakterlich stark änderte. Vor seiner Hirnschädigung war er ein freundlicher Mensch mit einem gesunden Humor, danach wurde er sehr mürrisch und nervenaufreibend für seine Mitpatienten. Als der Klinikchef ihn ermahnte, sich zu benehmen, da er im Hospital doch gutes Essen und den besten Wein bekomme, erwiderte er, dass seine Mitpatienten sich irrten und dass er es gewohnt sei, Château Laffite und andere französische Weine zu trinken und nicht das saure Gesöff der Klinik.

Zum Vergleich verwies Welt auf frühere Fälle von Patienten mit Stirnhirnschäden, unter anderem auf den Fall von Phineas Gage, der zuerst 1848 beschrieben worden war. (Im Jahre 2000 erschien eine Monographie über diesen Patienten: Macmillan 2000.)

Phineas P. Gage

Ein amerikanischer Landarzt und ein Universitätsprofessor beschrieben zwischen 1848 und 1869 einen Mann, der als Vorarbeiter beim Trassenbau entlang der Ostküste der USA eine schwere Verwundung erlitt und überlebte: Phineas Gage schoß raketenartig, angetrieben durch versehentlich explodierendes Dynamit, eine 6 kg schwere, 1 m lange Eisenstange von links unten nach rechts oben durch seinen Kopf, zertrümmerte den Oberkiefer, zerstach das linke Auge und bohrte sich dann durch sein Stirnhirn, bis sie durch die splitternde Schädeloberfläche rechts von der Hirnmitte wieder austrat. Gage blieb bei Bewusstsein, bis ein herbeigerufener Landarzt eine erste Wundversorgung machen konnte. Der als physisch stark und sehr tatkräftig beschriebene 25-Jährige überlebte trotz Wundinfektion (die Öffnung am Schädel hatte ca. 8 cm Durchmesser!) und mehr als zwei Wochen Dahindämmern in semikomatösem Zustand die Verletzung. Andere, nachfolgend informierte Ärzte glaubten an das Ausmaß der Verletzung erst, nachdem sie ihre Finger in das Wundloch gesteckt hatten.

Phineas Gage kam schließlich wieder zu Kräften und konnte – offensichtlich ohne sichtbare Einschränkungen, was seine Motorik oder Sensorik betraf – wieder an die Arbeit zurückkehren. Allein – er hatte sich radikal in seinem Charakter geändert: Seine Kumpels sagten, er sei nicht mehr Gage. Er verlor deswegen auch schnell seine Arbeit, betätigte sich dann als Stallknecht, dann bei einer Kutschlinie, die Guano aus Valparaíso in Chile nach Kalifornien transportierte, kehrte nach acht Jahren aber wieder in die USA zurück. Zwölfeinhalb Jahre nach seinem Unfall starb er nach mehreren epileptischen Anfällen.

Für die damalige Zeit wurde das Schicksal von Phineas Gage weitgehend als Argument dafür genommen, dass das Stirnhirn im Grunde nutzlos, sicher aber nicht zum Überleben notwendig sei. Einige wenige Wissenschaftler aus dieser Zeit recherchierten aber genauer und verwiesen auf mögliche Persönlichkeitsänderungen, den Verlust von Vorausschau und Planungsfähigkeit nach Stirnhirnverletzungen. Schon Harlow, der Landarzt, der ihn zuerst behandelt hatte und nach seinem Tod ein kleines Büchlein über ihn verfasste, formulierte, dass das Gleichgewicht, die Balance zwischen seinen intellektuellen Fähigkeiten und seinen tierischen Trieben durch die Verletzung zerstört worden sei. Gage sei impulsiv, ordinär, triebhaft und unstet in seinem Verhalten geworden – ein Kind an intellektueller Kapazität mit den animalischen Trieben eines Kraftprotzes. Eine extreme Schilderung der Verhaltensänderung derartig hirngeschädigter Individuen formulierte 60 Jahre später eine Wissenschaftlerin, die behauptete, dass Stirnhirnschäden Menschen hinsichtlich ihrer geistigen Haltung und ihrer Bewegungen tierähnlich werden ließen.

Das Stirnhirn um die Wende zum 20. Jahrhundert

Um die Jahrhundertwende gab es unzählige Streitschriften bedeutender Hirnforscher, die die Interpretation ihrer Kollegen, was die Funktionen des Stirnhirns betrifft, mit Vehemenz angriffen. Von den einen als „Organ für abstraktes Denken" bezeichnet, galt es den anderen als Hemmzentrum, dessen Zerstörung zur unmittelbaren Ausführung solcher motorischen Akte führe, die ansonsten nur gedacht oder sich vorgestellt würden. Intellektuelle oder psychisch-emotionale Stumpfheit wurde als Konsequenz von Stirnhirnschäden angesehen und in Interpretationen zur Größenzunahme des menschlichen Stirnhirns wurde darauf hingewiesen, dass „wenig im wohl entwickelten menschlichen Hirn fehle, wenn man es mit dem unseres nächsten Vetters, dem Schimpansen", vergleiche.

Heutzutage wissen wir, dass Teile des Stirnhirns tatsächlich für unsere Persönlichkeit Bedeutung haben – für unser Wertesystem, unsere Fähigkeit zu Vorausschau und Planung, ja selbst für das Erkennen humoristischer Szenen oder Formulierungen (wenngleich umgekehrt die „Witzelsucht" schon vor mehr als 100 Jahren als Folge von Stirnhirnverletzungen beschrieben worden war). Unsere Fähigkeit, für die Zukunft zu planen, kann man als nach vorn gerichtete Gedächtnisleistungen ansehen, für die das Stirnhirn wichtig ist.

Psychochirurgie

Das Stirnhirn geriet wieder in das Zentrum des Interesses, als Egas Moniz, ein portugiesischer Neurochirurg, auf dem Internationalen Neurologischen Kongress in London 1935 von ‚Lucy' und ‚Becky' hörte, zwei Schimpansen, die nach experimentell induzierter Abtragung des Stirnhirns zutraulich wurden. Moniz wollte das in Amerika Gehörte auf psychiatrische Patienten anwenden. Dies zuerst, indem er – vereinfacht gesagt – psychiatrischen Patienten Alkohol in den Bereich ihres Stirnhirns goß. Als dies zu Komplikationen führte, nahm er die chirurgische Entfernung des Stirnhirns vor. Für seine Methode erhielt er später den Nobelpreis. Sie wurde von Hunderten von Ärzten kopiert oder abgewandelt angewandt. Die Idee war, dass durch die Entfernung von Teilen des Stirnhirns die Hemmung auf weiter hinten gelegene corticale Anteile entfallen könne und diese so wieder „normal" arbeiten könnten.

Da in den vierziger Jahren noch keine wirksamen Pharmaka existierten, wurde Moniz' Methode begeistert aufgegriffen und fand recht bald Verbreitung über die ganze Welt. Hinzu kam, dass bald nicht nur Patienten mit

Schizophrenie* oder anderen schweren Psychosen auf diese Weise operiert wurden, sondern auch Patienten mit Tics, Neurosen und allen möglichen anderen Krankheitsbildern. „Lobektomie"*, „Lobotomie"* und „Leukotomie"* wurden zu neuen Standardbegriffen, die für die Entfernung von Hirnlappen (Lobektomie) oder Hirnlappenbereichen bzw. für die Durchtrennung von Nervenfasern zwischen Hirnbereichen (insbesondere zwischen Stirnhirn und dahinter liegenden Regionen) standen (Abb. 5).

Diese Operationen wurden durchgeführt, obwohl noch 1938 Johannes Lange geschrieben hatte, dass sich nach Brickners Fallbeschreibung (von 1936) kein Chirurg trauen würde, „den riesigen Hemmapparat", den die Natur dem Menschen in Gestalt der Frontallappen* gegeben habe, beidseitig zu eliminieren.

Gottlieb Burckhardt – der eigentliche Vater der Psychochirurgie

Lange vor Moniz versuchte in der Schweiz schon Gottlieb Burckhardt psychochirurgische Eingriffe an psychiatrischen Patienten durchzuführen. Burckhardt war zu Ende des 19. Jahrhunderts Direktor der Irrenanstalt von Préfargier in der welschen Schweiz. An sechs Patienten führte er 1888 psychochirurgische Eingriffe durch. Die Patienten zeigten vor allem schizophrene Symptome. Die Ergebnisse seiner Behandlung legte er in einem recht langen Aufsatz in der *Allgemeinen Zeitschrift für Psychiatrie und psychiatrisch-gerichtliche Medicin* nieder. Sein Ziel war, neue Behandlungsmethoden für bis dahin unbehandelbare Psychosen zu finden.

Burckhardt betonte explizit, dass in allen operierten Fällen eine rein psychiatrische Indikation* vorlag und dass die Begründung für eine Operation teilweise in experimentellen und klinischen Erkenntnissen liege und teilweise auf eigenen Schlussfolgerungen basiere. Um dies zu untermauern, lieferte er eine sorgfältige Literaturübersicht, aus der er den Schluss zog, dass Affekte corticaler Natur sind und dass sie durch die motorischen corticalen Areale in Bewegungen umgesetzt würden. Demgemäß nahm er an, dass „Aufregung und Impulsivität dadurch entsteht, daß von den sensorischen Flächen her Reize in abnormer Zahl, Qualität und Stärke auf die motorischen Regionen eindringen, so kann eine Besserung nur dadurch herbeigeführt werden, daß zwischen beiden Widerstände neu eingeführt werden". Als einzige und ungünstigere Alternative sah Burckhardt entweder die Entfernung der sensorischen oder der motorischen corticalen Felder mit all ihren Konsequenzen an.

Burckhardts erster Patient war eine Bäuerin von ungefähr 50 Jahren mit, wie er schrieb, agitierter (aggressiver) Demenz von beträchtlicher Gefährlichkeit. An ihr führte er vier Operationen in Folge durch, die erste am 29. Dezember 1888. Diese dauerte vier Stunden und führte zur Entfernung

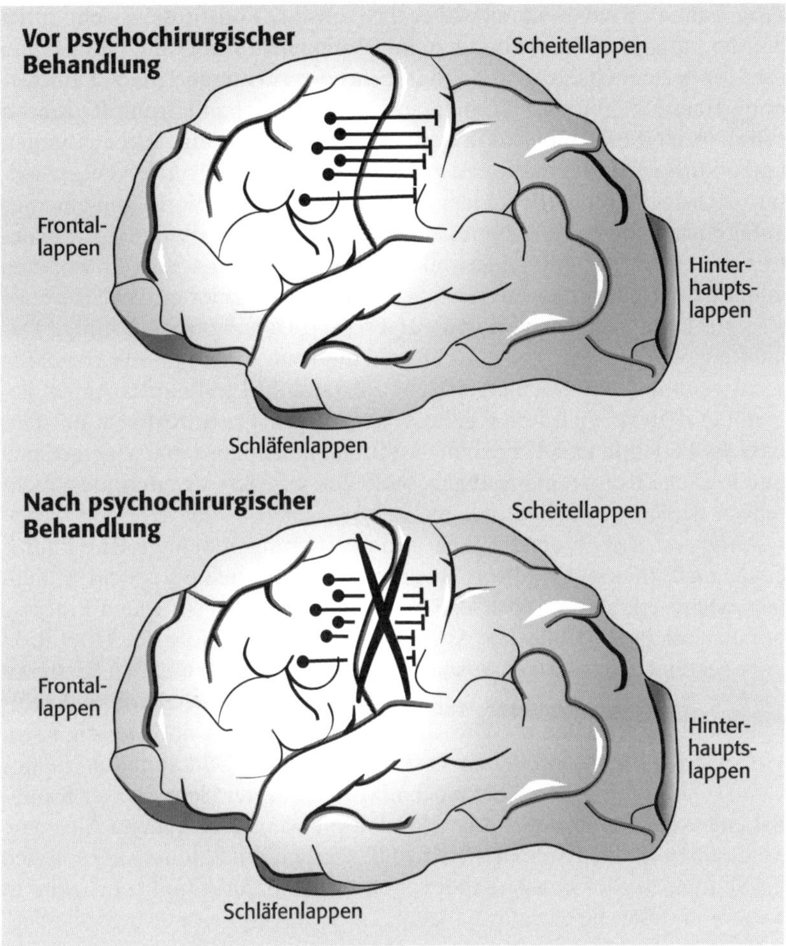

Abb. 5: Die Idee der Lobotomie: Die vom Stirnhirn ausgehenden – zu starken – Hemmsignale, die das Stirnhirn in die hinteren Großhirnbereiche ausschickt, werden „gekappt" und dadurch wieder ein Gleichgewicht hergestellt.

von 5 g Hirnrinde. Da sich ihr Verhalten nur teilweise verbesserte (sie war immer noch unruhig und aggressiv), führte er ungefähr zwei Monate später eine zweite Operation durch mit der Intention einer seitlichen Ausweitung der corticalen Gewebsentfernung. Nach dieser Operation, bei der weitere 2 1/2 g Hirngewebe entfernt wurden, erschien die Patientin in besserer Laune als zuvor. Da sich aber ihre sonstige Konstitution nicht durch die Operation verändert hatte, nahm Burckhardt Ende Mai (d.h. genau fünf Monate nach der ersten Operation) eine dritte vor, die zur Entfernung eines Streifens Schläfenlappencortex der linken Hirnhälfte führen sollte. Nach dieser Operation schien die Patientin einige ihrer visuellen und auditiven Halluzinationen verloren zu haben und auch weniger agitiert zu sein. Burckhardt schloss dann weiter, „daß, in Verfolgung meines anfänglich aufgestellten Planes, die Gegend der motorischen Sprachcentren das nächste Angriffsobject bilden müsse", was dann nach 13 Monaten in der Entfernung von weiteren 1,5 g Hirnrinde resultierte. „Frau Borel ist also aus einer gefährlichen und aufgeregten Dementen eine ruhige Demente geworden", schloss Burckhardt. Obwohl sie sich intelligenzmäßig nicht geändert hatte, schien sich ihr Zustand in Burckhardts Augen gegenüber dem voroperativen gebessert zu haben. Da Burckhardt mitteilt, dass die Patientin ihre Umgebung wahrnahm und manchmal angemessene und logische Kommentare abgab, schließen wir, dass sie zumindest nicht schwer dement gewesen sein kann.

Aufgrund dieser ersten Operationserfahrungen schien Burckhardt etwas zurückhaltender geworden zu sein, da er formulierte: „Und schließlich möchte ich hervorheben, daß meine oben über die corticalen Processe bei unserer Pat. geäußerten Ansichten durch den Erfolg der Operation eher gestützt als widerlegt worden sind. – Ich will mich nicht zu bestimmt darüber aussprechen. – Die Wege des cerebralen Geschehens sind zahlreich und verschlungen. – Die Dinge brauchen nicht nothwendig so zu sein, wie wir sie uns vorstellen. Das kann uns aber nicht abhalten, sie uns wenigstens vorzustellen." Dennoch machte er weiter. Sein zweiter Kandidat galt ebenfalls als dement und größenwahnsinnig. Er kam im Alter von 31 1/2 Jahren in die psychiatrische Klinik. Burckhardt betonte: „Er soll sich als Schüler begabt gezeigt, aber schon früher onanirt und sehr frühe in Venere und Baccho excedirt haben."

Diesem Patienten entfernte er den ersten und zweiten präfrontalen Gyrus, was aber zur Ausbildung epileptischer Attacken führte. Aufgrund dieses Ergebnisses wurde der Patient kein zweites Mal operiert. Als positiv betont Burckhardt, dass, obwohl andere in dem entfernten Cortexbereich ein „Zentrum für Agraphie*" sähen, der Patient postoperativ in der Lage gewesen sei, seiner Mutter eine von der Krankenschwester diktierte Postkarte zu schreiben.

Die nächsten drei Fälle hatten auditive Halluzinationen, weswegen ihr auditiver Cortex entfernt wurde, was sich aber nur bei dem zweifach operierten Fall V. als positiv in Bezug auf die halluzinativen Erscheinungen herausstellte.

Burckhardts letzter Fall entwickelte nach der Operation Anfälle, an denen er nach sechs Tagen starb.

Burckhardt schloss aus seinen Ergebnissen: „Jeder neue chirurgische Eingriff hat sich seine speciellen Indicationen und Methoden erst suchen müssen und jeder Weg, der zu neuen Errungenschaften geführt hat, ist mit Todtenkreuzen besteckt. Ich glaube aber nicht, daß wir uns deswegen sollen abhalten lassen, dem vorgesteckten Ziele, der Heilung unserer Kranken durch die operative Behandlung, näher zu kommen." Dennoch betrachtete er die Psychochirurgie als eine wertvolle Methode, da von den beiden Medizinerkategorien, die entweder der Maxime „primum non nocere" (‚zuallererst nicht schaden') oder der „melius anceps remedium quam nullum" (‚besser ein zweifelhaftes Heilmittel als keines') folgten, er der letztgenannten angehöre.

Fortgang und Niedergang der Psychochirurgie

Die erste Welle an Lobotomien führte allein in den Vereinigten Staaten zu 50 000 Operationen, wobei ein Operateur namens Freeman Verantwortung für 3000 operierte Patienten übernahm. Bald entstand eine Vielzahl von Operationstechniken, die alle darauf abzielten, Stirnhirnbereiche vom restlichen Gehirn abzutrennen. Dies geschah teilweise durch simples Durchstoßen der dünnen Knochenwand über den Augen mit anschließendem seitlichem Hin- und Herbewegen des Leukotoms, so dass die Verbindungen zwischen frontalem Pol und restlichem Gehirn gekappt wurden, z.T. aber auch durch komplexe, unter Narkose durchgeführte Abtragungen.

Die frontale Psychochirurgie galt von Anfang an als eine einfache, vergleichsweise sichere Technik mit einer Mortalitätsrate von vermutlich wenig über 1%. Dennoch bestand die Möglichkeit chirurgisch induzierter epileptischer Anfälle, nicht zu vergessen die sicher beträchtlichen sog. anterograden und retrograden Degenerationen* (also weit verzweigte Auswirkungen auf Hirngewebe entfernt vom eigentlichen Operationsort).

Lobotomien und Lobektomien wurden angewandt, um Ängste zu lösen, Tics, Drogenabhängigkeit, Alkoholismus oder sexuelle Perversionen zu kurieren, zur Behandlung von Schizophrenien, manisch-depressivem Irresein oder zur Behandlung von obsessiv-zwanghaften Störungen, kriminellen Verhaltensweisen, Schmerz oder bei neurotischen Verhaltensweisen.

Da die Psychochirurgie ja als Heilmethode eingesetzt wurde und per definitionem präoperative Verhaltensmerkmale ändern sollte, war man an den Ergebnissen besonders interessiert. Hierbei betonten insbesondere die ersten Arbeiten positive Ergebnisse, obwohl manchmal intellektuelle

Verschlechterungen oder mangelndes Abstraktionsvermögen vermerkt wurden. Auch fand man Änderungen in der Funktion des autonomen Nervensystems. Meist wurden derartige Verschlechterungen auf methodologische Inadäquatheiten zurückgeführt, insbesondere bei sog. blinden Operationen. Manchmal brachten die Patienten sich nach derartigen operativen Eingriffen selbst um. Umgekehrt gibt es einzelne Berichte von Patienten, die von psychochirurgischen Eingriffen beträchtlich profitierten. So wird in einer japanischen Publikation über einen Patienten berichtet, der nach psychochirurgischem Eingriff eine sehr hohe und verantwortliche Position in der japanischen Regierung innehatte; auch wurde ein Student mit postoperativem Intelligenzquotienten von 146 beschrieben, der acht Monate nach seiner Leukotomie Studien in Mathematik und der schwierigen finnischen Sprache aufnahm.

Da in der großen Mehrzahl der operierten Fälle nichtpathologisches Hirngewebe entfernt oder beschädigt wurde, um Persönlichkeitsdimensionen zu ändern, löste diese Behandlungsmethode weitreichende Debatten aus, die bis heute andauern. Der zunehmende Einsatz von Psychopharmaka und die zunehmende Kritik an der Psychochirurgie führte in den 60er Jahren zu einer drastischen Abnahme entsprechender Operationen, wenngleich die Langzeitfolgen noch bis in unsere Tage zu finden waren und in einer Reihe von Arbeiten dokumentiert wurden und Psychochirurgie in ausgefeilterer Form auch heutzutage noch durchgeführt wird.

Der Beitrag der Psychochirurgie für die Erforschung präfrontaler Funktionen

Nur in wenigen Fällen wurden Vorschläge beherzigt, mehr Langzeituntersuchungen an psychochirurgisch behandelten Patienten durchzuführen, die auch eine Bestimmung der präpsychotischen Persönlichkeit enthalten sollten sowie krankheitsbedingte Änderungen bis zur Operation und einen Vergleich dieser Änderungen mit dem postoperativen Erscheinungsbild. Häufig wurde lediglich berichtet, dass die Patienten postoperativ ihr Leben leichter nahmen, an sportlichen und einfachen unterhaltenden Aktivitäten teilnahmen, während sie vor ihrer Operation ernsthaft an den schönen Künsten, Literatur, Religion oder Politik interessiert gewesen waren. Häufig fanden sich Gefühlsverflachungen, fehlender Affekt und fehlendes Mitgefühl für andere, einschließlich der eigenen Kinder; andererseits zeigten diese Patienten Dominanzstreben, Uneinsichtigkeit und Temperamentsausbrüche.

Enthemmung und Witzelsucht wurden als die hervorstechendsten Merkmale orbitofrontaler Resektion* beschrieben, während man andererseits kaum intellektuelle Veränderungen fand. Da wir uns merken, was uns interessiert (siehe oben die Beschreibung der Urbach-Wiethe-Patienten auf S. 27), ist es aber wahrscheinlich, dass die Affektverflachungen das Gedächtnis der Patienten signifikant beeinträchtigten. In diesem Zusammenhang ist von Bedeutung, dass portugiesische Kollegen von Egas Moniz – dem Erfinder der Psychochirurgie in den dreißiger Jahren des letzten Jahrhunderts – anlässlich der internationalen psychiatrischen Konferenz 1948 betonten, dass Lobotomien zu massiven Änderungen auf Hirnebene führen, die durch schwere Persönlichkeitsänderungen gekennzeichnet sind, von denen man bislang nicht wisse, ob sie sich fortentwickeln können. Die Autoren betonten deswegen, dass man nur in solchen besonders gelagerten Fällen psychochirurgisch eingreifen sollte, in denen alle anderen therapeutischen Verfahren erschöpft sind und bei denen sich eine Hoffnung auf Spontanerholung als vergeblich herausgestellt hat.

Noch kritischer argumentierte ein Jahr später Haddenbrock (1949): Bei diesen Eingriffen werde kein angegriffenes Gewebe eliminiert, weswegen die Leukotomie keine Kausaltherapie darstelle. Nicht die Krankheit, sondern die Erfahrung der Krankheit definiere die Indikation. Die Leukotomie betreffe einen organischen Ort, der das spezifisch Menschliche am Menschen enthalte, so dass es zu einer endgültigen Zerstörung von Selbstbewusstsein und freier menschlicher Persönlichkeit oder von dem, was davon psychosebedingt geblieben sei, komme. Er betonte, dass die Leukotomierten nicht mehr in der Lage seien, ihre eigene Natur und ihr eigenes Wesen zu reflektieren, sie keine reflexive Todesangst mehr hätten und von ihren eigenen Trieben abhängig seien. Im schlimmsten Fall handele es sich um intelligente Triebwesen. Gleichartig formulierte fünf Jahre später ein weiterer Kliniker (Stoll 1954): „Zum Wesen der Leukotomieerfolge ist zu sagen, daß von einer Heilung der schizophrenen Grundkrankheit keine Rede sein kann, (...) daß die Leukotomie die vorher ungemein gespannte, bedrohliche Affektivität abbaut und nivelliert, (...) daß die Leukotomie eine Persönlichkeitsänderung herbeiführt.“ Diese Persönlichkeitsänderung bestehe in Folgendem:

1. Verminderung der affektiven Spannung, einhergehend mit einer etwas apathischen, wurstigen Euphorie;
2. Verstimmbarkeit, Reizbarkeit, Zanksüchtigkeit ohne ersichtliche Ursache;
3. einschießende Impulse oft läppischer und unsinniger Art;
4. Triebstörungen (Heißhunger, übermäßiger Durst, Schlafsucht);
5. Selbstzufriedenheit, Kritiklosigkeit, Distanzlosigkeit;
6. Abbau geistiger Interessen und altruistischer Verhaltensweisen, Abnahme der Erlebnisfähigkeit und des religiösen Gefühls;
7. Verlust des Planens und der Voraussicht.

Frühe diagnostische Ansätze

Zu Anfang neurowissenschaftlicher Hirnforschung und erster experimentalpsychologischer Untersuchungen zum Gedächtnis war man in erster Linie am Außergewöhnlichen interessiert, also daran, ob jemand ein in Bezug auf bestimmte Teilleistungen außergewöhnliches Gedächtnis hatte oder ob er über ein nur sehr unterdurchschnittliches Gedächtnis verfügte. So fand sich bei einer Wollhändlerin mit Demenz – und damit nur noch rudimentären Gedächtnisfähigkeiten – ein exzeptionell gutes Gedächtnis für Farben (mit denen sie natürlich ihr Leben lang zu tun gehabt hatte). Ein Architekt mit Demenz hatte dennoch ein ungewöhnlich gutes Orientierungsvermögen. Ein anderer, der als „zur Spezies der Oberkellner gehörig" charakterisiert wurde, zeigte schwere Störungen im Namen-, Personen- und Zahlengedächtnis; dennoch erinnerte er sich weiterhin gut an seine Stammgäste.

Ebbinghaus wird bis heute als Erster zitiert, der systematische experimentelle Untersuchungen zum Gedächtnis anstellte, etwa mit Hilfe von ‚sinnlosen Silben'. Seine Forschungsergebnisse fasste er 1885 in seinem Buch ›Über das Gedächtnis‹ zusammen. Hierin nahm er auch die Unterteilung in Kurzzeit- und Langzeitgedächtnis vor. Nach 1900 wurden dann Assoziationsbildung und Erinnerungsfähigkeit immer systematischer untersucht. Dies geschah z.B. durch Fragen wie „Was fängt die Katze? – Mäuse" oder durch das Fordern von Zuordnungen: „Glocken – läuten", „Bleistifte – schreiben". In diese Zeit fällt auch die erste Differenzierung in Prozesse des ‚Einspeicherns', ‚Ablegens' und ‚Abrufens': Probanden mussten Gedichte lernen und diese nach 10 bis 120 Tagen wiederholen. Auch die Frage, ob es besser ist, massiert („in toto") oder häppchenweise zu lernen, wurde angegangen und weitgehend zu Gunsten von häppchenweise entschieden.

Des Weiteren erforschte man die Bedeutung von Umfeldvariablen wie der Aufmerksamkeit oder des affektiven „Mitschwingens" sowie Hemm- und Interferenzphänomene. Entdeckt wurden zu dieser Zeit auch die meist englisch bezeichneten ‚Primacy-' und ‚Recency-Effekte', worunter zu verstehen ist, dass von Wortlisten oder Kurzgeschichten oder anderem sukzessive erworbenen Material das am Anfang (‚primacy') Stehende und das am Schluss Wahrgenommene (‚recency') am ehesten behalten und wiedergegeben werden kann. Und ebenfalls kurz nach der Jahrhundertwende begann man dann, die Darbietungszeiten vorgezeigten Materials zu standardisieren, einheitliche Instruktionen zu formulieren und Apparate zu erfinden, die eine gleichartig wiederholbare Präsentierung ermöglichten (z.B. sog. Gedächtnistrommeln). Die Bedeutung von Bildung und Beruf für ein gutes Gedächtnis wurde systematisch erforscht, wobei man auch schon 1911 und 1916 Bücher der Intelligenzmessung widmete. Kellnern, Lehrern und Wertpapierhändlern wurde ein spezielles Zahlengedächtnis attestiert.

Untersuchungen zum Denken mit Schlussfolgerungen – etwa in der Art: „Wenn 4 Äpfel 7 Pfennige kosten, wie viel kosten dann 3 Dutzend?" – finden sich allerdings erst in den dreißiger Jahren. In diese Zeit fallen dann auch experimentelle Reizdarbietungen im Millisekundenbereich (mittels sog. Tachistoskope) und Interferenzverfahren wie das Schreiben von Farbnamen mit Farben, die nicht mit dem Namen übereinstimmen (also z. B. ‚rot' in grüner Schrift geschrieben).

Pathologisches Gedächtnis – Hysterie* und andere psychische Störungsbilder

Im 19. Jahrhundert galt Hysterie als eine Art Modekrankheit der Oberschicht, die insbesondere Mitgliedern des weiblichen Geschlechts attestiert wurde. Freud und Breuer nennen etwa Fräulein Anna O., Frau Emmy v. N., Miss Lucy R., Katharina und Fräulein Elisabeth v. R., aber auch weit zurückliegende Fallbeschreibungen wurden in dieser Zeit reaktiviert (z. B. „La possession de Jeanne Féry, religieuse professe du convent des sœurs de la ville de Mons 1584"). Hysterie galt als heilbar, also als ein temporärer Zustand, während direkte äußere (traumatische) Einwirkungen auf das Gehirn oder durch Gehirnerschütterungen ausgelöste Psychosen eher zu fortschreitender Demenz führen sollten.

Heutzutage finden sich hysterische Zustände weit seltener – sind aber für die Erforschung des menschlichen Gedächtnisses weiterhin von herausragender Wichtigkeit. Insbesondere, weil man mit Hilfe moderner bildgebender Verfahren (vgl. Box 7, Punkt 6: Bildgebende Verfahren [„neuroimaging"*]) zeigen konnte, dass unter hysterischen Bedingungen analoge Hirnregionen ihre Aktivationszustände ändern wie unter tatsächlich organischen Schädigungen. Das heißt, hysterische Blindheit beeinflusst ebenso wie echte die Arbeitsweise der Sehrinde, motorische Hysterie (Lähmungen) ebenso wie „echte" Bewegungsstörungen die Arbeitsweise motorischer Hirnregionen. Selbst für Gedächtnis konnten wir zeigen, dass ein Patient ohne Erinnerung an die eigene Vergangenheit auch auf Hirnebene eine andersartige Aktivierung aufwies, als dies bei normalen, nicht in ihrer autobiographischen Erinnerungsfähigkeit gestörten Personen der Fall ist (vorwiegend linkshemisphärisch statt rechtshemisphärisch). Ließen sich diese Befunde generalisieren, könnte man daran denken, funktionelle bildgebende Verfahren als „Lügendetektoren" einzusetzen (vgl. Punkt 6 in Box 7 zu funktioneller Bildgebung).

Das Ganser-Syndrom

Gegen Ende des vorletzten Jahrhunderts beschrieb Ganser ein psychiatrisches Krankheitsbild, das er selbst als „eigenartigen hysterischen Dämmerzustand" bezeichnete und das später nach ihm benannt wurde und bis heute weltweit diagnostiziert wird, wenngleich ein Engländer einmal schrieb, es handele sich dabei wohl um ein Störungsbild, das vorwiegend in deutschen Gefängnissen anzutreffen sei.

Ganser benannte als Kennzeichen vor allem die Tendenz, nur näherungsweise richtige Antworten zu liefern und Wahrheiten unter Zuständen hohen psychischen Drucks zu negieren. Auch seien Bewusstseinstrübungen und Halluzinationen nicht selten anzutreffen. Im Einzelnen merkte er an (Ganser 1904, S. 34):

> Die auffälligste Erscheinung bestand darin, daß die Kranken Fragen allereinfachster Art, die ihnen vorgelegt wurden, nicht richtig zu beantworten vermochten, obwohl sie durch die Art ihrer Antworten kundgaben, daß sie den Sinn der Fragen ziemlich erfasst hatten, und daß sie in ihren Antworten eine geradezu verblüffende Unkenntnis und einen überraschenden Ausfall von Kenntnissen verriethen, die sie ganz bestimmt besessen hatten oder noch besaßen. ... Nach Tagen, und zwar in einzelnen Fällen nach wiederholten Remissionen* und Intermissionen* trat vollständige Klarheit mit Wiederkehr der normalen Kenntnisse ein, wobei für die Zeit der Unklarheit eine Erinnerungslücke bestehen blieb.

Patienten mit Ganser-Syndrom beantworten die Frage nach der Zahl der Beine einer Kuh etwa mit ‚fünf' oder sagen, dass ‚7 plus 5' 11 sei.

Psychogene Amnesien und Fugue-Zustände*

Eine reichhaltige Literatur findet sich zu psychisch bedingten Gedächtnisstörungen, d. h. zu Patienten, die meist auf Grund ungewöhnlicher Erlebnisse oder einer ungewöhnlichen Entwicklung in Kindheit oder Jugend Gedächtnisabrufstörungen (Gedächtnisblockaden) entwickelten. Waren diese noch mit einer Tendenz, den Heimatort zu verlassen, gekoppelt, sprach man statt von ‚psychogener Amnesie' von ‚Poriomanie'*, ‚Fugue-' oder ‚Fluchtzuständen', auch der euphemistische Ausdruck ‚Wanderlust' war damals gebräuchlich. Somnambulismus (Schlafwandeln) und multiple* oder alternierende Persönlichkeitsstörungen komplettierten das Spektrum von psychiatrisch auffälligen Patienten mit Störungen im Abruf der eigenen Vergangenheit. Eine „forensische Relevanz" wurde bei vielen Patienten mit diesen Störungsbildern angenommen.

So „wanderte" ein Kind von Budapest über Norddeutschland bis nach New York, ein „Jack" genannter Mann reiste im Zustand des Nichtwissens über seine eigene Person zwischen Europa, Afrika und den Vereinigten Staaten von Amerika hin und her, wobei er kurzzeitig in Ostafrika als

Kriegsgefangener stationiert war. Interessant ist an diesen Patienten nicht nur die Fähigkeit, ohne Erinnerung an die eigene Vergangenheit zu reisen, sondern auch die zu Tage tretende Indifferenz diesem Schicksal gegenüber.

Dissoziative Reaktionen – multiple Persönlichkeiten*

Der Film von Dr. Jekyll und Mr. Hyde verkörpert beispielhaft das pathologische Spektrum von den in einer Brust wohnenden zwei Seelen. Durch Buch und Film bekannt wurde aber auch ‚Sybil' (oder Sybil Isabel Dorsett, geb. 1923), eine junge Amerikanerin, die nach der Beschreibung ihrer Therapeutin 16 verschiedene Persönlichkeiten entwickelt hatte, wobei sich – wie dies für dieses Krankheitsbild typisch ist – das bewusste Erinnern nur auf die augenblickliche Persönlichkeit bezieht und nicht auf die jeweils anderen.

Obgleich manche inzwischen glauben, dass die Therapeutin hinsichtlich der Anzahl von Sybils Persönlichkeiten übertrieben habe, geht einem ihr Fall dennoch nahe: eine Frau, die als Kind sexuell missbraucht wurde und diese „Erfahrung" nur dadurch bewältigen kann, dass sie „dissoziiert", d.h. zwischen unterschiedlichen Personen, die in ihr wohnen, wechselt („dissoziative Identitätsstörung"*).

Derartige Patienten wurden schon im 19. Jahrhundert von Freud beschrieben; meist handelte es sich um junge Frauen, die von ihren Vätern oder anderen nahen Verwandten sexuell missbraucht oder belästigt worden waren und die typischerweise im biographischen Gedächtnisbereich beträchtliche Lücken aufwiesen. Es gab aber auch männliche Patienten, die etwa zwischen dem Beruf des Pfarrers („Reverend Mr. Henna") – in einem Persönlichkeitszustand – und dem eines am Rande der Kriminalität sich bewegenden, nachts Bordelle aufsuchenden Vagabunden – in einem anderen Persönlichkeitszustand – wechselten.

Psychische Amnesie: Welche Information bleibt erhalten?

Wie auch bei neuen Fallbeschreibungen hervorgehoben, bleibt bei den meisten der vor rund 100 Jahren geschilderten Fälle ein Schul- und Weltwissen bei regelmäßig massiv beeinträchtigter Erinnerungsfähigkeit erhalten. Manchmal – und auch dies bestätigen neue Fälle – findet sich ein vorübergehender Einbruch im Allgemeinwissen, der aber schnell wieder geglättet wird. Bei derartigen Patienten ist der Auslöser der Amnesie (früher wie heute) meist ein somatisches Ereignis, häufig eine Unfallsituation. Manchmal wurde sogar beschrieben, dass insbesondere das musikalische Gedächtnis und bestimmte Gewohnheiten – wie das Benutzen von Höflichkeitsfloskeln – erhalten blieben. Interpretiert wurden diese erhaltenen Fertigkeiten teilweise als Familiaritätsgefühle; ein Autor schrieb, dass „die Kenntnisse von Sprache, Rechnen und den Erfordernissen des täglichen Lebens“ erhalten geblieben seien. Somit wiesen die frühen Fallbeschreibungen schon auf Dissoziationen im Bereich des Gedächtnisses hin, die den in der jüngeren Vergangenheit postulierten auffällig gleichen (vgl. den Abschnitt ‚Unterteilung des Gedächtnisses nach dem Inhalt‘ S. 88).

Erste Ansätze zur hirnanatomischen Lokalisation* von Gedächtnis
Wie teilweise auch bis fast in die Gegenwart hinein gab es vor mehr als 100 Jahren vehement geführte Dispute darüber, ob Gedächtnis und andere intellektuelle Funktionen sich auf Hirnebene lokalisieren ließen („funktionelle Lokalisation“*). Mehr als heute hatte man aber häufig sehr gegensätzliche Meinungen. Die eine Richtung war strikt anti-lokalisationistisch, die andere vertrat die Idee einer engen Lokalisierbarkeit. Kernsätze der ersten Richtung waren etwa: „Intelligenz ist nicht lokalisiert, ihr Centrum ist die Hirnrinde“ und: „Gedächtnis ist eine allgemeine Fähigkeit corticaler Neurone und Fasern“. Vertreter der zweiten Richtung waren dagegen der Ansicht, dass es besondere Erinnerungsfelder innerhalb der Hirnrinde gebe. Zumindest in den frühen, vor der Wende zum 20. Jahrhundert verfassten Arbeiten wurde aber fast durchgehend betont, dass es die Hirnrinde (und nicht die darunter liegenden Regionen) sei, die für die Gedächtnisverarbeitung zentral sei.

Möglicher Grund für diese Bevorzugung des Cortex mag die Dominanz der Psychiatrie über die Neurologie zur damaligen Zeit gewesen sein und damit die häufige Diagnose ‚Demenz‘, die tatsächlich wiederum weitflächige corticale Schäden beinhaltet. ‚Dementia praecox‘, ‚Progressive Paralyse‘, ‚Agitiertheit‘, ‚alkoholische Demenz‘ und ‚Schwachsinn nach Geisteskrankheit‘ waren damals vorherrschende Diagnosen, die großteils als sog. ‚sekundäre Demenzen‘ zusammengefasst wurden. ‚Epilepsie‘, ‚Zustand nach Syphilisinfektion‘, ‚Enzephalitis‘, ‚multiple Sklerose‘ und ‚Intoxikationen‘ waren die eher neurologischen Diagnosen, die gleichwohl eher diffuse Hirnschäden implizierten.

Umgrenzte Amnesien (ohne weitere intellektuelle Defizite) fanden sich vor allem nach Kohlenmonoxidvergiftungen, Erhängungszuständen und dem Korsakow-Syndrom, d. h. primär nach Krankheitsbildern, die – anders als Hirntumore oder umgrenzte Infarkte* (Schlaganfälle) – entfernt von einer umschriebenen Hirnschädigung und somit für die Lokalisationsforschung wenig brauchbar waren. Hier ergaben sich hauptsächlich Hinweise für einen Zusammenhang zwischen Koma- oder Bewusstlosigkeitsdauer und Ausmaß retrograder (rückläufiger) Amnesie (die auch heute noch so Gültigkeit haben). Auch zeigten sich erste Hinweise darauf, dass das Ausmaß der Erholung von retrograder Amnesie mit der Komadauer zusammenhängen könnte.

Manchmal allerdings fanden sich Patienten, die unter sehr selektiven Gedächtnisstörungen – sog. material- oder modalitätsspezifischen Amnesien („Teilgedächtnis“, „Partialgedächtnis“) – litten: z. B. Patienten mit Farbamnesien, amnestischen Amnesien oder taktiler Amnesie. Interessanterweise wurde schon um die Jahrhundertwende die These aufgestellt, die Hirnpathologie habe gezeigt, dass es kein Allgemeingedächtnis gebe, sondern nur Gedächtnissubdivisionen oder Teilgedächtnisse – diese These fand ihre fundierte Bestätigung erst in der letzten Dekade des 20. Jahrhunderts. Wie unterschiedlich abrufbar derartige Teilgedächtnisse sein können, zeigte der Fall eines Patienten, der sich an distinkte geschichtliche Ereignisse erinnern konnte (etwa von 1648, 1756–1763 und von 800) und akkurat und schnell rechnen konnte (etwa 12×13 oder $220 - 21$). Auch konnte er vierstellige Zahlen über längere Perioden behalten (5679, 1235 über Tage). Andererseits dachte er, seine beiden Brüder hätten ihn im Krankenhaus besucht, obwohl beide kürzlich verstorben waren, und seine Tochter – dachte er – sei 7 Jahre alt, obwohl sie 21 war. In diesem wie in anderen Fällen versuchte man damals schon die Dauer retrograder Amnesien anhand von Antworten zu Fragen aus unterschiedlichen Lebensepochen zu ermitteln.

Für seine Erinnerungslücken hatte der Patient die folgende Erklärung: „... dass ich früher manusturbierte. Die Folgen bleiben ja nie aus.“

Frühe Theorieannahmen zur Organisation von Gedächtnis

Burnham (1903), ein amerikanischer „Spezialist“ für die Erforschung von Gedächtnis, formulierte um die Jahrhundertwende seine Gedanken zur Bildung von Gedächtnis folgendermaßen:

- Normales Gedächtnis ist durch einen kontinuierlich fortschreitenden Organisationsprozess gekennzeichnet – einen physikalischen Organisationsprozess und einen psychologischen Prozess der Wiederholung und Assoziation. Damit sich Ideen als bleibende Gedächtnisspur manifestieren können, muss Zeit vergehen, bis diese physikalischen und psychologischen Prozesse zum Abschluss gekommen sind.
- Retrograde Amnesie entsteht dann, wenn diese Prozesse auf Grund von Schock oder wegen anderer Ursachen „einrasten“. Das Gedächtnis (oder der Gedächtnisinhalt) geht verloren, weil es sich nie vollständig organisieren konnte.
- Für das normale Gedächtnis sind diese Organisationsprozesse essentiell, um Eindrücke zu fixieren, und alles, das sich mit ihnen überlagert, sei es Müdigkeit, in Eile sein, Ablenkung oder Aufregung, verhindert ihren Erwerb.

Andere Autoren versuchten die Palette möglicher Gedächtnisabnormalitäten möglichst in ihrer Gesamtheit zu beschreiben. Hierzu zählte auch der Freud-Schüler C. G. Jung, der u. a. okkulte Phänomene, das Simulieren von Amnesien, Hysterie und Kryptomnesie* beschrieb. Unter diesen ‚verborgenen Erinnerungen' verstand er negative Erinnerungstäuschungen: Fakten, die von anderen erworben wurden, verlieren ihre Erinnerungsassoziationen und werden, wenn man sich wieder an sie erinnert, als eigene Ideen betrachtet. Interessanterweise war Jung der Ansicht, dass kein einziger winziger Eindruck aus dem Gedächtnis verloren gehe, obwohl Erlebnisse durchaus auf vielfältige Weisen aus dem Bewusstsein verschwinden könnten. Als Belege führte er an, dass ein Sterbender Griechisch zu rezitieren begann und eine hysterische junge Frau in Ekstase ein zwei Seiten langes Gedicht aufsagen konnte, das sie erst kurz zuvor zum ersten Mal gesehen hatte.

An dieser Stelle möchte ich auf den schon in der Einführung auf S. 15f. abgedruckten Brief einer 85-jährigen Frau hinweisen, die mir aus dem Altersheim schrieb. Ihr eigenes Erstaunen über ihre im Alter frisch aufgetauchte Erinnerung an in der Jugend gelernte Gedichte kann sicher zur Untermauerung der Jung'schen Ansichten herangezogen werden.

Ich nehme an, dass die alte Dame sich deswegen wieder an die Gedichte ihrer Kindheit erinnerte, weil altersbedingt hemmende neuronale Einflüsse sich reduziert hatten und so die alten Gedächtnisinhalte wieder „an die Oberfläche kamen" und bewusst abgerufen werden konnten.

Ähnliche ungewöhnlich vielfältige Gedächtnisleistungen wurden 1903 auch bei einem Patienten während seines epileptischen Anfalls beschrieben.

Für theoriebezogene Interpretationen zur Arbeitsweise des Gedächtnisses wurden auch insbesondere Fallbeschreibungen von Patienten, die sich zu erhängen versucht hatten, herangezogen. Es war schon früh bekannt, dass Erhängungsversuche häufig zu retrograder Amnesie führten. Auch wusste man aus völkerkundlichen Berichten, dass sich sibirische Schamanen gern selbst oder gegenseitig mit um den Hals geschnürten Seilen würgten, um so in Ekstase zu kommen. Die dem Erhängungsversuch folgende retrograde Amnesie galt als „dementia acuta", da man wusste, dass die Amnesie großenteils vorübergehender Natur war und meist auch nur auf wenige Tage vor und nach dem Erhängungsversuch beschränkt war. In Einzelfällen wurde sogar das Auftreten von Hypermnesien* – also gesteigerten Erinnerungsfähigkeiten nach Erhängungsversuchen – berichtet. Insgesamt blieben die Aussagen zu den Konsequenzen des (versuchten) Erhängens auf Gedächtnis und Hirnfunktion kontrovers, wobei man sich nicht sonderlich sicher war, was durch die Sauerstoffreduktion bewirkt werden könnte und was z.B. durch während des Hängens ausgelöste Krämpfe bedingt sein könnte. Grundsätzlich aber ging man eher von vorübergehenden Defiziten aus.

Gehirnerschütterungen und fokale Hirnschäden – wie beispielsweise nach Schussverletzungen – wurden des Weiteren herangezogen, um Argumente für die Arbeitsweise des Gehirns bei der Verarbeitung von Information zu finden. Diese Zustände wurden teilweise recht detailliert hinsichtlich der Dauer von anterograder und retrograder Amnesie, zum Teil auch hinsichtlich möglicher psychogener Amnesiezustände analysiert. Besonders hervorheben kann man beispielsweise den Fall eines Patienten nach Kohlenmonoxidvergiftung, der neben partieller retrograder Amnesie vor allem anhaltende anterograde Gedächtnisstörungen zeigte. Dieser Patient wurde auch hinsichtlich seiner Emotionen, seiner Spontanaktivität und seiner Fähigkeiten zu denken und zu reflektieren untersucht. Unter anderem bestätigte sich an ihm das Ribot'sche Gesetz, das besagt, dass lange zurückliegende Erinnerungen besser erhalten bleiben (bzw. reibungsloser wiedererinnert werden) als jüngere. Der Patient heiratete seine langjährige Geliebte, nannte sie aber weiterhin seine Verlobte. Wann immer er sie wiedersah, freute er sich so, als sähe er sie seit langer Zeit wieder einmal und dürfe sich entsprechend freuen. Seine Höflichkeitsfloskeln und -verhaltensweisen entsprachen denen, die Jahre zuvor üblich waren und wirkten außerordentlich eingeschliffen (z.B. den Hut abnehmen, wenn man eine Kirche betritt). Industrielle Zeichnungen, die er vor Krankheitsausbruch angefertigt hatte (und deren Anfertigung ca. zehn Jahre zurücklag), konnte er ohne Zögern erläutern. Häufig benutzte dieser Patient externe „Markierer", um Verhalten oder Situationen zu erklären. Beispielsweise sagte er, es müsse Sonntag sein, weil er einen Anzug trage, oder dass er nicht Zug fahren werde, weil er nicht entsprechend angezogen sei. Auch assistierte er seiner Frau beim Bergsteigen, weil er offensichtlich aus der Zeit vor seinem Unfall behalten hatte, dass sie hierbei Schwierigkeiten hatte. Als gegenwärtiges Datum nannte er immer dasjenige, an dem seine Vergiftung geschehen war – den letzten Tag im Mai 1926. (Gleichartiges fanden wir bei einem Patienten, der acht Jahre vor unserer Untersuchung einen Hirninfarkt erlitten hatte und auch im Jahre 1991 das Jahr 1983 als das gegenwärtige angab.)

Insgesamt lässt sich festhalten, dass in der damaligen Zeit Einzelfallbeschreibungen sehr wesentlich zu einem Verständnis von Gedächtnisstörungen beitrugen und die damaligen Wissenschaftler in der Lage waren, ihre Patienten sorgfältig und detailliert zu untersuchen, um daraus entsprechende Schlussfolgerungen abzuleiten.

Das Korsakow-Syndrom

Die Gedächtnisforschung der frühen Zeit der Hirnforschung hat in außerordentlichem Maße von den Beschreibungen von Korsakow-Amnestikern profitiert – Patienten, die meist auf Grund unmäßigen Alkoholgenusses über Jahre Hirnschäden davontrugen und die im vorletzten Jahrhundert weit häufiger zu finden waren als heutzutage. 1880 gab es in dem damals noch recht gering bevölkerten Berlin jährlich rund 1000 derartige Patienten in der Charité.

Für die Beschreibung des Korsakow-Syndroms ist natürlich insbesondere die Rolle von Korsakow selbst herauszustreichen, der in mehreren deutsch- und russisch-sprachigen Publikationen sowie einer französischsprachigen – beginnend 1887 – eindrückliche Fallbeispiele von Amnestikern publizierte und daraus theorierelevante Ansichten zur Funktion und Arbeitsweise des Gedächtnisses ableitete.

Ein Beispiel für einen von Korsakow beschriebenen Patienten habe ich ausgewählt und in Box 5 Korsakows Bericht zitiert.

Interessanterweise betonte Korsakow, dass seine sog. *Psychosis polyneuritica seu Cerebropathia psychica toxaemica* sich oft auf Grund nichtalkoholischer Krankheitsursachen ausbilden könne. So verwies er auch auf 14 frühe derartige Fälle, darunter eine Patientin mit einem toten, zerfallenden Fötus in ihrem Uterus und auf Patienten mit Blutvergiftung, Typhus, Darmverschlingung, Tuberkulose, Diabetes mellitus oder einem Lymphadenom* und einem zerfallenden Tumor. Neben Patienten mit alkoholischen Intoxikationen fanden sich solche mit Arsen- und Blei-, Kohlendisulphit und Kohlenmonoxidvergiftungen. Ohnehin sah Korsakow in dem „Toxaemischen" das Zentrale seines Krankheitsbildes. Er meinte, dass sich die Blutzusammensetzung geändert habe, sich toxische Substanzen akkumuliert hätten, die das periphere wie auch das zentrale Nervensystem in Mitleidenschaft zögen.

Da zur damaligen Zeit Amnesie sozusagen ‚pars pro toto' häufig automatisch als Korsakow-Amnesie verstanden wurde, ist es wichtig, zwischen der ‚Korsakow-Psychose' und dem ‚Korsakow-Syndrom' zu unterscheiden. Das ‚Korsakow-Syndrom' war sozusagen der Oberbegriff für alle möglichen Formen von Gedächtnisstörungen, die andere intellektuelle Funktionen weitgehend unbeeinträchtigt ließen. Die Korsakow-Psychose sollte nur für Patienten benutzt werden, die auf der Basis langfristigen massiven Alkoholabusus Gedächtnisstörungen zeigten („alkoholische Polyneuritis").

Gleichwohl existierten auch schon ein halbes Jahrhundert vor Korsakow Beiträge anderer Wissenschaftler, die auf alkoholbedingte Hirnstörungen hinwiesen. Und Wernicke – ein anderer sehr bedeutender Hirn-

Box 5: Korsakows (1890, S. 479) Beschreibung eines Patienten mit dem später nach ihm benannten Syndrom

Anfangs ist im Gespräch das Vorhandensein einer Geistesstörung beim Kranken schwer zu bemerken: Er macht den Eindruck eines Menschen, welcher seiner Geisteskräfte vollständig Herr ist – er spricht mit voller Ueberlegung, zieht aus den gegebenen Prämissen richtige Schlüsse, spielt Schach, Karten, kurz, er benimmt sich wie ein geistig gesunder Mensch, nur nach längerer Unterhaltung kann man bemerken, daß der Kranke von Zeit zu Zeit die Begebenheiten ausserordentlich durcheinandermengt, nichts von dem, was um ihn her vorgeht, im Gedächtnis behält: Er erinnert sich nicht, ob er gespeist hat, ob er aus dem Bett aufgestanden ist. Manchmal vergißt der Kranke sofort wieder, was mit ihm geschehen ist: Man ist zu ihm eingetreten, hat mit ihm geredet, hat sich auf eine Minute entfernt, und wenn man dann wieder zu ihm hereinkommt, so hat er keine Ahnung davon, daß man schon bei ihm gewesen ist. Derartige Kranke können mitunter stundenlang ein- und dieselbe Seite lesen, weil sie das Gelesene absolut nicht im Gedächtnis behalten. Sie können 20 mal der Reihe nach ein- und dieselben Dinge reden, ohne sich auch nur im Mindesten der beständigen Wiederholung ihrer stereotypen Reden bewußt zu sein. Der Personen, mit denen der Kranke ausschließlich zur Zeit der Krankheit in Berührung kam, z.B. des behandelnden Arztes, der Wärterin, kann er sich oft nicht erinnern, wiewohl er sie beständig sieht; und jedesmal, wenn er sie erblickt, versichert er, sie zum ersten Male zu sehen. Bemerkenswerth ist jedoch hierbei die Thatsache, daß die Kranken, die alles vor Kurzem oder soeben Stattgefundene vergessen, sich der früheren Begebenheiten, welche vor ihrer Erkrankung vorgefallen waren, gewöhnlich ganz gut entsinnen. Aus der Erinnerung entschwindet meistentheils dasjenige, was seit der Erkrankung und ganz kurz vorher stattgefunden hat. So ist es jedoch nur in den mehr typischen Fällen; in anderen geht auch die Erinnerung an die früheren Begebenheiten verloren.

forscher der damaligen Zeit, der u.a. die nach ihm benannte Wernicke-Aphasie fand – beschrieb schon ein paar Jahre vor Korsakow sozusagen die akute Form des Korsakow-Syndroms, die als Wernicke-Encephalitis bezeichnet wird und die in der damaligen Zeit meist tödlich verlief: „Es handelt sich um eine selbständige, entzündliche, acute Kernerkrankung im Gebiete der Augenmuskelnerven, die in der Zeit von 10–14 Tagen zum Tode führt."

Korsakow gehörte auch zu den Wissenschaftlern, die sich neben neurologischen auch mit psychiatrischen Krankheitsbildern beschäftigten, z.B. mit „Pseudoreminiszenzen", die man heutzutage als „False memories"

(Fehlerinnerungen) bezeichnen würde und die, wie er meinte, als Déjà-vu-Erlebnisse* oder als Wahnideen auftreten könnten. Seiner Meinung nach hatten diese häufig einen realen Hintergrund, weswegen er annahm, dass sie rudimentäre Gedächtnisengramme repräsentierten, die sich auf Hirnebene neu gruppierten und dann erst im Unbewussten, später auch im Bewusstsein auftauchen könnten.

Bonhoeffers Beitrag zum Korsakow-Syndrom

Karl Bonhoeffer, ein Schüler von Wernicke* (nach dem die hintere der beiden Sprachregionen benannt wurde), veröffentlichte 1901 ein Buch mit dem Titel ›Die akuten Geisteskrankheiten der Gewohnheitstrinker‹. In diesem Werk beschrieb er sehr ausführlich die Konsequenzen von Alkoholismus auf Gehirn und Geist. Vier Kardinalsymptome charakterisierten seiner Meinung nach das Korsakow-Syndrom:

- Merkunfähigkeit
- Erinnerungsdefekte
- Desorientiertheit hinsichtlich Zeit und Raum
- Tendenz zur Konfabulation* (Erinnerung an nicht erlebte Vorgänge).

Wie Korsakow sprach auch Bonhoeffer nicht von völliger Amnesie, sondern meinte, dass bestimmte, emotional bedeutsame Elemente noch erinnerbar sein könnten und dass Episoden zum Teil nach Jahren wieder ins Bewusstsein gelangen oder bestimmte Gefühle auslösen könnten. Gerade diese Gefühlsebene – die zum Teil auch als „Familiaritätsgefühl" bezeichnet werden kann – beschäftigte Wissenschaftler, die sich mit dem Phänomen Amnesie auseinander setzen, seit langem und bis heute.

Zehn Jahre nach Bonhoeffer beschrieb ein französischer Nervenarzt seine Beobachtungen an einer Korsakow-Patientin. Der Nervenarzt hieß Claparède und pflegte seine Patienten morgens per Handschlag zu begrüßen. Eines Tages kam er auf die Idee, bei der Begrüßung eine Stecknadel in seiner Handinnenfläche zu verstecken und auf diese Weise seine Patientin beim Morgengruß zu pieksen. Am nächsten Morgen weigerte sich die Patientin, ihm die Hand zu schütteln, konnte dies – auf Grund ihrer Amnesie bzw. ihrer Unfähigkeit, Episoden bewusst abzurufen – jedoch nicht direkt begründen. Aus dieser Episode entstand die Bezeichnung *Claparède-Phänomen*, wenn man von einem nicht bewusst begründbaren Familiaritätsgefühl spricht. Interessanterweise haben die moderne Gedächtnisforschung und kurz darauf auch die Neurowissenschaften Hinweise dafür gefunden, dass es sich hierbei um ein selbständiges Gedächtnissystem – das *Priming**-Gedächtnis – handelt (‚Priming' steht für „Prägung" oder „Bahnung", und damit dafür, dass eine unbewusst wahrgenommene Information sich bei Wiederholung verhaltenswirksam auswirken kann; vgl. S. 88). Es zeigt sich in Untersuchungen der letzten Jahre, dass diese unbewusste Informationsaufnahme und -verarbeitung sich auch darin spiegelt, dass derartige Patienten dann, wenn sie wiederholt mit solcher Information konfrontiert werden, eine Abnahme ihres Hautwiderstandes aufweisen, ein Zeichen dafür, dass sie von dieser Information irgendwie „berührt" sind. (Die Messung von Änderungen in Hautwiderstand oder Hautleitfähigkeit wird insbesondere auch im Rahmen von Untersuchungen mittels sog. Lügendetektoren eingesetzt.)

Nach der Diskussion psychologischer Folgen des Korsakow-Syndroms ging Bonhoeffer in seinem Buch detailliert auf mögliche neuropathologische Konsequenzen ein, angefangen mit peripheren Nervenschäden sowie Kleinhirn*schäden und weitergehend mit dem wahrscheinlichen Auftreten corticaler Schäden. Mit seinen Beschreibungen kam er dem heutigen Bild neuropathologischer Schäden beim Korsakow-Syndrom nahe, soweit es den Hirnstamm und corticale Bereiche betrifft. Was Schäden im Zwischenhirn angeht, wie sie heutzutage bei Beschreibungen im Vordergrund stehen, so kommen diese bei Bonhoeffer etwas zu kurz, auch wenn er bei einem seiner Patienten auf die Existenz solcher hinwies.

Schon damals ging Bonhoeffer auch auf Möglichkeiten der Funktionserholung ein, wobei er annahm, dass eine Teilrestitution möglich sei. Hinsichtlich unterstützender Maßnahmen auf Verhaltensebene schlug er vor, weniger spezielles Gedächtnistraining zu forcieren als vielmehr praktische Tätigkeiten. Am wichtigsten aber schien ihm eine unterstützende Ernährungsdiät, wie sie auch heutzutage empfohlen wird.

Da in der damaligen Zeit andererseits recht wenig über mögliche Gedächtnisunterteilungen bekannt war, wirkten manche Fallbeschreibungen unglaubwürdig. Dies findet sich auch in Bonhoeffers scharf vorgebrachter Kritik an der Fallbeschreibung des Korsakow-Patienten eines anderen Autors. Dieser hatte berichtet, dass sein Patient, ein 50-jähriger Journalist mit Hochschulbildung, sich nicht mehr an Ereignisse aus seinen letzten drei Lebensjahrzehnten erinnern konnte, aber an lateinische Syntax, die Namen von Universitätsprofessoren und frühere Schulfreunde. Der Patient glaubte, Student zu sein, wusste nicht, dass seine Eltern tot waren, gab aber zutreffende Erklärungen hinsichtlich politischer, historischer und moralischer Fragen. Bonhoeffer meinte, diese Beschreibung könne nicht stimmen, da sich der Patient ansonsten wie ein 19-Jähriger verhalten müsse, sich aber tatsächlich eher wie eine weit ältere Person benahm. Heutzutage wissen wir, dass derartige Patienten tatsächlich diese eigentümliche Diskrepanz zwischen totalem Erinnerungsverlust für persönliche Ereignisse oder Episoden bei gleichzeitig erhalten gebliebenem Schul- und Weltwissen zeigen können. Diese Diskrepanz entspricht der in der modernen

Gedächtnisforschung üblichen Unterscheidung zwischen episodisch-autobiographischem Gedächtnis auf der einen Seite und Wissenssystem* auf der anderen (vgl. S. 88ff. und den nächsten Abschnitt).

Außergewöhnliche Gedächtnisleistungen

Wie oben schon exemplarisch dargestellt, finden sich immer wieder Beispiele für Patienten mit einerseits massiven Amnesien – vor allem im persönlichen Bereich – und andererseits ungewöhnlich ausgeprägten oder trotz neurologischer Krankheit ungewöhnlich gut erhaltenen Einzelgedächtnisleistungen. Die frühe Wissenschaft bemühte sich, diese akribisch darzustellen, um so zu verallgemeinerbaren Aussagen zur Arbeitsweise des Gedächtnisses, respektive zur Arbeitsweise des Gehirns beim Informationsabruf kommen zu können. Da ein entsprechender theoretischer Überbau – d.h. die heutzutage übliche Annahme der Existenz distinkter Gedächtnissysteme (s. S. 88) – fehlte, blieben Schlussfolgerungen und Verallgemeinerungen allerdings vage.

Ausnahmen von dieser Regel existierten insbesondere bei einzelnen Psychiatern, die in den zwanziger Jahren des 20. Jahrhunderts vom „bewußtseinsfähigen bzw. ins Bewußtsein tretenden Teil der mnemischen Funktionen“ sprachen, von außerbewussten Dispositionen zum Wiedererkennen und zum Erinnern oder von Gedächtnis als bewusstem und von der Gewohnheit als vom unbewussten Seelenleben schrieben. Auch schon früher (1908) hatte der Hirnforscher Ziehen auf einer Festrede für das militärärztliche Bildungswesen konstatiert, dass die Hirnphysiologie gezeigt habe, „daß ein allgemeines Gedächtnis nicht existiert, sondern nur Teilgedächtnisse“.

Unter den Beschreibungen ungewöhnlicher Fälle aus der damaligen Zeit fanden sich solche, die einerseits kaum noch eine Episode aus ihrer jüngeren Vergangenheit behalten konnten, andererseits aber problemlos vierstellige mit zweistelligen Zahlen multiplizieren oder ungewöhnlich gut Schach spielen konnten (ohne sich nach Spielende daran zu erinnern). Interessant ist auch ein 57-jähriger alkoholischer Patient, der schon seit drei Jahren hospitalisiert war und der noch einigermaßen gut rechnen und Daten historischer Ereignisse nennen konnte. Dieser Patient sollte sich die Zahl 3579 merken und später reproduzieren. Nach fünf Minuten antwortete er jedoch mit 5679 und einer anderen (erfundenen) Zahl, 1235. Diese beiden Zahlen behielt er über Wochen im Kopf; auf die Frage, wieso er sie sich merken konnte, sagte er, dass der Unterschied zwischen beiden Zahlenhälften jeweils 23 sei (zwischen 56 und 79 und zwischen 12 und 35).

Die meisten Personen mit außergewöhnlichen Gedächtnisfähigkeiten sind sog. Zahlenjongleure, die häufig mit visueller Vorstellungskraft arbeiten („Eidetiker“*), im Einzelfall aber auch auf auditiv-motorischer Basis. Viele dieser Zahlenjongleure verfügen nur über unterdurchschnittliche Intelligenz (s. S. 32). Dies und weitere Beobachtungen haben Wissenschaftler annehmen lassen, dass sich das Zahlengedächtnis stark vom Wortgedächtnis unterscheide und auch auf Hirnebene an anderen Stellen repräsentiert sei. Gleiches gilt wohl auch für musikalische Fähigkeiten, wie Mozart oder Anton Dvořáks Tochter nahe legen. Diese sang schon im Alter von 1½ Jahren schwierige Kompositionen ihres Vaters.

Der auf S. 32 kurz angesprochene 20-jährige Imbecille konnte die exakten Kalendertage für die Osterfeiertage zwischen 1583 und 2000 aufsagen, wobei er auf Nachfrage im Schnitt nur 1,76 Sekunden für seine Antwort benötigte. Ein Priester hatte ihm, als er 12 Jahre alt war, einen gregorianischen Kalender geschenkt, den er seitdem auswendig gelernt hatte. Später entwickelte er ein System, alle anderen Jahrestage auf die Osterdaten zu beziehen. Er konnte auch überdurchschnittlich gut neue Daten wie geometrische Figuren oder Stundenpläne lernen. Waren die zu lernenden Daten jedoch in ein logisches System eingebettet, fiel ihm ihr Erlernen weit schwerer oder es war ihm unmöglich. Alexander Lurija, der wohl berühmteste russische (oder damals sowjetische) Psychologe der zweiten Hälfte des 20. Jahrhunderts, hat in seinem Buch ›Der Mann, dessen Welt in Scherben ging‹ über das Leben eines Gedächtniskünstlers geschrieben (Lurija 1971).

Ein ähnlicher Fall einer schwachsinnigen jungen Frau wurde 1904 dokumentiert: Die 22-Jährige hatte sich bis zum Alter von sieben Jahren normal entwickelt, dann jedoch eine schwere Typhuskrankheit durchgemacht, in deren Folge sie epileptische Anfälle bekam und ihre Intelligenz nahezu vollständig verlor. Sie sammelte jedoch mit Hingabe Knöpfe und kleine Münzen und entwickelte hierdurch eine ganz erstaunliche Rechenfähigkeit. Sie konnte sofort angeben, wie viel 27 mal 16 oder 900 geteilt durch 16 ist. Weiterhin antwortete sie immer in Reimen, die teilweise sogar witzig erschienen.

Nach vierjährigem Krankenhausaufenthalt gefragt, wie lange sie meine, im Krankenhaus gewesen zu sein, antwortete sie einmal „ein paar Wochen“, einmal „zwei Jahre“ und einmal „17 Jahre“. Andererseits wusste sie spontan, wie viel 56^2, 85^2 oder 78^2 sind. Einfache Additionen oder Subtraktionen fielen ihr jedoch mit Abstand schwerer, so dass sie hier häufig Fehler machte. 57 + 63 war für sie 141 anstatt 120 und 48 + 53 war 163 anstatt 101. Eine weitere hervorstechende Fähigkeit zeigte sich, als man sie fragte, wie viel 23 mal 23 sind. Sie antwortete 529, aber bemerkte zusätzlich, dass das das Gleiche ist wie 33 mal 16 und 1. Für 729 (27 mal 27) fügte sie hinzu, es sei auch 24 mal 30 und 9. Die Zahl 16 spielte in ihren Berechnungen eine Sonderrolle, was offensichtlich darauf zurückzuführen war, dass sie als Kind Münzen sammelte und dass polnische und russische Münzen in besonderer Beziehung zueinander stehen: 1 Rubel = 100 Kopeken = 200 polnische Pfennige. Auf der Basis dieser Beziehung sagte sie auf die Frage, wie viele Pfennige in einem Rubel enthalten seien, „$16 \times 12 + 8$".

Andere derartige Idiots savants wussten den Todestag aller Personen aus der näheren Umgebung sowie deren Vor- und Zunamen, oder Geburts- und Todestage und wichtige Lebensereignisse von zahlreichen berühmten Personen oder konnten das Alter einer Person unmittelbar in Minuten umgerechnet wiedergeben.

Grundlage vieler Zahlenjongleure ist offensichtlich ihre Fähigkeit, Zahlen schnell in kleinere umzurechnen (z.B. 83^2 in $[80 \times 80] + [80 \times 3] + [83 \times 3]$), dass sie ein phänomenales Zahlengedächtnis haben und dass sie alle Produkte bis 100 mal 100 auswendig wissen. In einer neuen Studie wurde nachgewiesen, dass kalendarische Rechenkünstler sich von anderen Leuten nicht hinsichtlich ihres Allgemeingedächtnisses unterscheiden (müssen), sehr wohl aber hinsichtlich ihrer langfristigen Erinnerungsfähigkeit für kalendarisches Material.

Angemerkt sei auch, dass es eine Reihe „normaler" Gedächtnisakrobaten gibt, deren Leistungen das *Guinness-Buch der Rekorde* zieren. Eine Abhandlung über ›Gedächtniskünstler in der europäischen und amerikanischen Literatur‹ schrieb 1997 Ulrich Ernst in Band 105 der *Zeitschrift für Literaturwissenschaft und Linguistik*. In ihr zitiert er einen Türken, der sechs Stunden lang 6666 Verse aus dem Koran rezitierte, einen Birmesen, der 16000 Abschnitte aus buddhistischen Texten aufsagen konnte, und eine Person, die nur eine Stunde brauchte, um sich 1140 Zahlen einzuprägen. Daneben (und als eigentliches Anliegen) listete er Dutzende von Gedächtnisakrobaten aus der Geschichte auf, die teilweise über photographische Gedächtnisse verfügten, teilweise über selektive, aber im jeweiligen Bereich weit überdurchschnittliche Gedächtnisfähigkeiten aufwiesen.

Die Zeitwahrnehmung als Grundlage für Gedächtnis

Gedächtnis und Erinnerung sind zuallererst eingebunden in die Dimension Zeit. Dadurch, dass man sich an eine Begebenheit erinnert, weiß man automatisch, dass sie in der Vergangenheit stattgefunden hat. Auf der anderen Seite kann man sich vorstellen, morgen an die Ostsee zum Schwimmen zu fahren – dies wäre ein Beispiel für prospektives, in die Zukunft gerichtetes Gedächtnis. In beiden Fällen ist man sich der zeitlichen Einordnung der Ereignisse bewusst.

Schon in der ersten Hälfte des 20. Jahrhunderts gab es Versuche zu einer

Systematisierung: Als „Chronognosie" wurde die unreflektierte, immanente, unbewusste Zeiterfahrung bezeichnet, als „Chronologie*" der Vergleich der inneren Geschichte mit der äußeren und als „Chronometrie" die vollkommene Objektivität und die Messung der Zeit.

Andere Autoren beschrieben folgende Störungen der Zeitempfindung:

1. Änderung der Kopfuhr, sog. primitive Zeitsinnstörungen,
2. Änderung der Zeitperspektive (Dehnung und Verkürzung des Zeiterlebnisses),
3. Zeitraffer- und Zeitlupenphänomene (Änderung der Wahrnehmung der subjektiven Tempobeschleunigung),
4. ordinative Zeitstörung*, sog. Störung der gnostischen Zeitauffassung* (s. u.),
5. Depersonalisation* des Zeitempfindens (s. u.).

Unter Kopfuhr wurden diejenigen zentralen Eigenfrequenzen verstanden, die den Tiefschlaf überdauern. Diese Eigenfrequenzen werden vom Zwischenhirn gesteuert. Für die Existenz einer Kopfuhr sprechen folgende psychologische experimentelle Ergebnisse:

a) das richtige Bestimmen der Stunde bei Tag als auch besonders bei Nacht, wenn die Person zufällig aufwacht,
b) das auf die Minute genaue Erwachen zu einer willkürlichen oder durch Gewohnheit bestimmten Zeit,
c) bei willkürlich vorgenommener Zeit des morgendlichen Erwachens oder unter posthypnotischer Suggestion tritt das Erwachen im Großteil der Fälle im richtigen Zeitpunkt ein.

Unter Änderungen der Zeitperspektive versteht man eine Dehnung oder Verkürzung des Zeiterlebnisses (z. B. unter Gifteinwirkung, bei Psychosen wie Melancholie), unter Zeitraffer- und Zeitlupenphänomenen Änderungen des wahrgenommenen Tempos im Sinne einer Beschleunigung oder negativen Beschleunigung (Verzögerung), und Störungen der gnostischen Zeitauffassung beziehen sich auf Unfähigkeiten der Einordnung von Erlebnissen (was war „davor", was „danach"?) – die chronologische Folge oder Ordnung ist fehlerhaft. Depersonalisation der Zeitwahrnehmung oder des Zeitempfindens heißt, dass man meint, Vergangenes oder auch Zukünftiges jetzt in der Gegenwart zu erleben.

Die Möglichkeit, „eine Zeitreise anzustellen", charakterisiert den bewussten oder bewusst machbaren Teil unseres Gedächtnisses. Sie fehlt Patienten mit massiven Amnesien. Schon vor gut 70 Jahren gab es Wissenschaftler, die in fehlendem Zeitbewusstsein den Schlüssel für die kognitiven Defekte von Korsakow-Patienten sahen. Gedächtnisdefekte von Korsakow-Patienten könnten im Wesentlichen dadurch bedingt sein, dass bei der Einspeicherung die zeitliche Kontinuität fehlt, was dazu führt, dass

Korsakow-Patienten mit „Zeitstücken" und „Zeitpunkten" arbeiten. Das unmittelbare Zeiterfassen und die Zeit als Orientierungsprinzip seien gestört.

Und als für kurze Zeit stereotaktische Läsionen im mittleren Zwischenhirn vorgenommen wurden, zeigte sich eine ähnliche „Zeitgitterstörung". (Bei stereotaktischen Operationen wird mittels einer in das Hirn eingeführten dünnen Elektrode ein kleiner Bereich tief im Hirninnern koaguliert, d.h. verbrannt.) Dies wurde von den Autoren als „Chronotaraxis" bezeichnet – Unfähigkeit, sich hinsichtlich der Zeit zu orientieren. Derartige Patienten sind z.B. unfähig, das Datum anzugeben. Die Patienten wussten weder die Tages- noch die Jahreszeit zu nennen, selbst wenn letztere offensichtlich war, wenn sie einen Blick durch das Fenster taten.

Damals wurden dann auch schon Korsakow-Patienten beschrieben, deren Zeitwahrnehmung nicht nur hinsichtlich der Erinnerungsfähigkeit und Neuaufnahmefähigkeit von Gedächtnis gestört war, sondern die auch noch ein geändertes – *verschobenes* – Zeitgefühl aufwiesen. Ein Patient hatte die Vorstellung, die Zeit schrumpfe, ein anderer berichtete, dass sich die Zeit für ihn ins Unendliche ausweite, so dass ein Tag niemals zu Ende zu gehen schien. Anderen Korsakow-Patienten kam eine Minute wie eine Viertelstunde lang vor oder sie datierten jüngst passierte Ereignisse als weit zurückliegend. Erwähnenswert ist in diesem Zusammenhang, dass auch bei bestimmten abnormalen Geisteszuständen, wie im Meskalinrausch, über Zeitschrumpfungen und ähnliche Phänomene berichtet wird, aber auch, dass Schäden im Bereich der Hirnrinde (Parietalcortex*) zum sog. Zeitdehnungs- und Zeitrafferphänomen* führen können.

Patienten mit Störungen des Zeitbewusstseins sagen etwa, sie hätten letzte Woche eine Zigarre geraucht, obwohl es erst vor Stunden gewesen war, oder sie antworten auf die Frage, ob der Assistent da gewesen sei: „Ja, aber das war gestern", obwohl dieser erst gerade den Raum verlassen hatte.

Zeitbewusstsein kann im Einzelfall von 30 auf 3 Jahre schrumpfen, wobei allerdings jedes Ereignis in seiner chronologisch richtigen Abfolge erhalten blieb, wenngleich zehnfach geschrumpft im Vergleich zur wirklichen Zeitdauer. Der Patient meinte beispielsweise: „Zwischen dem Pflücken von Brombeeren und dem Pflücken von Brombeeren liegt ein Jahr. Plötzlich bemerkte ich jedoch, daß zwischen dem letzten und dem jetzigen Pflücken nur zwei Monate vergangen waren." Als man ihn fragte, ob Stunden gleich lange seien, antwortete er: „Das ist, wie man denken muß. Dies wird von denen angenommen, die die Zeit verstehen. Ich verstehe die Zeit nicht ..." Ein anderer Patient sagte, er könne sich hinsichtlich seiner Zeitwahrnehmung nur auf seine Uhr verlassen, aber selbst von dieser nehme er an, sie gehe falsch. Das heißt, die so diskrepante Wahrnehmung zwischen internem und externem Zeitfluss führt zu einem Misstrauen selbst gegenüber den externen Zeitgebern. Auf Grund ihrer fehlenden Neueinspeicherung von Information verlieren amnestische Patienten das Gefühl dafür, wie lange beispielsweise eine Woche dauert. Andere Autoren meinten, der Grunddefekt von Korsakow-Patienten und anderen Amnestikern läge in deren Unfähigkeit, eine aktuelle Erfahrung zur Gesamterfahrung der Person in Beziehung zu setzen. Der Patient sei völlig in der momentan erfahrenen Situation engagiert oder von ihr eingenommen und habe die Möglichkeit der vergleichenden Orientierung verloren.

Die Wahrnehmung der Zeit und damit auch die für die Informationsverarbeitung, die Gedächtniseinspeicherung und den Gedächtnisabruf relevante Verarbeitungsschnelligkeit oder Verarbeitungsgeschwindigkeit ist subjektiv – es gibt ein weitgehend erbbedingtes persönliches Tempo. Frühe Untersuchungen lassen vermuten, dass Kampffische, die sich ja außerordentlich schnell und abrupt bewegen, Zeit langsamer wahrnehmen und Schnecken umgekehrt Zeit schneller.

Menschen weisen unter einer Reihe von Bedingungen eine geänderte Zeitwahrnehmung auf: Das Beispiel Drogeneinnahme („Meskalinrausch", „mexikanische Pilze", „LSD") ist schon angeführt worden. Andere Beispiele sind epileptische Auren (Vorzeichen für epileptische Anfälle), die im Einzelfall das persönliche Tempo der Informationsverarbeitung stark beschleunigen können. Zeitraffererlebnisse, bei denen einem normalzeitige Umwelteinflüsse besonders schnell vorkommen – „furchtbar rasch, gespensterhaft", selbst die eigenen Bewegungen erscheinen einem „wie bei einem Hampelmann" –, können nach Schädigungen im Übergangsbereich von Scheitel- und Hinterhauptslappen* (vgl. Abb. 3) auftreten.

Manchmal werden Zeitraffererlebnisse, die nach einem Hirninfarkt mehrere Tage anhalten können, von Zeitlupen- oder Zeitdehnungserlebnissen abgelöst, wo alles „langsam und feierlich" abläuft.

Am interessantesten sind dabei die Zeitänderungen bei Nahtodeserlebnissen*, wo recht konsistent von fortlaufenden Bildern oder von einem ‚im Kopf ablaufenden Film' berichtet wird. Wir haben in einer Diplomarbeit Probanden, die Nahtodeserlebnisse hatten, nach ihren Wahrnehmungen zu dieser Zeit befragt und dieses Phänomen bestätigt bekommen. Die Tabellen 1 bis 4 geben wesentliche Ergebnisse dieser Arbeit summarisch wieder: Es wurden 14 Personen untersucht, deren Nahtodeserlebnisse die unterschiedlichsten Ursachen hatten (Tab. 1). Trotz der Varianten in der freien Beschreibung der lebensfilmartigen Ereignisse (Tab. 2) wurde deren Existenz sehr konsistent beschrieben, wobei die Einschätzung der objektiv und subjektiv wahrgenommenen Zeitdauer

Tab. 1: Auslösebedingungen

Auslösebedingung	Ausprägung	Anzahl der Nennungen
akute Krankheit	Herzkammerflimmern	1
	allergische Reaktion	1
Unfall	Verkehrsunfall	4
	Ertrinken	1
	Treibsand	1
	Verbrennungen	1
Beeinträchtigter Bewusstseinszustand	Narkose	2
	Ohnmacht	2
	örtliche Betäubung	1

Tab. 2: Kennzeichen des Lebensfilms

In freier Schilderung aufgezählte Kennzeichen des Lebensfilms	Anzahl der Nennungen
Bilder	10
Film	4
Einzelbilder	1
viele Bilder	1
aufeinander folgende Bilder	1
Bilder auf einer Ebene, jede Reihenfolge aufgelöst	2
passiert schnell	6
kommt einem langsam vor	1
je weiter die Bildsequenz fortgeschritten, desto schneller	1
Situationen, an die ich gar nicht mehr gedacht habe	4
besondere Höhepunkte des Lebens	1
emotionale Erinnerung	5
Erinnerung an bestimmtes Thema	1
chronologisch	4
besonders Kindheitserinnerungen	4

Tab. 3: Einschätzung der objektiv und subjektiv wahrgenommenen Zeitdauer des Lebensfilms

Versuchspersonen	subjektive Zeitdauer in Minuten	objektive Zeitdauer in Minuten
1	60	0,42
2	0,5	0,08
3	17,7	–
4	4	–
5	–	1
6	5	0,07
7	25	3
8	10	1
9	25	3
10	10	0,03
11	25	–
12	60	0,02
13	7,5	0,04
14	22,5	0,04

Tab. 4: Einschätzung der Anzahl erlebter Erinnerungsbilder

Versuchspersonen	Anzahl der Erinnerungsbilder
1	50
2	20
3	50
4	5
5	10
6	10
7	50
8	100
9	250
10	4,5
11	–
12	25
13	2
14	10

des Lebensfilms stark differierte (Tab. 3) und z. T. von mehr als 100 Erinnerungsbildern berichtet wurde.

Reinhold Messner hat 1978 in seinem Buch ›Grenzbereich Todeszone‹ Beschreibungen von Nahtodeserlebnissen anderer zusammengestellt. Viele der in diesen Situationen befindlichen Menschen berichteten, ein Gefühl der Erleichterung und des Gelöstseins verspürt zu haben.

Messner schreibt (S. 38):

„Bei der großen Mehrzahl der Verunglückten – wohl bei 95% – ergeben sich, unabhängig vom Grade ihrer Bildung, *durchaus die gleichen Erscheinungen, nur graduell etwas verschieden empfunden*. Angesichts des Todes durch *plötzlichen Unglücksfall* tritt bei fast allen *der gleiche geistige Zustand* ein [...] Es wird *kein Schmerz* empfunden, *ebenso wenig lähmender Schreck* [...] *Keine Angst, keine Spur von Verzweiflung, keine Pein,* vielmehr ruhiger Ernst, tiefe Resignation, beherrschende geistige Sicherheit und Raschheit. Die *Gedankentätigkeit* ist enorm, wohl auf die hundertfache Geschwindigkeit oder Intensität *gesteigert*, die Verhältnisse wie die Eventualitäten des Ausganges werden weit hinaus *objektiv* klar überblickt, *keinerlei Verwirrung* tritt ein. Die Zeit erscheint sehr verlängert. Man handelt blitzschnell und überlegt richtig. In zahlreichen Fällen folgt ein *plötzlicher Rückblick in die ganz eigene Vergangenheit.* [...] Dann *erlischt das Bewußtsein schmerzlos* – gewöhnlich im Momente des Aufschlagens, das aber höchstens noch gehört, niemals schmerzend gefühlt wird. Von den Sinnen erlischt wahrscheinlich das Gehör zuletzt."

Das Blitzlichtartige der bei Nahtodeserlebnissen ablaufenden Ereignisse wird auch in den folgenden beiden Schilderungen aus der Abhandlung von V. E. Frankl und O. Pötzl deutlich (1952). Der erste Bericht handelt von einem Dachdecker, der über seine Erlebnisse während eines Sturzes von einem Dachvorsprung in etwa 25 m Höhe sprach:

Über die wenigen Sekunden der Dauer des Sturzes gibt er folgendes an: Als er plötzlich den Boden unter seinen Füßen verlor, rief er noch seinem Kollegen zu: „Konrad, wir sind erledigt". Momentan sah er nur den Himmel über sich und seinen Kameraden in etwa 1 m Abstand gegen sich in gleicher Höhe fallen. Er erinnert sich, in normaler Stellung mit den Füßen voraus gefallen zu sein.

Nach den ersten paar Metern begann sich alles schneller abzuspielen; die *Umgebung verschwand vor seinen Augen* und es begannen Erlebnisse, die er im Laufe der Jahre hatte, sich blitzartig abzurollen.

Diese Erinnerungsbilder hätten ausgesprochen nur *schöne* Erlebnisse betroffen, [...]; sie seien lückenlos hintereinander in zeitlich korrekter Reihenfolge abgerollt. Der letzte Gedanke war, was seine Mutter wohl plötzlich sagen würde, wenn sie von dem Vorfall wüßte. Während des ganzen Sturzes habe er *kein Angstgefühl* gehabt. Der Gedanke, dass er sterben könnte, sei ihm überhaupt nicht gekommen. [...]

Das Bewusstsein sei völlig erhalten gewesen; er blieb vollständig orientiert. Er habe seine Personaldaten ohne Schwierigkeiten angegeben und noch gebeten, man möge ihm seine Kleider vom Dach herunterholen. Selbst da habe er sich über die Schwere des Vorfalls noch keine Gedanken gemacht, sondern nur mit Besorgnis einem langen Spitalaufenthalt entgegengesehen.

Das zweite Absturzerlebnis stammt von einem bekannten Wiener Bergsteiger:

„Vor Jahren kletterte ich auf dem Peilstein mit meinem Seilkameraden G. G., stürzte von der Kante links vom Cimone-Couloir ungefähr 15 m tief und kam dann, auf die Beine auffallend, zum Stehen. Bereits während des Sturzes hörte ich ihn wiederholt den Namen „Erika" ausrufen. So hieß seine damals 8jährige Tochter, die er abgöttisch liebte. G., der nach dem Sturz nicht bewußtlos und kaum verletzt war, wurde daraufhin von mir gehänselt und gab auf meine erstaunte Frage, warum er fortwährend diesen Namen ausgerufen habe, zur Antwort, er habe im Sturz das ganze Leben seiner Tochter von deren Geburt an bis zum Tage des Sturzes noch einmal erlebt. Angst hätte er nur um das Kind gehabt, da er seinen eigenen Tod erwartete und annahm, das Kind werde nunmehr allein auf der Welt zurückbleiben."

In der ersten Schilderung geht es dabei um die eigene Person, in der zweiten – was selten ist, aber die hochgradige emotionale Besetztheit der Absturzsituation widerspiegelt – um das zukünftige Lebensschicksal einer sehr nahe stehenden, abgöttisch geliebten Person.

Frankl und Pötzl meinen, dass in derartigen Situationen Bilder in einer Frequenz von 150 bis 200 Hz ablaufen können, was unglaublich hoch ist, wenn man sich vor Augen führt, dass die theoretisch mögliche (aber praktisch so gut wie nie erreichte) maximale Feuerrate einer Nervenzelle unter 1000 Hz liegt. Da normalerweise sehr hohe neuronale Feuerraten nur in der Peripherie des Nervensystems auftreten oder nur dann, wenn eine Zelle verletzt ist (z.B. durch eine Mikroelektrode „angestochen"), hier aber mit großer Wahrscheinlichkeit Neurone des Assoziationscortex aktiv sein müssen, ist dieser Wert erst recht außerordentlich ungewöhnlich.

Interessant ist bei all diesen Nahtodeserlebnissen die Erinnerungswahrnehmung als biographischer Film, der durchaus nicht mit Traumerlebnissen identisch ist – es gibt keine Verdichtung, keine Verschiebung, keine Bilderrätsel und trotz der offensichtlichen Todesgefahr kein Angstgefühl, das andererseits 80 bis 90% unserer Träume begleitet. Dennoch stellt gerade der Traum eine „Normalbedingung" mit geänderter Zeitwahrnehmung dar (ebenso wie hochgradige Erschöpfungszustände). Ein Traumbeispiel, welches Freud in seinem Buch ›Die Traumdeutung‹ beschrieb, mag hier als Illustration dienen (Box 6).

Box 6: Beispiel eines Traumes mit vielen Details, der aber wahrscheinlich weniger als eine Sekunde gedauert hat (zitiert aus dem Buch ›Die Traumdeutung‹ von Sigmund Freud)

Zur Berühmtheit gelangt ist ein Traum, den Maury erlebt hat (Le sommeil, p. 161). Er war leidend und lag in seinem Zimmer zu Bett; seine Mutter saß neben ihm. Er träumte nun von der Schreckensherrschaft zur Zeit der Revolution, machte greuliche Mordszenen mit und wurde dann endlich selbst vor den Gerichtshof zitiert. Dort sah er Robespierre, Marat, Fouquier-Tinville und alle die traurigen Helden jener gräßlichen Epoche, stand ihnen Rede, wurde nach allerlei Zwischenfällen, die sich in seiner Erinnerung nicht fixierten, verurteilt und dann, von einer unübersehbaren Menge begleitet, auf den Richtplatz geführt. Er steigt aufs Schafott, der Scharfrichter bindet ihn aufs Brett; es kippt um; das Messer der Guillotine fällt herab; er fühlt, wie sein Haupt vom Rumpf getrennt wird, wacht in der entsetzlichen Angst auf – und findet, dass der Bettaufsatz herabgefallen war und seine Halswirbel, wirklich ähnlich wie das Messer der Guillotine, getroffen hatte.

Auch Schäden im Stirnhirnbereich können die Zeitwahrnehmung verändern, so dass z.B. externe Ereignisse viel schneller abzulaufen scheinen. Ein derartiger Patient schätzte die Zeitperiode von einer Minute als 286 Sekunden lang dauernd ein. Will man Zuordnungen zwischen Hirnschäden und geänderten Zeitwahrnehmungen treffen, dann führen rechts hinten gelegene Hirnschäden zu einem geänderten Tempo der Wahrnehmung (Zeitraffer-, Zeitdehnungsphänomene), andere rechtshirnige Läsionen auch zur Reduplikation von Zeit und Déjà-vu-Erlebnissen; Vorderhirnverletzungen können die Abfolge von Wahrgenommenem und Erinnertem ändern (inkorrektes Sequenzieren) und mediale thalamische sowie hypothalamische Schäden (vgl. Box 3 und Abb. 2) die Wahrnehmung der Zeit als solche (Chronologie, Jahreszeit, Tageszeit) stören, das heißt die biologische Uhr außer Kraft setzen.

Neben dem Déjà-vu-Erlebnis gibt es auch den Jamais-vu*-Effekt, bei dem bekannte (familiäre, allgegenwärtige) Ereignisse nicht als familiär erkannt werden („Ich weiß, es war mein Zimmer, aber meinem Gefühl nach habe ich es noch nie gesehen").

Auch Patienten mit Schizophrenie zeigen Änderungen in ihrer zeitlichen Wahrnehmung. Dies können Zeitrafferphänomene sein, zeitliche Sequenzierungsprobleme, Déjà-vu- und Jamais-vu-Erlebnisse, Reduplikationen von Episoden oder das Gefühl, die Zeit stehe still, sei eingefroren oder sei unendlich, ewig. Manchmal erscheint die Zeit in neuer Dimension

– ein Patient, der die Zeit als Ewigkeit verstand, meinte, sowohl an dem Ort zu sein, wo er sich tatsächlich befand, als gleichzeitig auch in einer anderen Dimension.

Alle diese Beispiele zeigen, dass Bewusstsein und insbesondere Bewusstsein im Sinne der Fähigkeit, Erlebnisse zeitgerecht zu verarbeiten, chronologisch zu speichern und abzurufen und in ihrer Dauer und in ihrem zeitlich-räumlichen Kontext repräsentieren zu können, wesentliche Voraussetzungen für ein intaktes autobiographisches Gedächtnis* sind.

Insgesamt betrachtet beruht Zeit auf Erfahrung (insbesondere mit konventionellen Zeiteinheiten), auf Reflexion und auf dem Bewusstwerden und Bewusstmachen von Ereignissen; sie ist die Kerndimension für eine erfolgreiche Bearbeitung autobiographischer Gedächtnisinhalte.

2. Gedächtnis in heutiger Sicht

Definition von Gedächtnis

Gedächtnis zu haben, sich erinnern zu können, ist einerseits eine Selbstverständlichkeit in alltäglichen Lebensbereichen. Andererseits fällt es uns schwer, für Gedächtnis eine nicht tautologische Definition zu finden. Hier können Spezialisten helfen, die sich mit der Thematik im Detail auseinander gesetzt haben. Einer davon, Rainer Sinz, hat schon vor mehr als zwei Jahrzehnten in seinem Buch ›Neurobiologie und Gedächtnis‹ (Sinz 1979) eine bis heute kaum zu übertreffende Definition von Gedächtnis geliefert:

„Unter Gedächtnis verstehen wir die lernabhängige Speicherung ontogenetisch erworbener Information, die sich phylogenetischen neuronalen Strukturen selektiv artgemäß einfügt und zu beliebigen Zeitpunkten abgerufen, d.h. für ein situationsangepaßtes Verhalten verfügbar gemacht werden kann. Allgemein formuliert, handelt es sich um konditionierte Veränderungen der Übertragungseigenschaften im neuronalen ‚Netzwerk', wobei unter bestimmten Bedingungen den Systemmodifikationen (Engrammen) entsprechende neuromotorische Signale und Verhaltensweisen vollständig oder teilweise reproduziert werden können."

Aus dieser Definition wird klar, dass wir beachten müssen, dass sich Gedächtnis nicht bei allen Tierarten in gleicher Art vollziehen muss und dass Gedächtnis ontogenetisch erworben werden muss und damit nicht genetisch oder angeboren zur Verfügung steht.

Das Engramm

Sinz schreibt auch von Engrammen, einer aus dem Altertum herstammenden Vorstellung, dass sich analog dazu, wie der Griffel die Wachstafel einritzt und damit mit Information füllt, das Gehirn ebenfalls eine Art Eingravur neu aufgenommener Information vornimmt (oder vorgenommen bekommt). In diesen Vorstellungskreis würden auch Ideen wie die von Gedächtnisschubladen passen, die einzelne Informationen getrennt und lokal aufnehmen. Eine derartige Vorstellung fand sich über Jahrzehnte, sie bekam auch neuen Aufschwung durch die Entdeckung von

Nervenzellaktivitäten im Gehirn, die dadurch, dass eine Nervenzelle selektiv auf einen bestimmten Reiz, nicht aber auf andere, ähnliche reagierte, anzudeuten schien, dass die Information über ein Objekt, eine Person oder auch eine Idee in einer Nervenzelle gespeichert sei. Man sprach beispielsweise vom ‚Großmutterneuron' und meinte damit eine Nervenzelle, die selektiv nur auf das Erscheinen oder auf die Erinnerung an die eigene Großmutter aktiv werden würde.

Lokalisationistische und anti-lokalisationistische Gedächtnisvorstellungen

Die Vorstellung der Existenz von ‚Großmutterneuronen' wird heute als ebenso unhaltbar angesehen wie die von Gedächtnisschubladen – stattdessen werden Modelle präferiert, die eine netzwerkartige Repräsentation annehmen. Ein derartiges Modell stammt von dem Hirnforscher E. Roy John, der hieraus seine „statistische Lern- und Gedächtnistheorie" aufbaute und der annahm, dass (a) eine Reihe von Nervenzellen in verschiedenen Orten des Gehirns immer gleichzeitig aktiviert sein müssten, um die Erinnerung an einen bestimmten Gegenstand (etc.) zu reaktivieren, dass es dabei (b) nicht auf die Aktivität einzelner Neurone innerhalb dieses Netzwerks ankomme, sondern nur auf die Gesamtaktivität zu einem gegebenen Zeitpunkt. Es zeigt sich, dass an ganz verschiedenen Orten des Gehirns Zellen auf einen Reiz aktiv sein können – beispielsweise im Hirnstamm, in der Sehrinde und in oberen Bereichen des Zwischenhirns.

Noch weitergehender als Roy John ist Karl Přibrams Vorstellung, der eine Anleihe aus der Physik nahm – das Hologramm. Seiner Vorstellung nach ist Gedächtnis hologrammartig im Gehirn repräsentiert, d.h., jede Idee findet sich grundsätzlich überall im Gehirn und einzelne Bereiche innerhalb des Gehirns können nie die jeweilige Idee vollständig repräsentieren. Allerdings müssen nicht zwangsläufig – wie dies vor allem einzelne frühe Hirnforscher meinten – alle Hirnregionen „äquipotent", also funktionell gleichwertig sein. Diese Ansicht der alten ‚Anti-Lokalisationisten' ist unhaltbar geworden. Sie basierte auf Untersuchungen an einfachen Wirbeltieren zu einer Zeit, als grundlegende Einsichten in Anatomie und Funktion des Gehirns noch fehlten. Trotzdem finden sich bis heute Wissenschaftsvertreter, die sich an sehr unterschiedlichen Stellen auf einer Skala mit den Polen strenger Lokalisation und überzeugter Anti-Lokalisationismus einordnen.

Wie in vielen Wissenschaftsbereichen konvergieren mit zunehmender Erkenntnis zuvor konträre Ansichten. Hierzu trägt sicher auch bei, dass die Vielfalt der Analysemethoden, mit denen das Gehirn untersucht werden kann, in den letzten Jahren einen enormen Aufschwung genommen hat. Man muss nicht mehr, wie dies um die Wende zum 19.Jahrhundert fast ausschließlich gang und gäbe war, von funktionellen Störungen nach fokalen Hirnschäden auf das normale Funktionieren im gesunden Gehirn rückschließen, sondern kann – beispielsweise mit den Methoden der funktionellen Bildgebung – gleichzeitig die Aktivität des gesamten Gehirns beim gesunden Menschen analysieren. (Für eine grobe Übersicht über Methoden der Hirnforschung siehe Box 7.)

Box 7: Übersicht über Methoden der Hirnforschung

1. Verhaltensbeobachtung und -analyse
In Biologie und Psychologie stellt die Beobachtung des Verhaltens nach wissenschaftlichen Gesichtspunkten eine der ältesten Methoden dar. Hierbei wird zwischen in Feldforschung durchgeführten Studien und Laborexperimenten differenziert. Im ersten Fall erhofft man sich unter natürlichen Bedingungen nahe an naturgegebene Verhaltensweisen heranzukommen, im letzten denkt man durch die Kontrolle oder Ausschaltung möglicher störender Umfeld-(und Umwelt-)variablen Gesetzmäßigkeiten in Handlungsabläufen vorhersagbar bestimmen zu können. In der Mitte des letzten Jahrhunderts entstanden auf diese Weise die unterschiedlichsten Lerntheorien, die großteils auf Untersuchungen an Ratten oder Tauben basierten. Noch etwas früher hatte Iwan Pawlow mit seinen Hundeexperimenten das Paradigma des sog. klassischen Konditionierens gefunden. (Paart man den Ton einer Glocke mit dem Anblick von Fleisch, fließt nach wenigen Versuchsdurchgängen der Speichel auch dann, wenn nur die Glocke tönt.) Manche Forscher gossen die von ihnen gefundenen oder postulierten Lerngesetze in exakte mathematische Formeln.
In neuerer Zeit wurden die Erkenntnisse der reinen Verhaltensforschung mit anderen Untersuchungsmethoden kombiniert, beispielsweise mit Einzelzellableitungen von bestimmten Hinregionen, während die Tiere eine Lernaufgabe durchführten. Oder es wurden Hirnläsionen gesetzt und die Lern- und Gedächtnisfähigkeit davor respektive danach getestet.

2. Neuroanatomische und biochemische Methoden
Das Studium der Anatomie hat in sehr vielen Weltkulturen eine weit zurückreichende Tradition. Hierzu zählen auch Untersuchungen am und im Kopf. Diese Tradition führte zur Herausbildung vielfältiger Techniken zur Konservierung toten Gewebes. Das Einlegen in Formalin (Formal-

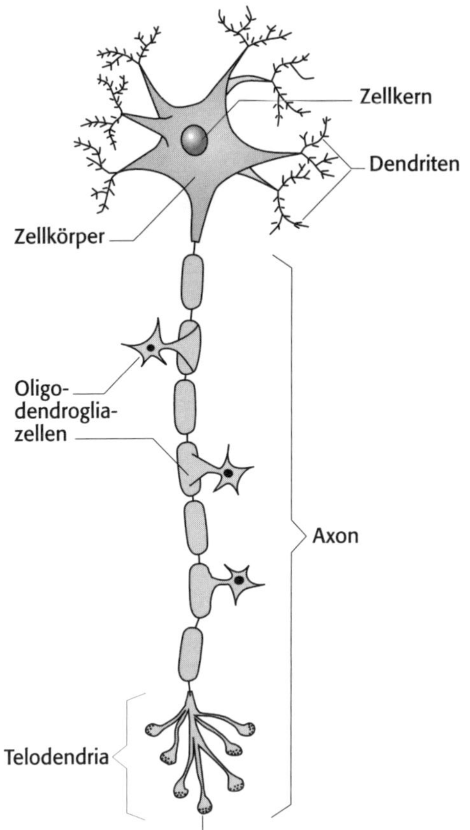

Abb. 6: Schemazeichnung einer Nervenzelle mit Bezeichnung wichtiger Teilstrukturen. Der Zellkörper mit dem Zellkern dient vor allem den Stoffwechselprozessen der Nervenzelle, die Dendriten stellen den signalaufnehmenden und die Telodendria mit den Synapsen den signalabgebenden Teil des Neurons dar. Das Axon, das zu seiner Isolierung von sog. Oligodendrogliazellen umgeben ist, leitet Information von Soma* und Dendriten zu den Synapsen weiter.

dehyd) ist auch im Volksmund bekannt. Heutzutage existieren jedoch eine Reihe von Alternativen, darunter Einbettungen in Plastik- und Harzsubstanzen. Auch das Schneiden im Mikromillimeterbereich und das Anfärben des Hirngewebes sind zu höchsten Kunstformen ausgebaut worden, wenngleich schon vor über hundert Jahren die Grundtechniken entwickelt worden waren, die dann auch nach ihren Erfindern als z. B. Golgi- oder Nissl-Färbung bezeichnet werden.
Bei manchen Methoden wird das Neuron in seiner Gänze, d. h. mit allen dendritischen* und axonalen Verzweigungen (Abb. 6) angefärbt, es werden aber nur ca. 10% der Neurone in einem Hirnabschnitt gefärbt. An-

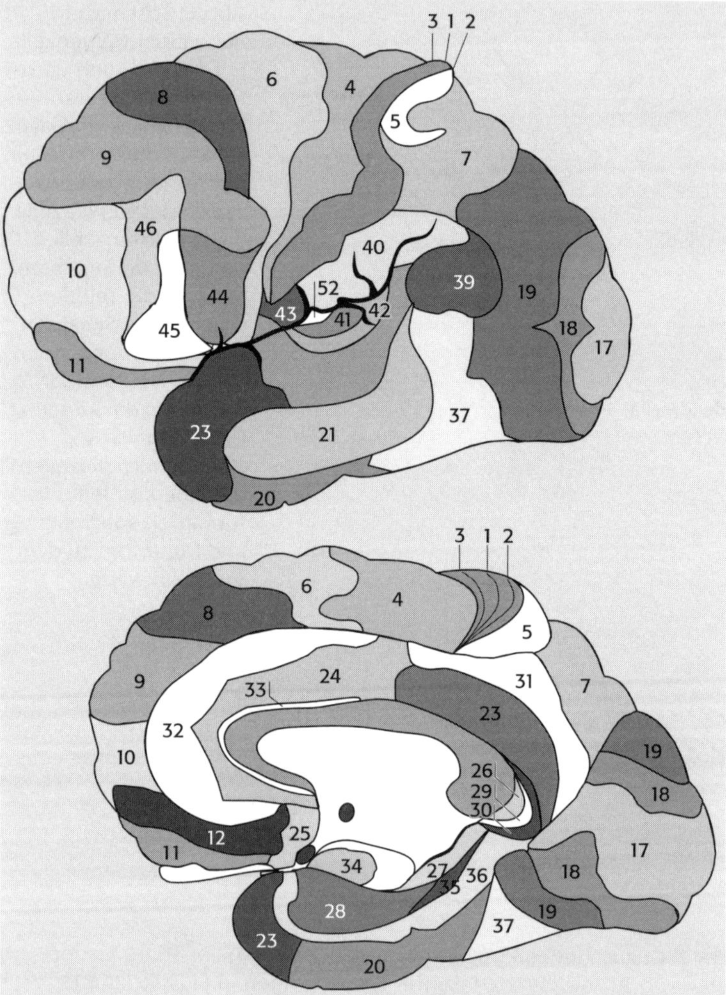

Abb. 7: Die so genannte zytoarchitektonische* Hirnkarte, die Korbinian Brodmann zuerst 1909 aufstellte und die bis heute weitgehend zur Ansprache corticaler Regionen benutzt wird.

dere Techniken färben nur den Zellkörper und wieder andere sind auf die Anfärbung myelinisierter Axone* ausgerichtet. Es gibt auch bestimmte fluoreszierende Farbstoffe, die nur unter einem Fluoreszenzmikroskop sichtbar gemacht werden können.
Durch die Anfärbung des Gehirns wird es möglich, gesundes von erkranktem Gewebe leicht zu differenzieren und Feldergrenzen auf der Hirnrinde oder Kerngrenzen im Hirninnern auszumachen. Die Hirnrinde besteht aus einer Reihe von Einzelfeldern, die jeweils verschiedenartige Zusammensetzungen von Nervenzelltypen haben und auch unterschiedlich funktionell belegt sind. Abbildung 7 zeigt eine alte derartige Felderkarte, die aber immer noch sehr häufig Verwendung findet. Solche Darstellungen haben eine lange Tradition, die in der Neuzeit um die Wende zum 18. Jahrhundert mit der Phrenologie genannten Lehre begann. Die Vertreter dieser Lehre versuchten einzelne sog. Fakultäten im Gehirn auszumachen – etwa Elternliebe oder Vaterlandsliebe – und meinten, dass sich deren Ausgeprägtheit auch schon in der Vorwölbung auf der Schädeloberfläche manifestiere.
Die Kenntnis der Hirnmorphologie ist natürlich Voraussetzung für alle ‚Orts-Funktions-Korrelationen', bei denen der Versuch unternommen wird, bestimmte Verhaltensweisen bestimmten Hirnregionen zuzuordnen. Wie nachfolgend gezeigt werden soll, sind anatomische Kenntnisse auch für nahezu alle anderen in der Hirnforschung verwendeten Techniken unerlässliche Voraussetzung.
Zu den anatomischen Methoden zählt auch die Erstellung von Hirnatlanten und die damit verbundene Stereotaxie, die über eine dreidimensionale Koordinatenbildung das „blinde" Auffinden von tief im Hirninnern liegenden Regionen ermöglicht, also etwa erlaubt, mit Elektroden oder Sonden von oben in das Gehirn vorzudringen.

3. Läsionsmethoden – Eingriffe in das NS
Ein schon früh begonnener Versuch, Hirnfunktionen zu bestimmen, bestand darin, entweder bei Tieren Hirnläsionen zu setzen, also Nervengewebe zu zerstören, oder im Humanbereich die Verhaltenskonsequenzen von durch die Natur gesetzten Hirnschäden zu beobachten. Wie viele Hirnschäden mit Gedächtnisstörungen vorkommen, zeigt die folgende Aufstellung (es handelt sich um Patientengruppen, bei denen Gedächtnisstörungen im Vordergrund ihrer Symptomatik stehen):
- Patienten mit Hirntraumata (von außen zugefügten oder entstandenen Schädel-Hirn-Verletzungen),
- Patienten mit Hirninfarkten,
- Patienten mit intracranialen Tumoren,
- Patienten mit bakteriellen oder viralen Infekten,
- Patienten mit Mangelkrankheiten oder Avitaminosen,
- Patienten mit Intoxikationen (chronischem Alkoholabusus, Korsakow-Syndrom),

- Patienten mit Epilepsie,
- Patienten mit Organinsuffizienzen,
- Patienten mit degenerativen Erkrankungen des Zentralnervensystems (z. B. Morbus Alzheimer),
- Patienten mit Zustand nach Hypoxie* oder Anoxie*,
- psychiatrische Patienten (z. B. Patienten mit Schizophrenie),
- Patienten mit Zustand nach Drogenmissbrauch,
- Patienten nach Elektrokrampftherapie,
- Patienten mit transienter globaler Amnesie*,
- Patienten mit psychogener Amnesie

Auf diese Weise wurde vom vorletzten Jahrhundert bis heute versucht, der Arbeitsweise einzelner Hirnstrukturen auf die Spur zu kommen. Die Entdeckung der „Sprachzentren" (Broca*- und Wernicke-Sprachregionen) und die Beschreibung von Rindenblindheit und Seelenblindheit sind Beispiele. (Unter Rindenblindheit versteht man das Unvermögen, nach einer corticalen Hirnschädigung Dinge wahrzunehmen, obwohl die Augen noch funktionieren; mit Seelenblindheit ist das Unvermögen gemeint, Dinge [oder Lebewesen] identifizieren zu können, obwohl man sie noch als Objekte [denen man z. B. ausweicht] wahrnimmt.)

4. Hirnreizung und Hirnselbstreizung

Mit den frühen Ablationsversuchen (Abtragung von Hirngewebe) an Tieren ging als alternative Methode einher, einzelne Hirnbereiche elektrisch zu reizen. Man sprach in den Anfängen der Hirnforschung von der ‚Applikation galvanischen Stroms'. Man hatte entdeckt, dass sich einzelne Körperteile offensichtlich ohne Absicht des Tieres bewegten, wenn man bestimmte Hirnregionen unter Strom setzte, während die Reizung anderer Regionen dies nicht zur Folge hatte – diese wurden dann als ‚stille Regionen' tituliert.

Später fand man heraus, dass Tiere Gefallen daran finden, sich selbst elektrisch zu stimulieren. Pflanzte man Elektroden in bestimmte Hirnbereiche und erlaubte den Tieren, durch Hebeldruck sich selbst Stromstöße zuzufügen, so führte dies manchmal dazu, dass sie diese künstliche Hirnreizung jeder Form von Nahrungsaufnahme vorzogen und so manchmal sogar Hungers zu sterben drohten.

Eine „moderne" Form indirekter Hirnreizung stellt die transkranielle Magnetstimulation dar, bei der man mittels einer Magnetspule von außerhalb des Schädels auf das darunter liegende Hirngewebe einwirkt, was sich in dessen Anregung äußert. Auf diese Weise kann dieses Verfahren therapeutisch eingesetzt werden.

5. Elektrophysiologische* Methoden („neuromonitoring"*)

Später als die galvanische Hirnreizung (die schon vor dem 19. Jahrhundert bekannt war) wurden die elektrophysiologischen Techniken – genauer das Elektroencephalogramm (EEG) – entdeckt. Hans Berger, ein deutscher Ner-

venarzt, fand, dass sich von der Hirnoberfläche elektrische Potentiale registrieren ließen, die sich offensichtlich entsprechend dem Aktivitätszustand der Versuchspersonen änderten (also z. B. im Schlaf andere Wellen zeigten als im aufmerksamen Tageszustand).
Aus dieser Beobachtung entstanden dann im Laufe der Jahre (und Jahrzehnte) immer raffiniertere Messmöglichkeiten hirnphysiologischer Aktivitätsänderungen, die entsprechend systematisiert wurden. Neben dem EEG etablierte sich die Registrierung ‚evozierter Potentiale'* (später, und insbesondere in Kombination mit mehr psychologischen Fragestellungen, ‚ereigniskorrelierte Potentiale' genannt). Hierbei werden bestimmte, meist eher im Bereich von Millisekunden als von Sekunden liegende Reize appliziert (häufig gleiche mit vielfacher Wiederholung) und dann ein recht kurzer Zeitausschnitt von vor Reizbeginn bis kurz nach Reizende registriert und über die Anzahl der Durchgänge mit gleicher oder gleichartiger Reizung gemittelt. (Beispiel: Ein Sinuston von 250 msec Dauer wird 64-mal wiederholt; es wird dann jeweils die Zeit von 100 msec vor Reizbeginn bis 500 msec nach Reizende registriert und eine Mittelung über die 64 Durchgänge vorgenommen.) Bestimmte Wellenformen, die nach wenigen hundert Millisekunden auftreten, sind dabei charakteristisch für bestimmte Aufmerksamkeits- und Verarbeitungsphänomene (etwa die P-300-Komponente, die für einen positiven Spannungsausschlag ca. 300 msec nach Reizbeginn steht).
Andere „EEG-Derivate" sind Gleichspannungspotentialänderungen über einen Sekundenzeitraum, die – z. B. in der Bezeichnung Bereitschaftspotential* – die Intention widerspiegeln (motorisch, also z. B. durch Knopfdruck per Zeigefinger) zu reagieren.
Neuerdings wird die sog. Magnetencephalographie eingesetzt, um statt elektrischer magnetische Hirnpotentialänderungen zu registrieren und mit bestimmten Verhaltensweisen zu korrelieren. Diese technisch recht aufwendige Methode erlaubt es, die Quelle für bestimmte Hirnvorgänge zu bestimmen, selbst wenn diese tief im Hirninnern liegt.
Neben den meist von außen und meist vom menschlichen Gehirn registrierten EEG-bezogenen Potentialen (die sich allerdings auch direkt und mit höherer Amplitude vom Hirninnern registrieren lassen) hat die Ableitung von einzelnen Nervenzellen direkt im Gehirn eine ein halbes Jahrhundert zurückreichende Tradition. Fast ausschließlich an Tieren angewendet ermöglicht sie die direkte Korrelation bestimmter Verhaltensweisen mit der als Erregung oder Hemmung messbaren Aktivität von Neuronen. Dies kann ‚intrazellulär' oder ‚extrazellulär' geschehen, wobei intrazelluläre Ableitungen eine Elektrodenplatzierung innerhalb der Nervenzelle erforderlich machen (dafür aber kleinste Potentialschwankungen registrierbar werden, die schon vor dem Auftreten eines eigentlichen Aktionspotentials entstehen), extrazelluläre dagegen nicht. Intrazellulär wird überraschenderweise eher von den kleinsten Lebewesen – den Wir-

bellosen (z.B. Insekten) abgeleitet, extrazellulär eher von Säugetieren, wobei diese dann manchmal auch auf Hebel drücken und Signale auslösen.

6. Bildgebende Verfahren („neuroimaging")
Ziel der Hirnforscher war es schon immer, sich beim lebenden Individuum das Gehirn ansehen zu können und möglichst auch noch verhaltensabhängige Veränderungen (etwa in Form von Stoffwechselveränderungen) messen zu können. Dies gelang in den letzten zwei Dekaden über Methoden der sog. Bildgebung: der Computertomographie (CT)*, Kernspin- oder Magnetresonanztomographie* (‚magnetic resonance imaging', MRI), sowie den funktionell bildgebenden Methoden wie der Positronen-Emissions-Tomographie (PET)*, der Single Photonen-Emissions-Computed-Tomographie (SPECT)* und der funktionellen Kernspintomographie (fMRI). Vorläufer der Computertomographie waren die Röntgenbilder, die unterschiedliche Dichteverteilungen in unserem Körper sichtbar machen. Vorläufer der funktionellen bildgebenden Verfahren war die sog. 2-Deoxy-d-Glukose-Technik, bei der eine radioaktive Substanz in die Blutbahn injiziert wird, die dann – nach Töten des Tieres und Behandlung der geschnittenen Hirnscheiben mittels radioaktiven Filmmaterials – aktive und wenig aktive Regionen im Gehirn voneinander abgrenzt.

7. Neuropsychologische Verfahren
Eine Vielzahl von etablierten und experimentellen Test- und Untersuchungsverfahren steht dem Neuropsychologen heute zur Verfügung, die es erlauben, kognitiv-intellektuelle wie auch emotionale, die Persönlichkeit betreffende und basale Funktionen zu untersuchen.
Wenn man eine Person oder einen Patienten hinsichtlich ihrer oder seiner Gedächtnisleistungen untersuchen will, sollte man dies nie isoliert oder selektiv tun. Jedem ist einleuchtend, dass sich Faktoren wie Intelligenz, Sprach- und Sprechfähigkeiten, Aufmerksamkeit und Konzentrationsfähigkeit, Befindlichkeit und kognitive Flexibilität auf mnestische Leistungen auswirken. Deswegen gehört ihre Untersuchung zwingend dazu, wenn man die Ergebnisse im Gedächtnisbereich sinnvoll interpretieren will. Analog gilt für Gedächtnis, dass auch dieses nicht durch ein Testverfahren abgedeckt werden kann, sondern dass man sich Kurzzeit- und Langzeitgedächtnis, verbales und nicht-verbales, emotionales und neutrales, anterogrades und retrogrades Gedächtnis*, episodisches Gedächtnis, Welt- und Allgemeinwissen, prozedurales Gedächtnis, Priming, den freien Abruf*, den Abruf mit Hinweisreizen* und das Wiedererkennen* getrennt anschauen und dann aber alle Leistungsmaße aufeinander bezogen interpretieren muss (vgl. S. 84 und S. 88). Hinzu kommt die Untersuchung sog. exekutiver Funktionen, die insbesondere von Stirnhirnbereichen kontrolliert werden; hierzu zählen z.B. die Problemlösefähigkeit, die kognitive Flexibilität und die Konzeptbildungsfähigkeit.

Ekphorie*

Die Bedeutung von Gedächtnis erschließt sich einem am ehesten durch die Analyse von fehlendem Gedächtnis. Diese Analyse kann man an sich selbst vollziehen oder an Patienten mit neurologischen oder psychiatrischen Störungen. Da für den Laien der Kontakt zu Patienten eher die Ausnahme darstellt, bietet sich die Selbstbeobachtung an: „Wann hatte ich ein gutes Gedächtnis, wann war es am besten, und umgekehrt: unter welchen Umständen war es schlecht, beeinträchtigt, durchlöchert?" Beim Nachdenken hierüber bekommt man allerlei Hinweise auf Situationen, die förderlich oder hinderlich für den Informationsabruf sind. Stärkere Stresszustände hemmen den Informationsabruf bis hin zu völliger Blockade. Man kann hier den Vergleich mit einem Stotterer ziehen, der zwar weiß, was er sagen will, es will ihm aber nicht über die Lippen kommen.

Schon Sigmund Freud befasste sich in seiner Abhandlung ›Zur Psychopathologie des Alltagslebens (Über Vergessen, Versprechen, Vergreifen ...)‹ mit den vielfältigen Phänomenen, die unsere Erinnerung und deren Abruf beeinflussen (Freud 1901).

Wir mögen am Abend eines arbeitsreichen Tages nach einem „entfallenen" Namen suchen und trotz (oder gerade wegen) angestrengter Suche nicht mehr auf ihn kommen. Am nächsten Morgen – nach gesundem Schlaf – ist er dann da, ohne dass wir uns noch aktiv seiner erinnern wollten.

Es gibt unzählige derartige Alltagsphänomene. Der Harvard-Professor Daniel Schacter hat sie die ‚Sieben Sünden des Gedächtnisses' genannt (Schacter 2000). Ich möchte sie nachfolgend kurz aufführen und erläutern.

- Flüchtigkeit: verfügbare Information ändert sich mit der Zeit,
- Unaufmerksamkeit: geistiges Abdriften,
- Blockierung: Zungenphänomen, mnestisches Blockadesyndrom*,
- Falsche/Fehl-Zuordnung: Verwechseln von Zeit, Ort, Person,
- Suggestibilität: Beeinflussbarkeit,
- „Bias": Abhängigkeit des Gedächtnisses von Kenntnissen und (Glaubens-)Ansichten,
- Persistenz: Unfähigkeit vergessen zu können.

Diese Phänome machen auf eine sehr wichtige Tatsache aufmerksam, auf die man gerade in der heutigen, computerzentrierten Welt aufmerksam machen sollte: (1) Wesentliche Bereiche unseres Gedächtnisses sind stark mit Emotionen verknüpft und (2) Erinnerungen werden nicht so abgerufen, wie sie eingespeichert wurden, sondern wir beziehen beim Abruf inzwischen angesammeltes zusätzliches Wissen mit ein und wir rufen Information entsprechend unserer momentanen, zum Zeitpunkt des Abrufs vorherrschenden Gemütslage ab. Hierauf wies schon um die Wende zum

20. Jahrhundert der Gedächtnisforscher Richard Semon (1904) hin. Von ihm stammen zahlreiche Einsichten in die Arbeitsweise unseres Gedächtnisses, die bis heute Bestand haben und teilweise erst jetzt – im Zusammenhang mit der modernen Hirnforschung – verstanden und nachvollzogen werden können. So schrieb er: „Die meisten Amnesien beruhen nicht auf Verlust von Engrammen, sondern auf der Unmöglichkeit die noch vollkommen intakten Engramme zur Zeit zu ekphorieren."

Unter ‚Ekphorie' versteht er den Prozess, durch den Abrufreize mit gespeicherter Information so in Wechselwirkung treten, dass ein Bild oder eine Repräsentanz der fraglichen Information auftaucht. Abrufreize können dabei durch andere Gedankenassoziationen entstehen oder die Form von Umweltreizen haben. Impliziert in diese Vorstellung der Informationsgenerierung ist auch die, dass jeder Abruf eine Neueinspeicherung (Re-Enkodierung) nach sich zieht, wodurch die erneut eingespeicherte „alte" Information zwar einerseits gefestigt wird, andererseits aber auch modifiziert an gegenwärtige Gegebenheiten angepasst wird. Diese wiederholte Auseinandersetzung mit alter Information kann diese manchmal so verzerren, dass sie mehr einem Wunschbild als den bei der ursprünglichen, ersten Enkodierung vorhandenen Gegebenheiten entspricht. Es kann dann zum ‚false memory syndrome' kommen, also dazu, dass man fälschlich annimmt, sich an eine bestimmte Informationskonfiguration zu erinnern, obwohl man diese in der jetzigen Form nie erlebt hat.

Das Phänomen Ekphorie ist wahrscheinlich auch eine der Ursachen dafür, dass es zu infantiler Amnesie* kommt (vgl. nächsten Abschnitt): Da der Zustand des Individuums bei Einspeicherung und der beim späteren Abruf sich so radikal unterscheiden, ist es für den Erwachsenen nicht mehr möglich, sich an die frühkindlichen Lebensereignisse zu erinnern (abgesehen vielleicht von singulären, hoch emotional besetzten und stereotyp wahrgenommenen Episoden).

Gedächtnis als zeitabhängiger Prozess

Wie schon weiter oben beispielsweise in Box 1 bei dem Zitat von Hering erwähnt, ist Gedächtnis fest in die Zeit eingebettet: Wer Gedächtnis hat, hat die Möglichkeit sich an Vergangenes zu erinnern. Gleichzeitig erlaubt Gedächtnis auch, auf dem Abgespeicherten aufbauend sich Gedanken über die Zukunft zu machen. Man bezeichnet dies, wie schon in Kap. 1 auf S. 17 und S. 41 angemerkt, als das ‚prospektive Gedächtnis' – in ihm geht es beispielsweise darum, sich zu merken, dass man in drei Stunden eine Verabredung hat oder dass man übermorgen ins Theater will.

Wie stark Gedächtnis sich auf die Zeit bezieht, wird zum einen dadurch deutlich, dass wir unser Gedächtnis in Zeitepochen unterteilen – sowohl im Alltag wie in der Wissenschaft. Wissenschaftlich spricht man vom Ultrakurzzeit-, Kurzzeit- und Langzeitgedächtnis. Das *Ultrakurzzeitgedächtnis** spielt im Alltag keine Rolle. Es liegt im Bereich von wenigen 100 Millisekunden, d. h., es spielt sich in dem Bereich ab, in dem beispielsweise der Sehfarbstoff in den Zapfen der Retina zerfällt.

Das *Kurzzeitgedächtnis* wird im Sprachgebrauch des Alltags meist für länger andauernd gehalten als es in der Wissenschaft festgelegt ist. Hier wird ihm lediglich eine Dauer im Bereich von Sekunden bis allenfalls wenigen Minuten zugesprochen. Begründet wird dies mit seiner Aufnahmekapazität, die im Bereich von 5 ± 2 Informationseinheiten liegt (das ist die „Merkspanne", was heißt, dass man z. B. 5 Ziffern nachsprechen kann), außerdem mit der Beobachtung, dass Menschen mit bestimmten fokalen Hirnschäden, die zu massiven Langzeitgedächtnisstörungen führen, meist ein in dem eben genannten Bereich liegendes intaktes Kurzzeitgedächtnis haben. Man spricht deswegen auch vom „on-line"-Gedächtnis. In den letzten Jahren hat sich zusätzlich der Begriff des Arbeitsgedächtnisses* eingebürgert. Hierunter versteht man im Grundsatz auch das Kurzzeitgedächtnis oder den zu einem bestimmten Zeitpunkt aktiven Teil des Gedächtnisses („den Teil, mit dem man aktuell arbeitet").

Alles, was über den Minutenbereich hinausgeht, wird dem *Langzeitgedächtnis* zugeordnet, das damit sowohl hinsichtlich der Zeitdauer wie auch hinsichtlich seiner Speicherkapazität nahezu unbegrenzt ist (Abb. 8).

Zwei weitere, die Zeit betreffende Termini sind für das Gedächtnis noch von Wichtigkeit, nämlich das *Neugedächtnis* und das *Altgedächtnis*. Beide Ausdrücke beziehen sich auf einen bestimmten Zeitpunkt, z. B. den Zeitpunkt eines Hirnschadens. Unter Neugedächtnis versteht man die Information, die nach diesem Zeitpunkt neu in das Gehirn eingespeichert wird, unter Altgedächtnis die schon vor dem Zeitpunkt (z. B. der Hirnschädigung) abgespeicherte (abgelagerte) Information. Störungen des Alt- und des Neugedächtnisses werden als *retrograde* bzw. *anterograde Amnesie* bezeichnet.

Es ist eine Alltagserfahrung, dass insbesondere alte Menschen oder Patienten mit beginnender Demenz häufig von Erlebnissen aus ihrer Jugendzeit und ihrem frühen Erwachsenenalter berichten, weit weniger aber aus ihren letzten Lebensdekaden. Dieses Phänomen bezeichnet man als ‚Ribot'sches Gesetz' nach einem französischen Nervenarzt aus dem 19. Jahrhundert, der es erstmals beschrieb. (Im Englischen lässt es sich als einfach zu merkende Regel formulieren: „last in, first out".) Ein Beispiel findet sich in Box 8.

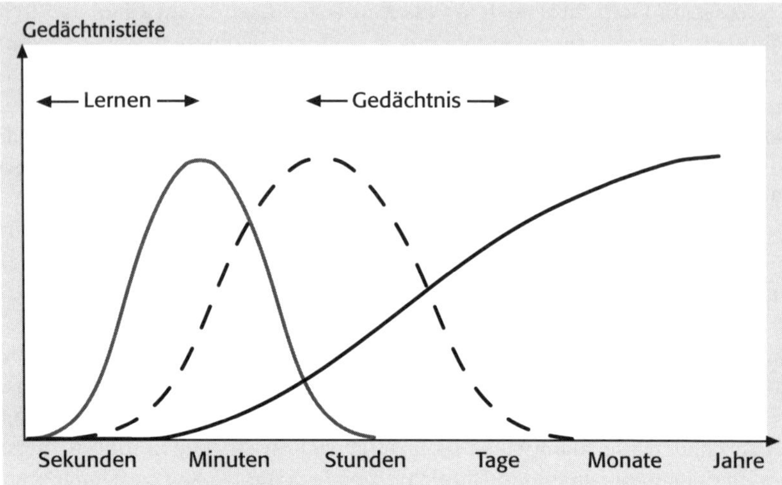

Abb. 8: Schematische Darstellung der Beziehung zwischen Dauer von Kurzzeit- und Langzeitgedächtnis (Abszisse) und der Tiefe der Informationsverarbeitung (Ordinate). Gestrichelt ist noch ein „intermediäres Gedächtnis" als weitere mögliche Unterform zeitbezogenen Gedächtnisses dargestellt. Allerdings differenziert die überwiegende Mehrzahl neurowissenschaftlicher Gedächtnisforscher nur in Kurzzeit-/Arbeits-/On-line-Gedächtnis auf der einen und Langzeitgedächtnis auf der anderen Seite.

Box 8: Lurijas Beschreibung eines retrograden Amnestikers

Alexander Lurija (1971) beschrieb einen im 2. Weltkrieg verwundeten Unterleutnant, der eine Schussverletzung am linken seitlichen Hinterkopf erhalten hatte. Die Beschreibung dieses Patienten zu seinem Altgedächtnis stellt ein gutes Beispiel für das Ribot'sche Gesetz dar:

„Meine Erinnerungen kehrten vom falschen Ende zurück."

Als er anfing, darüber nachzudenken, stellte er verwundert fest, dass sein Gedächtnis ungleichmäßig gestört war. Zunächst konnte er sich an nichts erinnern: wer und wo er war, den Namen seiner Heimatstadt. Aber allmählich kamen Erinnerungen an Vergangenes zurück, hauptsächlich an weit Zurückliegendes: an die Schulzeit, an Freunde, an Lehrer, an die Jahre im Institut. Die jüngste Vergangenheit kam ihm jedoch nicht in den Sinn. Seine Erinnerungen kamen, wie er es nannte, „vom falschen Ende" zurück.

Man kann für das Auftreten des Ribot'schen Gesetzes natürlich eine Reihe von Gründen aufzählen, unter anderen den häufigeren Abruf alter gegenüber neu eingespeicherter Information, damit verbunden die häufigere Wiedereinspeicherung (‚Re-Enkodierung') schon früh erworbener Information, das Auftreffen im Leben früh aufgenommener Information auf ein „frisches", gesundes Nervensystem und die auf Grund dieser Gegebenheiten vermutliche Ablagerung früh aufgenommener Information in weitverzweigtereren Netzwerken als dies bei erst jüngst aufgenommener Information der Fall sein wird.

Die Fähigkeit unseres Geistes, sich an vergangene Episoden aus dem eigenen Leben zu erinnern, unterscheidet uns höchstwahrscheinlich vom Dasein der meisten Tiere. Gleichwohl stellt sie kein universelles menschliches Charakteristikum dar: Kinder haben in den ersten Lebensjahren kein Bewusstsein von ihrem Eingebettetsein in die Natur, die soziale Gemeinschaft und kennen auch nicht die Endlichkeit ihres Daseins. Man hat in der Regel auch keine Erinnerung an die Frühzeit seines Daseins, was mit der mangelnden Sprachentwicklung und Ausreifung des Gehirns erklärt wird und damit, dass Kinder von ihrer Hirnentwicklung und ihren Verhaltens-, Denk- und Reflektionsmöglichkeiten her ganz andersartig organisiert sind als Erwachsene („frühkindliche Amnesie"). Dieses letztgenannte Argument bedeutet, dass der Geisteszustand, in dem man als Jugendlicher oder (erst recht) als Erwachsener seine Information abruft, sich vermutlich (meist) so stark von dem Zustand unterscheidet, in dem eingespeichert wurde, dass unser Gehirn keine bewusste Rekonstruktion der frühen Gedächtnisinhalte mehr erreichen kann (vgl. S. 83). Da Welt- und Allgemeinwissen, unser Wortschatz etc. sich dagegen wenig ändern, kann man diese früh gelernten Inhalte immer wieder (beliebig) abrufen.

Auch Individuen mit geistigen Behinderungen, wie sie auf Grund frühkindlicher Hirnschäden oder durch genetische Schädigungen entstehen können oder durch Nervenzelldegeneration vor allem im höheren Lebensalter auftreten, können eine Reflexion über das eigene Selbst verunmöglichen. Ungünstige Umweltkonstellationen und Lebenssituationen können darüber hinaus auch im Alltag dazu führen, dass Erinnerungen beeinträchtigt oder gar zeitweise vollständig blockiert werden. Auf beide Gesichtspunkte – die Differenzierbarkeit von Gedächtnis nach dem Inhalt und die Möglichkeit unterdrückter Erinnerungen – wird im Weiteren eingegangen.

Unterteilung des Gedächtnisses nach dem Inhalt

Neben der Unterteilung von Gedächtnis nach der Zeit ist eine inhaltliche Einteilung in verschiedene Langzeitgedächtnisformen heutzutage für die Wissenschaft von zunehmender Bedeutung geworden.

Es gibt hierbei zwei wichtige Schulen, die gemeinsam haben, dass sie sagen, Gedächtnis ist kein einheitliches System, sondern muss dem Inhalt nach unterteilt werden. Hierbei hat die Schule um Larry Squire in der Tierforschung ihren Ursprung und unterscheidet im Langzeitgedächtnisbereich ein deklaratives von einem nicht-deklarativen Gedächtnis sowie innerhalb dieser beiden Kategorien mehrere Untersysteme. Die andere Schule geht auf Endel Tulving zurück und ist grundsätzlich am menschlichen Gedächtnis orientiert. Diese gliedert Gedächtnis in hierarchisch aufeinander aufbauende Systeme, von denen das episodisch-autobiographische Gedächtnis das höchststehende und komplexeste und damit auch gegen Störungen (z.B. Hirnschäden, psychische Traumata*) anfälligste ist (Gedächtnis für Ereignisse). Darunter folgt in der alten Definition das semantische Gedächtnis, in der neuen das Wissens- oder Kenntnissystem* (Faktengedächtnis), das man auch mit dem deklarativen weitestgehend gleichsetzen kann. Daneben und hierarchisch tiefer stehend sind dann das prozedurale Gedächtnis und die Priming-Form des Gedächtnisses.

Das episodisch-autobiographische Gedächtnis besteht aus singulären Ereignissen, die man nach Zeit und Ort spezifizieren kann – wo man sozusagen eine Zeitreise in die Vergangenheit anstellen kann, wenn man sich auf sie besinnen will („Mein Urlaub mit Petra in Griechenland im Jahre 1987"). Das episodische Gedächtnis ist mit bewusstem Reflektieren verbunden. Das Wissenssystem besteht aus kontextfreien Fakten („Oslo ist die Hauptstadt von Norwegen"; $2^3 = 8$). Prozedurales Gedächtnis ist weitgehend, aber nicht ausschließlich, an motorische Fertigkeiten geknüpft. Auto-, Fahrrad- und Skifahren sind Beispiele, aber auch ein Musikinstrument oder Rommé spielen sind dem prozeduralen Gedächtnis zuzuordnen. Genau wie das Primingsystem ist es ein grundsätzlich ohne bewusstes Reflektieren ablaufendes System. Priming bezieht sich auf eine höhere Wahrscheinlichkeit des Wiedererkennens von Reizen, die man zu einem früheren Zeitpunkt unbewusst wahrgenommen hat. Was einmal „geprimed" wurde, wird beim zweiten Erscheinen leichter oder eher als bekannt angesehen. Dies macht sich die Fernsehwerbung zunutze, wenn sie zuerst einen längeren Spot bringt und dann, nachdem z.B. zwei andere Firmen ihre Spots präsentiert haben, ihre Produktwerbung in anderer und meist kürzerer Form wiederholt. Abbildung 9 veranschaulicht diese vier Langzeitgedächtnisformen.

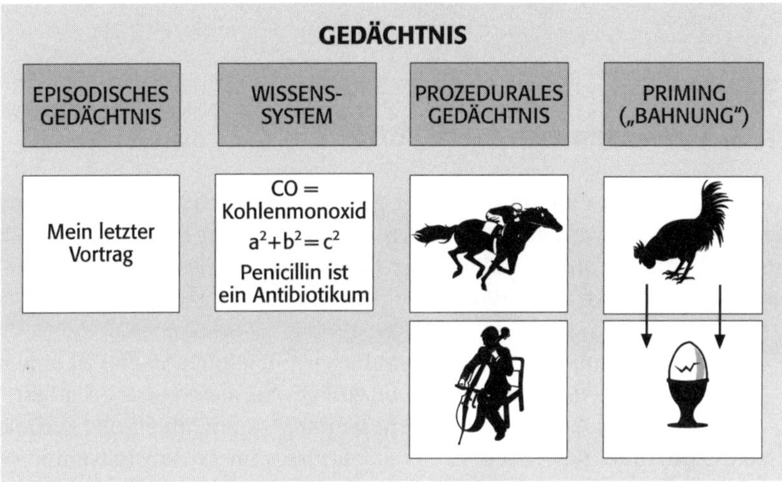

Abb. 9: Sketch zur Unterteilung des Langzeitgedächtnisses in vier Grundformen (in Anlehnung an die Unterteilung von Endel Tulving).

3. Varianten von Gedächtnis bei Tier und Mensch

Gedächtnis ist eine universelle Eigenschaft tierischen Lebens. Wie es charakterisiert werden kann, haben wir anhand von Herings – wie ich meine – unübertroffen anschaulicher Beschreibung gelesen. Sie sei an dieser Stelle nochmals wiederholt:

> „Das Gedächtnis verbindet die zahllosen Einzelphänomene zu einem Ganzen, und wie unser Leib in unzählige Atome zerstieben müsste, wenn nicht die Attraktion der Materie ihn zusammenhielte, so zerfiele ohne die bindende Macht des Gedächtnisses unser Bewusstsein in so viele Splitter, als es Augenblicke zählt." (Ewald Hering 1870)

Trotzdem ist dies nur eine von vielen möglichen und existenten Charakterisierungen von Gedächtnis. Von Bedeutung ist die Perspektive oder Sichtweise, aus der heraus man einen Zugang zur Erfassung von Gedächtnisphänomenen sucht. Betrachtet man menschliches Gedächtnis, so ist dies sicher diversifizierter als das einfach gebauter Tiere. Immer aber sollte es um die Fähigkeit von Organismen gehen, Verhaltensmuster oder Ideen zu speichern und zu reproduzieren oder zu reaktivieren, die von ihnen in Interaktion mit der Umwelt aufgenommen wurden. Diese Definition ist enger als die mancher früher Wissenschaftler, die um die Jahrhundertwende auch Magnetfeldern (z.B. den chladnischen Klangfiguren) oder vom ständig aus einer Richtung wehenden Wind gebeugten Bäumen Gedächtnis zusprachen. (Auch in der modernen Physik, den Informations- und den Computerwissenschaften wird manchmal Magnetstreifen, Tonbändern oder Computerdisketten Gedächtnis zugeschrieben.)

Auf der anderen Seite spricht man auch vom kulturellen Gedächtnis oder dem Gedächtnis einer Nation und dehnt damit den Gedächtnisbegriff ins Kollektive aus.

Wenn wir von Gedächtnis sprechen, denken wir zwar in erster Linie an unser Gedächtnis oder vielleicht noch an das unserer nächsten Angehörigen – etwa an das nachlassende Gedächtnis der Großmutter, viel weniger aber an das Gedächtnis unserer entfernten Verwandten aus dem Tierreich. Dies ist bei Biologen anders. Sie favorisieren häufig den sog. „bottom-up"-Zugang.

Gedächtnis als „bottom-up“-Zugang

Wissenschaftler versuchen häufig durch Weglassen, Abstrahieren und Reduzieren auf den Kern einer Sache zu kommen. Vereinfacht man etwas, so erscheint es einem verständlicher und fassbarer. Dieser als „bottom-up approach“ oder „bottom-up“-Strategie bezeichnete Zugang lässt sich als Hinaufhangeln von ganz unten beschreiben: sich Stück für Stück zum Komplexeren, Höheren hinaufschwingen. Reduktionen finden sich am reinsten in der ‚reinen Mathematik‘ verwirklicht, wo sich mit Formeln von ein oder wenigen Zeilen universelle Beziehungen charakterisieren lassen.

Bottom-up bedeutet insbesondere für Biologen, die sich mit Gedächtnisphänomenen beschäftigen, sich Tiere mit wenig Nervenzellen vorzunehmen und an diesen grundlegende – einfache – Mechanismen von Lernen und Behalten zu studieren. Einzellige Individuen stellen natürlich das Nonplusultra derartig reduzierter Lebewesen dar. Resultate solcher Untersuchungen sollen im Folgenden dargestellt und erläutert werden.

Verhaltensuntersuchungen

Einfachste Formen des Lernens, zum Beispiel die Ausrichtung hin zum Licht oder weg vom Licht („Geotaxie“) findet man schon bei Plattwürmern und anderen wenigzelligen Lebewesen. Man hat sich bei Küchenschaben sogar nicht das Tier als Ganzes vorgenommen, sondern ihnen Beine zusammen mit deren Nerveneingängen amputiert und diese Nerv-Muskel-Präparate elektrisch stimuliert.

Die Untersuchung von Lernvorgängen bei „niedrigen“ Tieren hat häufig den Zweck, darzustellen, was diese Tiere „schon“ leisten können, wie ähnlich sie in ihrem Lernverhalten höheren Wirbeltieren sind. Ameisen, Heuschrecken oder Bienen sollen in derartigen Untersuchungen nicht als „fest verdrahtete Lernmaschinen“ erscheinen, sondern es soll verdeutlicht werden, dass sie adaptiv und sinnvoll – fast sozusagen mit Überlegung – auf die Umwelt reagieren können und behalten, was eine ihnen nutzbringende Strategie oder eine länger das Überleben garantierende Verhaltensmodifikation ist.

Insbesondere die ‚Vergleichende Psychologie‘ verschrieb sich diesem Ansatz. Ein älteres Buch (von 1922) von Friedrich Dahl ist beispielsweise betitelt: ›Vergleichende Psychologie oder Die Lehre von dem Seelenleben des Menschen und der Tiere‹. In diesem Werk werden Reflexe selbst bei Pflanzen beschrieben (sog. Nastieen). Der Autor spricht sogar Würmern Bewusstsein zu und schreibt in diesem Zusammenhang: „Interessant ist jedenfalls, daß die Natur zuerst bei der geschlechtlichen Fortpflanzung der Bewußtseinsvorgänge bedurfte." Dennoch differenziert er zwischen Reflexen und Gedächtnis („Wir haben gesehen, daß ein Tier, welches lediglich seinen ihm angeborenen Gefühlen, seinem Instinkt folgt, eines Gedächtnisses nicht bedarf"). Gedächtnis bei Tieren war für ihn in erster Linie Assoziationsgedächtnis, wobei er Dressurversuche bei Haustieren als Beispiel nahm. Tiere würden zwar kaum ‚nachdenken', hätten aber eine erstaunliche Beobachtungsgabe.

Tatsächlich ist auch für den von außen beobachtenden Menschen gerade das „sozialstaatliche" Leben vieler Insekten frappant. Dies allerdings ist instinktmäßig geregelt. Dahl schrieb: „Beim Tier, das überhaupt nicht an die Zukunft denkt, das stets nur dem Augenblick lebt, kann es natürlich auch kein Hoffen geben" (was, so Dahl, sich dann beim Urmenschen entwickelte und eine wichtige Grundlage für das Entstehen religiöser Gefühle war).

Klassische Konditionierungsversuche

Am bekanntesten sind dem Leser wohl die klassischen Konditionierungsversuche von Iwan Pawlow, die dieser vor allem mit Hunden durchführte: Immer wenn eine Glocke ertönte, bekam der Hund kurz darauf ein Stückchen Futter, was zur Folge hatte, dass schon nach wenigen Glocke-Futter-Paarungen der Hund („unwillkürlich") bei Ertönen der Glocke zu Speicheln anfing.

Später wurden derartige klassische Konditionierungsversuche* auf alle möglichen Tierarten ausgedehnt bis hinunter zu Fruchtfliegen und selbst zu Planarien.

Während in der sowjetischen Wissenschaft noch lange klassische Konditionierungsuntersuchungen präferiert wurden, spezialisierte sich die amerikanische Wissenschaft dieser Epoche auf operante Konditionierungsparadigmen. Bei diesen ging es nicht um Reflexe, sondern die Verhaltenskonsequenzen (z.B. belohnt werden) hingen vom Verhalten, also von den Reaktionen des Individuums ab. In der Regel wurden Tieren Wahlreaktionen abgefordert: Sie mussten beispielsweise auf senkrechte schwarz-weiße Streifen nach links laufen und auf waagerechte nach rechts, oder ein hoher Ton bedeutete (für eine Taube) auf einen gelben Knopf zu picken, ein tiefer auf einen roten. Häufig angewandt werden auch „verzögerte Alternierungsaufgaben", bei denen externe, die Wahlreaktion unterstützende Reize fehlen. Stattdessen muss das Tier „im Kopf behalten", welche Reaktion es im vorigen Versuchsdurchgang durchgeführt (z.B. nach links laufen) und/oder welche es nachfolgend auszuführen hat (in die

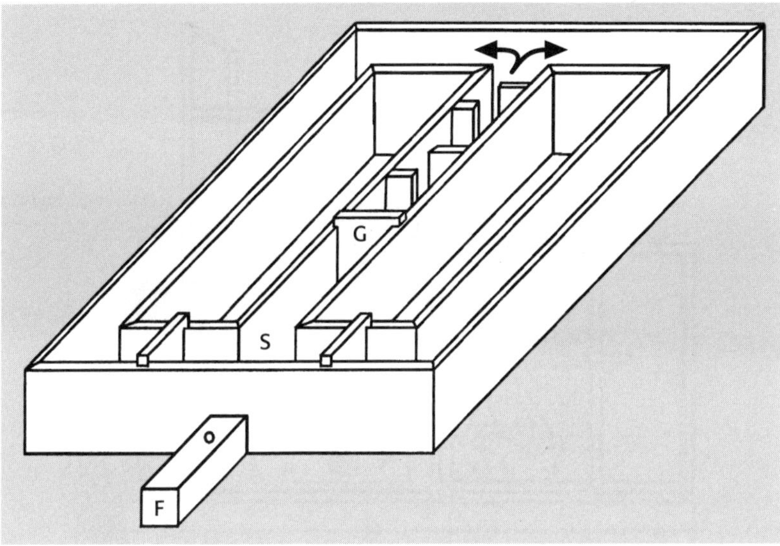

Abb. 10: Beispiel eines Labyrinths, das für die Durchführung einer „verzögerten Alternierungsaufgabe" geeignet ist. Das Tier wird in den Startgang ‚S' gesetzt, dann wird eine sog. Guillotinentür (‚G') angehoben und es kann vorwärts laufen, um dann am Ende des Ganges zu wählen, ob es sich nach links oder rechts wenden und dann zum Startplatz zurücklaufen will.

andere, alternative Richtung, also nach rechts laufen). Abbildung 10 zeigt ein Beispiel für einen derartigen Versuchsaufbau für Vierbeiner und Abbildung 11 zeigt einen häufig verwendeten „Lernkasten" für Affen.

Der Forscher, der diese Untersuchungen sehr systematisch studierte und sie im Endeffekt sogar bei seiner Tochter anwandte, war B. F. Skinner. Eine von ihm wie von anderen Lernforschern gestellte Frage war dabei, ob Tiere graduell oder schlagartig lernen. Graduelles Lernen würde bedeuten, dass sie nur Schritt für Schritt „kapieren", worum es in der Aufgabensituation geht, schlagartiges Lernen ließe auf eine spontane Einsicht schließen. Tatsächlich zeigen Lernkurven häufig Leistungsanstiege, die in beide Richtungen interpretierbar sind (Abb. 12).

Ratten mussten in derartigen Untersuchungen vor allem ihrem natürlichen Habitat entsprechend durch Labyrinthe laufen und an Weggabelungen die richtige Richtung wählen, um zum Schluss belohnt zu werden, während Affen eher Wahlhebel drücken oder Objekte verschieben mussten. Selbst bei Amöben wurde kürzlich in der Zeitschrift *Nature* beschrieben, dass diese erfolgreich ein recht komplexes Labyrinth durchwandern

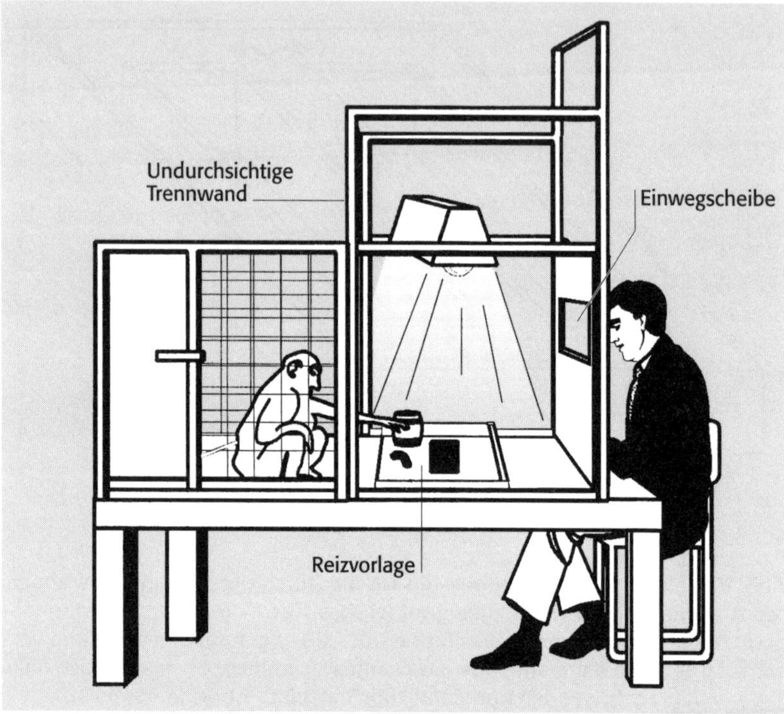

▲ Abb. 11: Der Wisconsin General Testing Apparatus, eine häufig verwendete Versuchssituation, um Lern- und Gedächtnisvorgänge bei Affen zu untersuchen.

▶ Abb. 12: Lernkurven von fünf Meerschweinchen, die eine verzögerte Alternierungsaufgabe erlernen. Da sie nur die Wahl zwischen ‚nach links' oder ‚nach rechts' laufen haben, ist die Ausgangswahrscheinlichkeit 50%. Man sieht, dass die Tiere z. T. starke Lernschwankungen zeigen, dass sie aber in der Regel irgendwann fast sprunghaft besser werden. Entsprechend ließe sich ihre Akquisitionsleistung sowohl als gradueller wie als sprunghafter („einsichtsvoller") Lernanstieg interpretieren.

konnten, um Futter zu bekommen. Dieses Verhalten bezeichneten die Autoren als eine Form „primitiver Intelligenz".

Interessanter noch sind Nachweise komplexer Lernparadigmen bei unterschiedlichen Tierarten. Was die Lernforschung hier unterscheidet, ist nachfolgend aufgelistet (nach Gagné 1965):

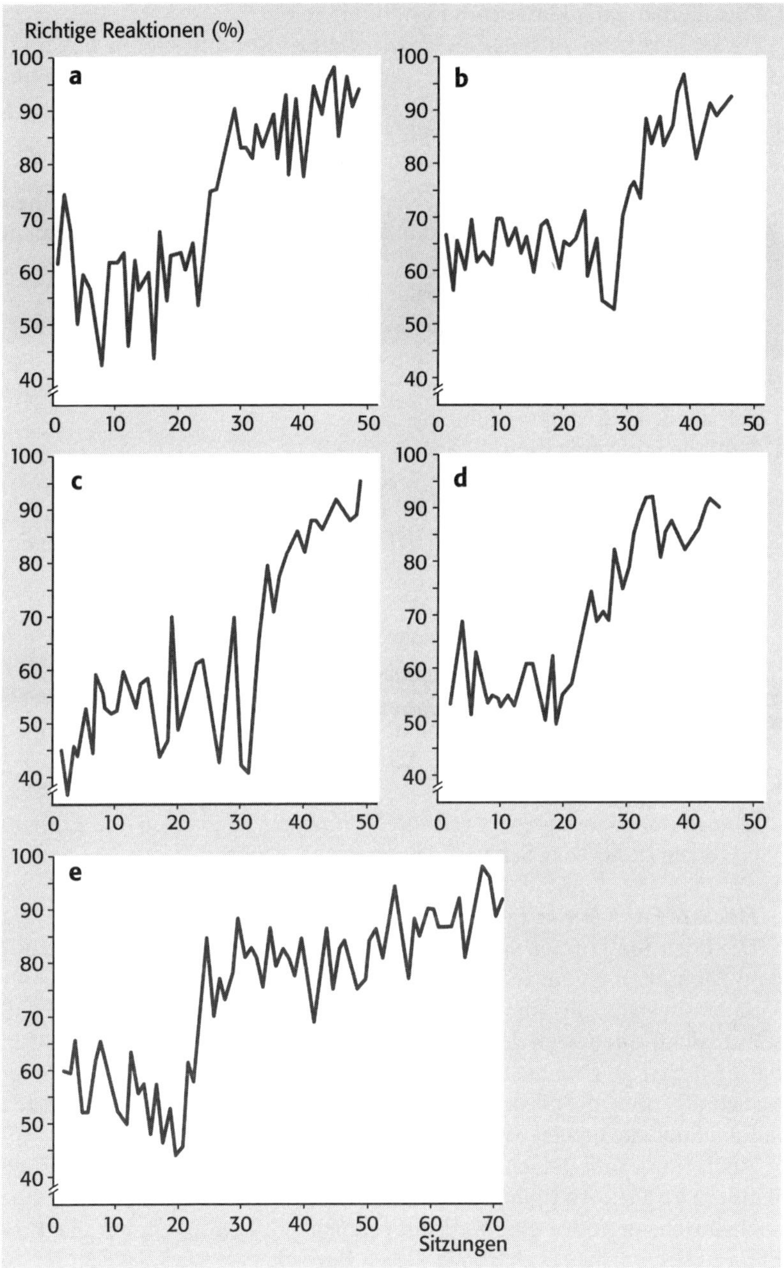
Richtige Reaktionen (%)
a
b
c
d
e
100
90
80
70
60
50
40
0
10
20
30
40
50
60
70
Sitzungen

1. Signallernen oder klassisches Konditionieren
   Diese Lernform ist auch als Pawlow'sches Konditionieren bekannt. Beim klassischen Konditionieren erfolgt der unkonditionierte Reiz unabhängig vom Verhalten des Individuums.
2. Reiz-Reaktions- oder Reiz-Antwort-Lernen oder instrumentelles/operantes Konditionieren*
   Instrumentelles oder operantes Konditionieren hängt ab vom Verhalten des Individuums. Das Individuum lernt die Assoziation zwischen einem Reiz und einer Antwort.
3. „Chaining" (einschließlich verbaler Assoziation)
   „Chaining" bezieht sich auf eine Serie aufeinander folgender oder aufeinander aufbauender Antworten, wobei jede Antwort die nächste bestimmt. (Dies bedeutet, dass nur mehrere Antworten, die aufeinander aufbauen, zu Belohnung führen.)
4. Multiple Diskrimination
   Lernen, zwischen Reizen zu unterscheiden, die ein oder mehrere Attribute gemeinsam haben. (Beispiel: schmale, senkrechte, rote gegenüber breiten, senkrechten, roten Streifen, gegenüber schmalen, schrägen, roten Streifen.)
5. Konzeptlernen
   Lernen, gleichartig auf eine Reihe von Objekten oder Attributen von Objekten zu antworten, die etwas gemeinsam haben.
6. Lernen von Prinzipien
   Sich Kenntnisse aneignen, wie man eine Reihe (Menge) von Problemen meistern kann, die gemeinsame Attribute haben.
7. Problemlösen
   Geeigneten Gebrauch von gelernten Prinzipien zu machen und Einsicht zu zeigen (fähig sein, Schlussfolgerungen zu ziehen).

Höchste Formen von Lernen

Die höchsten Formen von Lernen galten in früherer Zeit häufig als nur dem Menschen eigen. Inzwischen existieren aber eine Reihe eleganter Versuchsdesigns, die zeigen, dass auch nichtmenschliche Primaten und selbst Nichtprimaten zu derartigen Lernvorgängen fähig sind. Angefangen hatten derartige Demonstrationen durch die Beobachtungen von Köhler an Schimpansen, die einsichtsvolles Lernen zeigten. Sie stellten z. B. Kisten aufeinander, um an eine Banane zu gelangen.

Auch Imitations-(Nachahmungs-)Lernen, wie es sich häufig zwischen Kindern und Eltern findet, und sog. „One-trial-Lernen" (nur einen Versuchsdurchgang oder einen „Probeversuch" zu benötigen, um das Problem zu beherrschen) gehören in diesen Bereich.

Warum studiert man Lernen und Gedächtnis bei Tieren?

Neben dem schon angesprochenen Interesse daran zu sehen, was unterschiedliche Tiere an intelligentem Lernen zeigen können und worin sich tierisches von menschlichem Lernen unterscheiden mag, liegt ein Hauptinteresse der tierexperimentellen Lern- und Gedächtnisforschung darin, die hirnphysiologischen Mechanismen von Lern- und Gedächtnisvorgängen zu erforschen.

Für diesen Großbereich existieren unterschiedliche Teilziele: Ein wesentliches liegt darin, Grundmechanismen auf zellulärem Niveau für Lern- und Gedächtnisvorgänge zu erforschen. Dies schließt genetische und biochemische Untersuchungen, aber auch morphologische und elektrophysiologische Untersuchungen ein. Vieles davon nennt man ‚plastische Veränderungen‘, die zeigen, dass auch das erwachsene Gehirn in der Lage ist, auf Grund von Umweltreizen oder Umwelteinwirkungen sein Inneres (also z. B. die Struktur seiner Nervenzellen) zu ändern.

Dazwischen und mehr am Verhalten orientiert ist die Suche nach den relevanten Reizen oder Umweltmerkmalen, die ein Tier oder eine Tierart benutzt oder ausnutzt, um sich Information einzuprägen (und eventuell auch um sie weiterzugeben). Bienen etwa können visuelle Reize in Gruppen zusammenfassen und dies für ihre Navigation zu Futterplätzen (Blumenkelchen) ausnutzen.

Lernen, Gedächtnis und Gehirn – der „bottom-up“-Zugang

Eric Kandel, einem aus Österreich ausgewanderten US-Amerikaner und Nobelpreisträger, verdankt die Neurowissenschaft ganz wesentliche Erkenntnisse über physiologische Grundvorgänge von Lern- und Gedächtnisvorgängen. Kandel suchte sich vor allem eine Tierart für seine Studien aus, die durch ihn auch in den Neurowissenschaften Bekanntheit erlangte – den Seehasen, auch Meeresschnecke *Aplysia* genannt. Aplysia ist in ausgewachsenem Zustand ca. 40 cm lang und wiegt dann ein ½ kg. Ihr Nervensystem enthält nur ein paar tausend Neurone, von denen sehr viele sozusagen namentlich bekannt sind, d. h. bestimmte Bezeichnungen erhalten haben, die auch Auskunft über ihre Funktion im Ganglionsystem („Nervensystem“) dieser Tierart geben.

An Aplysia war vor allem ihr ‚Kiemenrückzugsreflex‘ von Interesse, der über einen einfachen Neuronenschaltkreis gesteuert wird. Durch das Applizieren von Wassertropfen auf die Kiemen konnte dieser Rückzugsreflex verlässlich ausgelöst werden, und somit war es möglich, die Neurone und

– später – Änderungen in der Biochemie dieser Neurone zu identifizieren, die für seine Auslösung nötig waren. Vieles zur sog. neuronalen oder synaptischen Plastizität*, was uns heute selbstverständlich ist, wurde durch Kandel und seine Mitarbeiter entdeckt und entschlüsselt.

Aber auch andere Forscher trugen dazu bei, dass uns das Säugetiergehirn heutzutage in hohem Maße als plastisch, formbar erscheint und wir können nicht genug darauf hinweisen, dass die Reizumgebung wesentlich für die neurobiologischen Ausformungen ist. Zum Beispiel nimmt im Versuch die Dicke des Cortex bei Ratten, die in optimaler Umgebung leben, gegenüber der bei Ratten in nicht artgerechter Umgebung zu.

Mechanismen, die mittels dieses „bottom-up"-Zugangs ebenfalls entdeckt wurden, sind die sog. Langzeitpotenzierung* (englisch: long term potentiation, abgekürzt LTP) und die Langzeitdepression* (englisch: long term depression, abgekürzt LTD). Nervenzellen reagieren durch biochemische Änderungen, die sich als elektrische Änderungen manifestieren, wobei die wichtigste elektrische Änderung das so bezeichnete Aktionspotential ist, also eine Alles-oder-nichts-Reaktion der Nervenzelle. Der Grundcode des Nervensystems ist somit die Häufigkeit (Frequenz), mit der eine Zelle Aktionspotentiale aussendet oder mit der die Anzahl möglicherweise auszusendender Aktionspotentiale unterdrückt (gehemmt) wird.

Man fand, dass Nervenzellen, die mehrfach oder länger anhaltend erregt (oder gehemmt) wurden, zeitlich noch lange über die von außen induzierten Reizungen hinausgehend verstärkt und anhaltend Aktionspotentiale aussenden oder, im umgekehrten, hemmenden Fall, nicht aussenden. Hierin sah man einen möglichen neuronalen Mechanismus der Gedächtniskonsolidierung. (Unter Gedächtniskonsolidierung versteht man die Festigung frisch eingespeicherter Information, so dass diese letztendlich verlässlich im Gehirn abgespeichert werden kann; vgl. Kapitel 4, S. 113.)

Auch fand man mittels dieser Untersuchungen an Aplysia und anderen wirbellosen Tieren neuronale Korrelate für alle gängigen einfachen Lernvorgänge, sei es Habituation* (die Verringerung einer Orientierungsreaktion nach *wiederholter* identischer Darbietung eines Reizes), Sensitivierung oder Konditionierungsvorgänge.

Insgesamt konnte durch den „bottom-up"-Zugang gezeigt werden, dass sehr viele Vorgänge von Lernen und Gedächtnis sich direkt auf neuronaler Ebene niederschlagen und dass Nervenzellen offensichtlich ihr Leben lang adaptiv und plastisch bleiben.

Neuerdings wurde sogar ein seit Jahrzehnten bestehendes Dogma der Neurowissenschaften umgestoßen, nämlich jenes, dass Nervenzellen im Säugetiergehirn sich nach der Geburt nicht mehr erneuern (also neu bilden) können. Man fand in den letzten Jahren nicht nur, dass Nervenzellen bei Ratten, Mäusen und auch beim Menschen nachgeburtlich neu entstehen, sondern konnte inzwischen sogar zeigen, dass diese Nervenzellen „funktionswirksam“ für die Verarbeitung von Information werden können. Dies führt mich zu dem alternativen Zugang zur Entschlüsselung der neuralen Grundlagen von Gedächtnis.

Der „top-down“-Zugang – vom Menschen ausgehend

Der alternative Zugang („top-down“) zur Erforschung der neuralen Grundlagen von Gedächtnis geht davon aus, dass sich Lern- und Gedächtnisvorgänge und der Aufbau des Nervensystems bei Tier und Mensch – zumindest beim Vergleich Wirbelloser mit Primaten – so fundamental unterscheiden, dass Rückschlüsse zwischen den „Systemen“ nicht oder nur eingeschränkt möglich sind. Abbildung 13 zeigt den Grundbauplan des Säugetiergehirns, der im Ansatz auch bei anderen Wirbeltieren in dieser Weise existiert, nicht aber bei Wirbellosen.

Forschungen des sog. „top-down“-Zugangs haben dabei nicht zwangsläufig den Menschen und sein Nervensystem als Dreh- und Angelpunkt. Häufig sind es – allgemeiner gesehen – Säugetiere, insbesondere Ratten, und daneben die systematisch zur selben Ordnung wie der Mensch gehörenden nichtmenschlichen Primaten vom Halbaffen bis zum Schimpansen. Insbesondere für Untersuchungen an Primaten ist deswegen auch nicht verwunderlich, dass die verwendeten Paradigmen durchaus für Mensch und Tier die gleichen sein können.

Wir haben beispielsweise im direkten Vergleich untersucht, inwieweit Neuweltaffen – Totenkopfäffchen – in der Lage sind, Konzepte zu lernen: Sie sollten mittels eines sog. Non-match-to-sample-Paradigmas entscheiden, ob verschiedene Abbildungen jeweils einen oder mehrere Menschen, Obst oder andere Konzepte (Oberbegriffe) repräsentierten. Die Menschen konnten dabei sogar „real“, d.h. abfotografiert als Bild erscheinen oder nur in Form von Strichzeichnungen. (Bei der Non-match-to-sample-Aufgabe werden zuerst ein Reiz [z.B. zwei menschliche Gesichter] und danach zwei Reize oder Reizmuster dargeboten [z.B. eine menschliche Gestalt versus zwei Affen], von denen das falsche, nicht ins Konzept passende, zu wählen ist. Die Bilder wurden auf schwere runde Metalldeckel aufgezogen, unter denen eine oder keine Erdnuss war.)

Wie sich herausstellte, lernten Affen im Schnitt alle 14 geforderten Konzepte und brauchten dazu im Schnitt auch nicht mehr Versuchsdurchgänge als die Menschen. Somit konnte mit diesem Versuch nachgewiesen werden,

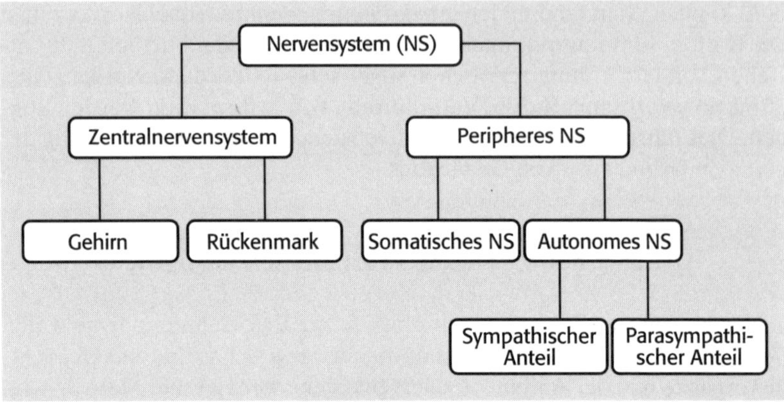

Abb. 13: Der Grundplan des Säugetier-, im Grundsatz auch des Wirbeltiernervensystems.

dass nichtmenschliche Primaten zu abstrahieren in der Lage sind, und wir konnten auch zeigen, dass Menschen dann, wenn man ihnen nur die Bestätigung ‚richtig' oder ‚falsch' für ihre Wahlen gibt, nicht aber das Konzept (d.h. die jeweilige Aufgabe) zuvor verbal erklärt, auch nicht schneller begreifen, um welches Konzept es sich handeln könnte, als dies die Affen taten.

Weit stärker als beim direkten Vergleich der Lernfähigkeiten werden die Unterschiede zwischen dem „bottom-up"- und dem „top-down"-Zugang deutlich, wenn man die Hirnebene in die Untersuchungen mit einbezieht. Dann zeigt sich, dass bestimmte Tierarten unterschiedlicher Ordnungen und Klassen zwar manchmal erstaunlich ähnliche Lern- und Gedächtnisleistungen – sowohl qualitativ wie auch quantitativ – erreichen, dies aber auf der Basis ganz unterschiedlicher Hirnstrukturen. Die Großhirnrinde sucht man beim Fisch vergeblich und Bienen haben – obwohl sie sogar Kategorien unterscheiden können – ein Ganglionsystem, das nicht einmal entfernt an das Nervensystem der Säugetiere erinnert. Hierauf werde ich in Kapitel 4 zurückkommen. Zuvor will ich auf die Frage eingehen, wo die Hauptunterschiede zwischen tierischem und menschlichem Gedächtnis zu vermuten sind.

Wo sind die Unterschiede zwischen tierischem und menschlichem Gedächtnis?

Nimmt man obiges Beispiel des Konzeptlernens, erkennt man, dass ein Affe von weniger als einem Pfund Körpergewicht und einem Hirngewicht von weniger als 50 g und ein Mensch mit 75 kg Körper- und 1500 g Hirngewicht sehr ähnliche Lern- und Gedächtnisleistungen aufweisen. Auch die erstaunlichen Leistungen von Raben, Seelöwen, Elefanten oder Schimpansen beim Zählen oder beim langfristigen Behalten von Information weisen auf frappante Ähnlichkeiten in den Gedächtnisleistungen von Tier und Mensch hin.

Eine derartige Schlussfolgerung ist jedoch voreilig. Was uns als Menschen von anderen Tieren auf Gedächtnisebene unterscheidet, ist nicht nur unsere Möglichkeit, unser Verhalten und Empfinden in Worte fassen zu können, sondern ist insbesondere unsere Fähigkeit zur Voraus- und zur Rückschau und damit die zur zeitlichen Einbettung verarbeiteter Gedächtnisepisoden. Menschen haben die Möglichkeit, eigene Handlungen zu reflektieren und zu bewerten sowie sich etwas vorzustellen, ohne es auszuführen. Endel Tulving nennt das autonoetisches Bewusstsein. Darin unterscheiden wir uns wesentlich von anderen Tieren.

Ein Beispiel für Unterschiede zwischen Tieren und Menschen liegt auch darin, dass die Mehrzahl der Tierarten weit weniger lange lebt als der Mensch. Dies bedeutet, dass beispielsweise die Konsolidierungs*-Zeit – also die Zeit, die das Hirn oder einzelne Hirnstrukturen benötigen, um Information letztendlich abzulegen – bei Tieren zwangsläufig weit kürzer ist als bei Menschen und dass unter Umständen auch andere Hirnstrukturen als beim Menschen involviert sind.

Dennoch sollte man nicht verkennen, dass wir als Menschen nur vermuten, aber nicht sicher wissen können, was und wie Tiere denken. Im Einzelfall kann es gelingen, beispielsweise zu zeigen, dass Rhesusaffen in der Lage sind, zu zeigen, wann sie sich erinnern und wann nicht, oder dass Schimpansen Vorstufen dessen zeigen, was wir als Kultur bezeichnen. Die Frage, ob wir bestimmten Tieren Bewusstsein zusprechen dürfen (wie immer man dies im Einzelfall definieren will), wird die Tierforschung der zukünftigen Jahre beschäftigen.

4. Gedächtnisverarbeitung im Gehirn – Anatomie des Gedächtnisses

In diesem Kapitel wird weitgehend auf das menschliche Nervensystem Bezug genommen. Zuerst soll dargestellt werden, wie man sich grundsätzlich die Verarbeitung von Information auf neuralem Niveau vorstellt. Hierzu ist es wichtig, sich die folgenden Grundbegriffe der zeitlichen Informationsverarbeitung zu vergegenwärtigen:

- Informationsaufnahme
- Informationseinspeicherung (Enkodierung
- Informationsablagerung (Abspeicherung)
- Informationskonsolidierung (Festigung)
- Informationsabruf

Information wird extern über die Sinnessysteme (unsere „fünf Sinne“) aufgenommen oder intern durch Umstrukturierung auf neuronalem Niveau erzeugt. Die frisch aufgenommene Information wird in einem Kurzzeit- oder Arbeitsspeicher „on-line“ gelagert. Dieser Speicher befindet sich sehr wahrscheinlich primär im Cortex (bei den meisten Menschen mit eindeutiger Sprachlateralisation im linken) und hier einerseits in einem Gebiet des linken Scheitellappens und andererseits in Teilen des (vorwiegend ebenfalls linken) Stirnhirns.

Kurzfristig gespeicherte Information wird – was deklaratives Gedächtnis* und episodisches Gedächtnis betrifft – in Strukturen des Limbischen Systems (s. Box 3) geschalten und dort auf biologische und soziale Relevanz geprüft, verglichen mit schon vorhandener Information, assoziiert („gebunden“) und bei Übereinstimmung corticalen Netzen zugeordnet, die für die Abspeicherung zuständig sind.

Die Speicherorte für episodische und allgemein deklarative Information werden im Neocortex* vermutet. Hierbei ist es wahrscheinlich, dass vorwiegend rechtshemisphärisch gelegene Netze eher die episodische, affektbesetzte Information speichern und vorwiegend linkshemisphärisch gelegene Netze sich eher mit neutralem Welt- und Allgemeinwissen befassen.

Gleiches – was die Hirnhälften betrifft – gilt für den Abruf: Hier kann man grundsätzlich festhalten, dass eine Konstellation aus Teilen des rechten Stirnhirns und des rechten vorderen Schläfenlappenbereichs als „Trigger“-Region agiert, die die in den corticalen Netzwerken gespeicherte episodisch-autobiographische Information wieder reaktiviert und somit dem

Abruf zuführt. Eine analoge linkshemisphärische Regionenkonstellation aktiviert die Inhalte des Wissenssystems. Hinweise für diese Ansicht lieferten sowohl Ergebnisse an Patienten mit fokalen Hirnschäden wie auch Resultate, die mit normalen, nicht-hirngeschädigten Probanden gewonnen worden waren, die sich funktionell bildgebenden Verfahren unterzogen hatten.

Abbildung 14 dokumentiert die geschilderte Vorstellung.

Von Bedeutung für die anatomisch-funktionelle Beschreibung von Gedächtnis ist das von Endel Tulving propagierte ‚SPI-Modell', das sich auf die Informationsverarbeitung zwischen Einspeicherung und Abruf (vgl. S. 102) bezieht: ‚S' steht für ‚seriell' und meint, dass die Einspeicherung einer Hierarchie der Gedächtnissysteme folgt. In dieser Hierarchie ist das episodische Gedächtnis das höchststehende Gedächtnissystem, ihm folgt auf der nächsttieferen Hierarchieebene das Wissenssystem, dann das prozedurale Gedächtnis und die Priming-Form des Gedächtnisses. Abbildung 15 veranschaulicht für die beiden höchststehenden Systeme diese Hierarchie. ‚P' bedeutet ‚parallel' und meint, dass die Ablagerung eingespeicherter Information parallel in verschiedenen Gedächtnissystemen erfolgen kann, und ‚I' steht für ‚independent', also ‚unabhängig', womit gemeint ist, dass der Abruf aus dem Gedächtnis unabhängig von der Einspeicherung geschehen kann, also das Gedächtnissystem, aus dem zu einem gegebenen Zeitpunkt abgerufen wird, nicht mit dem übereinstimmen muss, durch das ursprünglich eingespeichert wurde.

Wichtig ist, dass die langfristige Einspeicherung von episodischer Information, aber auch von Wissensinformation über Strukturen des Limbischen Systems erfolgt (vgl. Abb. 4 und Abb. 14), die Ablagerung dieser Information vorwiegend in neocorticalen Netzen erfolgt und der Abruf aus diesen Netzen wiederum durch eine Regionenkonstellation aus Teilen des Stirnhirns und des Schläfenlappens ermöglicht wird. Ganz anders sieht es für das prozedurale Gedächtnissystem aus, das im Wesentlichen von Einspeicherung bis Abruf an die Basalganglien* (große telencephale* Kerne; vgl. Abb. 2) gebunden ist. Das Priming-System wiederum ist – ebenfalls von Einspeicherung über Ablagerung bis hin zum Abruf – an neocorticale Regionen geknüpft, wobei sowohl sog. primäre wie auch sog. Assoziationsareale beteiligt sind.

Lassen sich Gedächtnisspuren im Gehirn lokalisieren?

Seit der Wachstafel-Analogie der alten Griechen wird vermutet, dass sich Empfindungen und Wahrnehmungen als bleibende Erinnerungen auf Hirnebene niederschlagen („eingravieren"). Als Vorstellung für das Hirn-

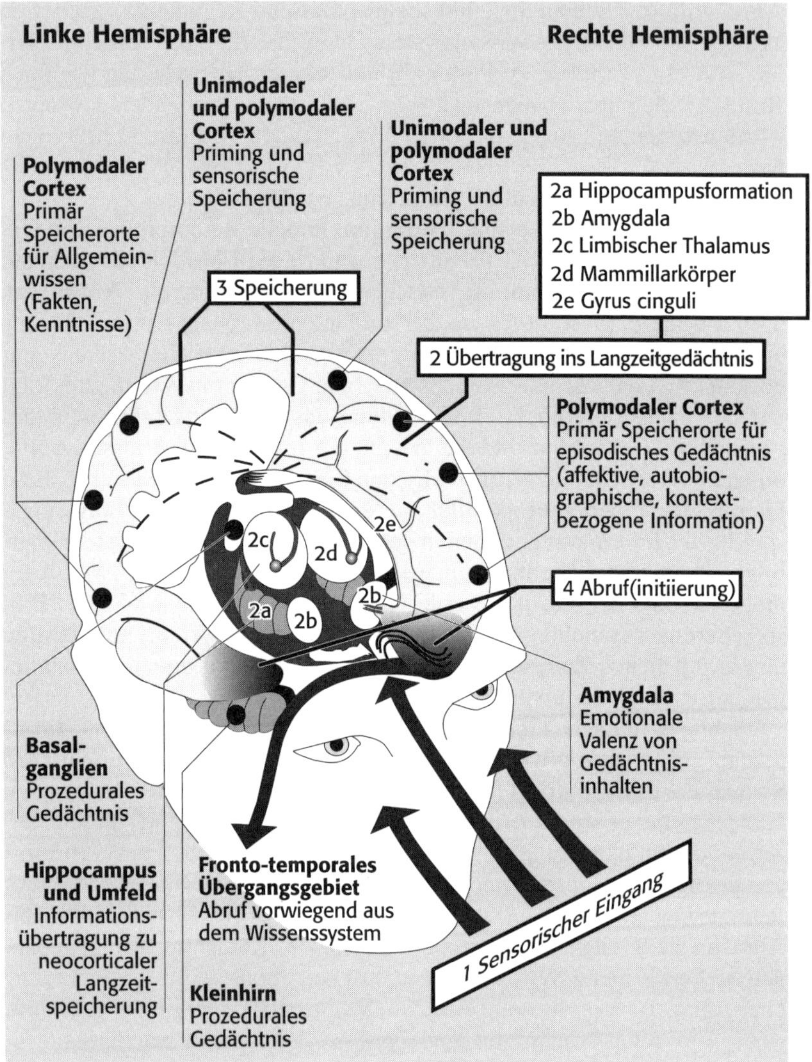

substrat findet sich die Analogie zu den vielen Kammern einer Burg oder den Schub- und Karteifächern einer altmodischen Bibliotheksdatei. Diese Sichtweise trifft besonders auf die sog. Lokalisationisten zu, die – vereinfacht gesagt – jedem Hirnbereich oder Hirnareal „seine“ bestimmte Funktion zuordnen (vgl. Abb. 7). Nahrung erhielt diese Ansicht aber auch durch

◀ Abb. 14: Vorstellung der Informationsverarbeitung im menschlichen Gehirn. Information gelangt über die Sinnessysteme in die corticalen Regionen, die für eine kurzzeitige („on-line") Verarbeitung zuständig sind (1). Diese liegen in Teilen des Scheitellappens und des Stirnhirns. Dann wird episodische Information und Information des Wissenssystems in das Limbische System (3) weitergeleitet, wo eine Bewertung hinsichtlich biologischer und sozialer Relevanz der neuen Information stattfindet. Information aus diesen Gedächtnissystemen, die als bedeutend erkannt wird, wird hemisphärenspezifisch auf neocorticaler Ebene abgelagert. Hierbei hat die rechte Hirnhälfte eine Präferenz für episodisch-autobiographische und die linke für Information des Wissenssystems (2). Der Abruf aus diesen beiden Gedächtnissystemen erfolgt gleichfalls hemisphärenspezifisch, wobei eine Kombination von Regionen des Stirnhirns und des vorderen Schläfenlappens als „Abrufinitiator" („Triggerregion") wirkt (4). Für die anderen Gedächtnissysteme (Primingsystem, prozedurales Gedächtnis) sind die wichtigen Strukturen aufgeführt.

die Entdeckung von Spracharealen in umgrenzten Cortexbereichen (‚Broca-Areal', ‚Wernicke-Areal').

Die in dieser Zeit schon verbreitete Neuronen-Doktrin Ramón y Cajals (die Vorstellung, dass Nervenzellen diskrete zelluläre Einheiten sind und dass sie damit die Grundbausteine und die Signale liefernden Einheiten des Gehirns sind) legte den Grundstein für eine enge Auslegung der Engrammablagerung (vgl. Kap. 2, S. 74). Hirnreizversuche mit Strom, die zeigten, dass die elektrische Reizung bestimmter Hirngebiete in Bewegungen der Extremitäten resultierte, während die anderer Regionen „stumm" blieb, und architektonische Felderkarten der Hirnrinde untermauerten die Befunde einer engen Ort-Funktions-Zuordnung, die für manche Wissenschaftler darin kulminierten, dass man jede einzelne Nervenzelle als alleinigen Ort für ein bestimmtes Engramm ansah. Die als Homunculus* bezeichnete enge topographische Abbildung der Körperfläche auf der Cortexebene und die Jahrzehnte später durch Ableitungen von einzelnen Nervenzellen am visuellen Cortex der Katze erhaltenen Resultate ließen beispielsweise unter dem Stichwort ‚Großmutterzelle' die Ansicht einer weitgehend 1:1-Abbildung zwischen Verhalten und Hirn wieder aufleben. In den letzten drei Jahrzehnten setzte dann – wieder vor allem durch die Verfügbarkeit neuer Techniken (funktionelle Bildgebung*) bedingt – ein Umschwung hin zu einer weiteren Fassung der Hirnrepräsentation von Funktionen ein.

Es gab parallel zu diesen Erkenntnissen, die eine enge Ort-Funktions-Zuordnung unterstützten, eine Gegenrichtung, die der Anti-Lokalisationisten. Diese hoben das Ganzheitsprinzip oder die Notwendigkeit einer ‚kritischen Masse' hervor und verinnerlichten Parallelen zu der Gedan-

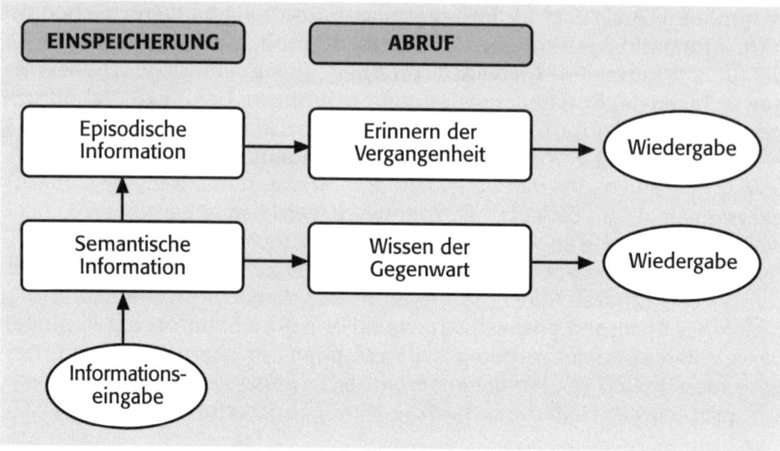

Abb. 15: Beziehungen zwischen Wissenssystem und episodischem Gedächtnis entsprechend dem SPI-Modell. Information kann unabhängig vom episodischen Gedächtnis in das semantische Gedächtnis eingespeichert werden, muss aber durch das semantische Gedächtnis hindurch, um in das episodische gelangen zu können. Eingespeicherte und abgelagerte Information ist potentiell aus beiden Systemen abrufbar. (Aus E. Tulving u. H. J. Markowitsch [1998]: Episodic and declarative memory: Role of the hippocampus. Hippocampus, 8, 198–204.)

kenwelt der Gestaltpsychologen. Sie betonten, dass man den Funktionsausfall nach Schädigung einer Struktur nicht mit der Lokalisation dieser Funktion in dieser einen Struktur gleichsetzen darf.

Ein Hirnforscher, der sein Lebenswerk in der Suche nach Engrammen auf Hirnebene sah und kurz vor seinem Tod nochmals ein Resümee der Erfolglosigkeit dieser Suche unter dem Titel ›In search of the engram‹ veröffentlichte, war Karl Lashley. Weil er erfolglos blieb, propagierte er stattdessen die Prinzipien von ‚Massenaktion'* und ‚Äquipotenz'*. Mit ‚Massenaktion' meinte er, dass das Gehirn (oder zumindest der cerebrale Cortex) grundsätzlich als Ganzes an der Kontrolle von Empfinden und Verhalten beteiligt sei. Äquipotenz war für ihn die Vorstellung der Gleichwertigkeit der Hirnregionen (oder zumindest des cerebralen Cortex).

Was von Lashleys Vorstellungen auch heute noch Gültigkeit besitzt, ist, dass ab einer Obergrenze fehlenden Hirngewebes (oder Cortexgewebes) intellektuelle Leistungen massiv und unwiederbringlich gestört sind – Patienten mit Morbus Alzheimer sind ein Beispiel. Dies Beispiel zeigt gleichzeitig in die Richtung heutiger Vorstellungen der Informationsrepräsentation, nämlich der einer stark parallel-seriell vernetzten Repräsentationsstruktur. (Dies bedeutet, dass auf bestimmten Stufen Information parallel codiert wird, etwa Farbe, Form, Größe eines Objektes, auf anderen Stufen die analysierten Einzelkomponenten seriell weiterverarbeitet werden.) Diese Vernetzung ist gleichwohl weder „zufällig“ noch hologrammartig, wie von manchen Hirnforschern Dekaden nach Lashley propagiert wurde. Eine auf Modulen basierende Vorstellung, die netzwerkartig und teilweise hierarchisch, teilweise seriell miteinander verschaltet sind, kommt tatsächlichen Gegebenheiten wahrscheinlich eher nahe.

Dennoch sprechen Hirnforscher in neuerer Zeit z.B. vom flüchtigen oder nomadisierenden Engramm, womit sie meinen, dass sich die Hirnregionen, die für die Repräsentation eines Ereignisses relevant sind, über die Zeit (oder mit zunehmender Übung) ändern können. Eventuell ändert sich natürlich auch die Form der Repräsentanz, die „eingeschliffen“ ihren Einmaligkeitscharakter verliert und automatisch abgerufen werden kann.

Mögliche Substrate von Engrammen

Schwierigere Fragen sind, ob man sich als anatomische Substrate für Engramme grundsätzlich Nervenzellen oder Nervenzellnetze vorzustellen hat, ob es Wechselwirkungen zwischen Nerven- und Gliazellen gibt (Gliazellen sind die „anderen“ Hirnzellen, d.h. diejenigen, die z.B. für Stoffwechselvorgänge oder als Stützgewebe verwendet werden) oder ob gar, wie vereinzelt behauptet wird, die Masse der Information nicht einmal innerhalb des eigenen Körpers repräsentiert ist, sondern sich als determiniert in einem submanifesten Außenbereich vorgestellt werden sollte.

Die letztgenannten Vorstellungen sind besonders frappierend und ungewöhnlich für Hirnforscher, die gewohnt sind, in „feuchter Materie“ zu denken und sich deswegen meist nur näher liegende Fragen stellen: Repräsentieren Neurone ein Ereignis bzw. eine Episode exklusiv oder können sie überlappend oder in Abhängigkeit von individueller oder durchschnittlicher Feuerrate eine Vielzahl von Ereignissen bzw. Episoden dauerhaft festhalten?

Neuerdings werden neben den Vorstellungen, dass Langzeitpotenzierung, Langzeitunterdrückung, Änderungen in der neuronalen Proteinsynthese, in der Transmitter*verfügbarkeit oder in der Morphologie der Nervenzellen für die Formung von Engrammen wesentlich sein könnten (vgl. Kap. 3, S. 97), zunehmend genetische Änderungen als Korrelate der Engrammablagerung ins Gespräch gebracht. Ein möglicherweise bedeutender Mechanismus der Langzeitspeicherung mag in den „CREBs“ liegen

(= *c*AMP *r*esponse *e*lement-*b*inding proteins; cAMP = cyclisches Adenosinmonophosphat), die man als Bindungsproteine bezeichnen kann. Nichtgebrauch gespeicherter Information mag zu deren Zerfall* führen, neu hinzukommendes Wissen („Überspielen der Information") mag mit dem alten interferieren und die Gedächtnisspur verändern. Hierbei sind zumindest bei Vögeln fixe Zeitdeterminanten für Gewöhnung und Vergessen gemessen worden, die mit Perioden der Genexpression* und Proteinsynthetisierung zusammenfallen.

Es werden neuerdings selbst Molekülkreisläufe als Gedächtnissubstanz diskutiert, die sich selbst erneuern oder ändern können, die aber schließlich von strukturellen Veränderungen, z.B. auf synaptischer Ebene, herrühren.

Repräsentationsvorstellungen

Es ist heutzutage üblich, von einer dynamischen Repräsentation von Engrammen auszugehen, d.h. von der Beeinflussung gespeicherter Information sowohl durch neue, nachfolgende Information als auch durch den als Ekphorie (s. Kap. 2, S. 83) erfolgenden Wiederabruf des gespeicherten Materials. Basierend auf diesen Annahmen ist es schwierig zu bestimmen, ob die gleichen Hirnstrukturen, die für die Einspeicherung aktiviert werden, auch für den Abruf notwendig sind. Die geläufige und wie ich meine etwas kurzsichtige Meinung hierzu ist bejahend und betont die hippocampale Formation (s. Box 3) als zentralen Dreh- und Angelpunkt für Einspeicherung und Abruf. Auf der anderen Seite existieren eine Reihe von Ergebnissen, die eigenständige, den Abruf steuernde Hirnregionen im lateralen Temporo-Frontalbereich (vgl. Abb. 3) postulieren, wobei aber in diesem Bereich nicht die Engramme selbst vermutet werden, sondern lediglich die Regionen, die die Engrammnetze ansteuern („Triggerregion"). Die Engramme selbst werden – wie oben beschrieben – als weitgespannte neuronale, parallel-seriell organisierte Netze verstanden, die – für jeweils eine Art von repräsentierter Information – in ihrem Grundaufbau variieren, wenn auch nur wenig.

Die Mehrzahl der Neurowissenschaftler/-innen stimmt vermutlich der Vorstellung zu, dass die hippocampale Formation für eine gewisse Zeit zur Engrammablagerung notwendig ist. Wie lange diese Epoche aber dauert, variiert sehr stark: Manche Wissenschaftler/-innen sprechen lediglich von Tagen bis maximal Monaten bis zum Abschluss der Gedächtniskonsolidierung, andere gehen von Jahrzehnten aus (s.u. und insbesondere Kap. 4, S. 113).

Der cerebrale Cortex wird als Repräsentationsort für die Mehrzahl gespeicherter Engramme angesehen, wobei ähnliche Inhalte wahrscheinlich in überlappenden Modulnetzen repräsentiert sind. Es ist allerdings nicht unwahrscheinlich, dass die Sichtweise, den cerebralen Cortex sozusagen als Sitz von Engrammen zu bezeichnen, stark verkürzt ist. Selbst, wenn die grundsätzliche lernerfahrungsbedingte Veränderung in einem corticalen Neuronennetz verankert ist, ist es zumindest wahrscheinlich, dass dieses Netz (a) für die Initiierung seiner Aktivierung von einer Reihe außerhalb des Netzes gelegener Strukturen abhängt (z.B. von Bewusstsein verarbeitenden Strukturen bis hinunter zu Kernen im Rückenmark) und (b) nach Aktivierung auf zusätzliche, außerhalb des eigentlichen Netzes gelegene Strukturen zurückgreifen muss, um die Neurepräsentation voll zu erreichen (z.B. die Amygdala; vgl. Box 3 und Abb. 3). Unterstützung für diese Vorstellung kommt von Fallbeschreibungen, in denen Patienten davon berichten, dass sie nach Hirnschädigung gespeicherte Information nur mehr sehr seicht und affektlos rekonstruieren können.

Um zu unterstreichen, dass Engramme nicht eng lokalisierte, auf wenige beteiligte Neuronen eingrenzbare Netzwerke sind, sei an dieser Stelle nochmals auf die Differenzierung hingewiesen, dass nämlich von einem Funktionsausfall (z.B. selektiven Gedächtnisausfall) nach einem fokalen Hirnschaden nicht auf die Lokalisation der ausgefallenen Funktion an diesem (oder gar nur an diesem) Hirnort geschlossen werden darf. Stattdessen ist grundsätzlich eher ein Diskonnektionssyndrom zu vermuten (analog der Zerstörung eines Gliedes in einer Kette, die das Netzwerk untauglich für eine Informationsekphorierung macht).

Inzwischen liegen zahlreiche Modelle der Informationsverarbeitung vor. Allen diesen Vorstellungen ist gemeinsam, dass sie die Verwobenheit zwischen Hirnregionen betonen und damit Mischungen seriell-paralleler Verschaltungen. Information scheint danach durch das Zusammenwirken eng verquickter Systeme zu entstehen. Auch wird angenommen, dass Veränderungen der Festigkeit von Verbindungen innerhalb und zwischen Netzen von der Häufigkeit ihrer „Benutzung" abhängig sind. Hierbei wird neben corticalen Netzen auch auf die Bedeutung der großen, nicht-limbischen telencephalen Kerne eingegangen (Nucleus caudatus, Putamen, Globus pallidus, ventrales Striatum).

Stirnhirn und Informationseinspeicherung

Seit den ersten, auf funktioneller Bildgebung basierenden Beschreibungen zur Informationseinspeicherung wird die Bedeutung des (linken) Stirnhirns betont. Die Aktivierung umgrenzter Stirnhirnbereiche bei der

Einspeicherung neuer Information – sowohl verbaler wie nicht-verbaler – hat sich nachfolgend vielfältig bestätigt und kann deswegen als robustes Ergebnis gelten, auch wenn umgekehrt Hirnschäden in diesem Bereich nicht zu einer Unfähigkeit der Informationseinspeicherung führen. Mit diesem Ergebnis zeigt sich einmal mehr, dass Ergebnisse (a) methodenabhängig sind (funktionelle Bildgebung gegenüber Läsionsmethoden/Beobachtungen an hirngeschädigten Patienten) und (b) dass man nicht von den Funktionsänderungen bei geschädigter Hirnfunktion auf die (alleinige oder dominante) Funktionslokalisation im gesunden Gehirn schließen kann.

Des Weiteren weisen die Resultate mittels funktioneller Bildgebung darauf hin, dass neben den limbischen Hirnregionen neocorticale Bereiche im Stirnhirn in bedeutendem Ausmaß an der Einspeicherung verbaler wie nicht-verbaler Information beteiligt sind.

Ergebnisse von entsprechend variierten Experimenten unterscheiden insoweit zwischen den Rollen von linker Hippocampusformation und linkem Stirnhirn, als sie postulieren, dass der linke Hippocampus primär die Neuigkeitsbewertung von Information vornehme, der linke präfrontale Cortex* dagegen wichtig sei, um bedeutungshaltige Verbindungen zwischen einer Kategorie und einem Exemplar der Kategorie vornehmen zu können.

Interaktion von neocorticalen und hippocampalen Systemen bei der Gedächtnisspeicherung

Die Einspeicherung oder Enkodierung von Information ist grundsätzlich ein zeitlich eingrenzbarer Vorgang, wobei allerdings gleiche oder sehr ähnliche Informationen dann wiederholt und unter Umständen über zeitlich weit differierende Perioden eingespeichert werden können, wenn sie zwischenzeitlich wieder abgerufen wurden. Die heutzutage am weitesten verbreitete Vorstellung der Einspeicherung betont das Limbische System als zentralen Einspeicherkomplex. Innerhalb dieses Systems wird wiederum seit der Fallbeschreibung von H. M. (s. S. 27) die hippocampale Formation als der zentrale Vermittler herausgestrichen, wobei manche Autoren die Bindungs- oder Verknüpfungsfunktion mit schon bestehender Information betonen, andere die temporäre Speicherfunktion, die man sich als eine Art Schubladenverteilungssystem vorstellt.

Aufgrund derartiger Beschreibungen kam es zu der nicht nur sehr verkürzten, sondern z. T. auch falschen Vorstellung, der Hippocampus fange die Information konvergierend auf, bearbeite sie für eine gewisse Zeit und leite dann divergierend einen Teil davon zur Langzeitspeicherung in den Cortex weiter (sog. Übertragungsfunktion der hippocampalen Formation, die vielfach mit Mechanismen der Langzeitpotenzierung oder Langzeitdepression verknüpft wird: s. Kap. 3, S. 97). Diese Beschreibung führt zu der – ebenfalls häufig geäußerten – falschen Ansicht, dass es sich beim Hippocampus nicht um Cortex handele. Zum zweiten macht sie den Hippocampusbereich zum alleinigen Vermittler eines Übertragungsprozesses ins Langzeitgedächtnis, und zum dritten betont sie selektiv die Funktion des Hippocampusbereiches für die Gedächtnisverarbeitung.

Grundsätzlich muss (um beim dritten Punkt zu beginnen) betont werden, dass die Hippocampusformation in eine Vielzahl von Verhaltensabläufen integriert ist – Aufmerksamkeit, Neuigkeit, Kurzzeitgedächtnis, Sozialverhalten, Zeitdauer, Etablieren semantischer Assoziationen, Furchtverarbeitung und insbesondere in die räumliche Informationsverarbeitung, wie nicht nur die Ergebnisse unzähliger Tierstudien belegen, sondern auch die von hirngeschädigten Patienten und Arbeiten mittels funktioneller Bildgebung an Normalprobanden. (Für letztgenannte Funktion fand sich z. B., dass Londoner Taxifahrer einen besonders stark ausgeprägten Hippocampus haben.) Diese Funktionsvielfalt hat neuerdings zu der Idee geführt, der Hippocampus könnte funktionell aufteilbar sein in einen dorsalen oder hinteren Bereich, der grundsätzlich für räumliche Analysen wichtig ist, und in einen ventralen oder vorderen Bereich, der andere Funktionen erfüllt. Andere Autoren meinen, nur ein Teil des Hippocampus sei für die Enkodierung, ein anderer Teil für den Abruf von Information wichtig. Hierbei widersprechen sich allerdings Ergebnisse, die den vorderen Hippocampus für das Enkodieren als wichtig betrachten, mit solchen, die diese Funktion dem hinteren Hippocampus zusprechen.

Zum zweiten muss betont werden, dass nicht nur Umfeldregionen der hippocampalen Formation, wie der perirhinale, entorhinale und parahippocampale Cortex* (vgl. Box 3), in die Gedächtnisverarbeitung zentral involviert sind, sondern dass eine Vielzahl von Fallbeschreibungen zeigt, dass die bilaterale Schädigung von Regionen außerhalb des mittleren Schläfenlappens sich auf die Gedächtnisübertragung teilweise weit vehementer und tiefgreifender auswirkt als eine großflächige bilaterale Schädigung dieses Bereiches (wie z. B. bei H. M.). Es existiert beispielsweise eine Vielzahl von Studien, die schwer amnestische Patienten mit Schäden in Zwischenhirnbereichen und auch in anderen Hirnstrukturen dokumentieren, darunter Fallbeschreibungen von Patienten, die nicht nur unfähig zu jeder Neuaufnahme episodischer Information waren, sondern auf Grund der Massivität ihrer Amnesie sogar kein Bewusstsein von ihrem Defizit hatten (was H. M. umgekehrt hat, wenn er reflektierte: „Every day is alone, whatever enjoyment I've had, and whatever sorrow I've had"). Manche Autoren gehen dabei sogar von einer nur untergeordneten Rolle des Hippocampus bei der langfristigen Informationsverarbeitung aus.

Wie schon oben angedeutet, wird hier argumentiert, dass die hippocampale Region innerhalb des Limbischen Systems ein Bindeglied darstellt, analog vielleicht zu einem Flügel (oder der ersten Geige) in einem Orchester. Dieses Bindeglied ist jedoch für seine Arbeit von der Funktionstüchtigkeit des restlichen Gehirns abhängig, und andere Bereiche des Gehirns interagieren wiederum mit ihm. Gerade neuere Ergebnisse aus der physiologischen Wahrnehmungsforschung machen deutlich, dass wir allein schon auf dieser Ebene eine große Zahl beispielsweise corticaler Areale haben, die simultan über sequentielle und parallele Schaltwege miteinander interagieren. Diese Interaktionen müssen dabei nicht immer vordergründig logisch erscheinenden Prinzipien folgen, sondern können sogar chaotisch oder paradox wirken. Aber auch z.B. die eher systemimmanente Diskussion der „Hippocampus-Forscher" brachte eine Verlagerung vom Hippocampus zu umliegenden Arealen, wie dem peri- und entorhinalen Cortex.

Grundsätzlich ist also die Frage nach einer hippocampal-neocorticalen Interaktion bei der Gedächtnisverarbeitung verkürzt gestellt, da die Interaktion gleichzeitig auch eine Reihe weiterer Strukturen mit betrifft. Darüber hinaus ist Gedächtniskonsolidierung vermutlich ein mehrstufiger Prozess. Hierfür sprechen zum einen Ergebnisse an Patienten und zum anderen Ergebnisse aus dem Bereich der experimentellen Lern- und Gedächtnisforschung.

In der Tierforschung scheinen die Konsolidierungsperioden im Schnitt weit kürzer zu sein als im Humanbereich, was im Extremfall – bei Wirbellosen – natürlich mit der oft nur Tage umfassenden Lebensspanne dieser Spezies zusammenhängt. Tierforscher, die mit Ratten arbeiten, nahmen ein klar sequentielles Engagement in Konsolidierung und Abruf an: In den ersten Tagen nach Training einer Funktion seien Strukturen wie der Hippocampus, die Amygdala, die entorhinale Rinde (s. Box 3) und der im Scheitel- oder Parietallappen (s. Abb. 3) liegende Cortex in den Abruf involviert, nach 30 Tagen nur mehr der entorhinale und parietale Cortex und nach 60 Tagen nur noch der parietale Cortex. Ähnliche konsolidierungsbedingte Verlagerungen von einer Region auf andere wurden mehrfach beschrieben, so beispielsweise vom Stirnhirn zu immer weiter hinten liegenden Hirnrindenbereichen, schlussendlich bis zum Kleinhirncortex.

Graduell ablaufende Konsolidierungsprozesse scheinen eine Reihe von Vorzügen zu haben: Systembedingtes „Rauschen" wird vermindert, die Möglichkeiten kombinatorischer Plastizität werden verstärkt, multiple Inputs können besser selektiert werden, so dass inkonsistente und mögliche Konfusionen verursachende Materialien eliminiert werden können. Weiterhin ermöglicht ein länger anhaltender Konsolidierungsprozess eine bessere Kategorisierung von Information und damit eine kohärentere, effektivere und sparsamere Konstruktion der Welt. Diese Prozesse könnten gleichwohl – so die Ansicht mehrerer Forscher – im Bereich von Stunden oder zumindest innerhalb weniger Tage abgeschlossen sein.

Für manche, hochgradig emotionale Ereignisse zeigt die Erfahrung, dass diese sich offensichtlich unmittelbar in das Gedächtnis einbrennen und entsprechend sofort, aber auch „für alle Zeit“ verlässlich abrufbar sind.

Wie oben schon erwähnt existieren eine Reihe Tierarten, die von Natur aus keinen Hippocampus besitzen, die aber dennoch über ausgezeichnete Gedächtnisleistungen verfügen, wie dies vor allem bei sozialen Insekten nachgewiesen wurde. Diese Daten weisen zumindest auf die potentielle Möglichkeit einer auch im Säugetiergehirn anders- oder verschiedenartigen (hippocampalen und extra-hippocampalen) Informationsverarbeitung hin.

Gedächtniskonsolidierung*

Wie schon aus den Bemerkungen des vorangegangenen Teilkapitels hervorgeht, ist der Konsolidierungsvorgang der Gedächtnisbildung gegenüber den Vorgängen von Einspeicherung, Ablagerung und Abruf wenig präzis gefasst. Schon die Frage, ob Information zuerst konsolidiert und dann abgelagert oder zuerst abgelagert und dann (weiter) konsolidiert wird, ist nicht eindeutig zu beantworten. In die Diskussion eingebrachte Modelle postulieren sukzessive vollständiger oder umfassender werdende Kopien der Informationsrepräsentation. Auf diese Weise wird Ablagerung zu einem immer nur temporären und überdies gegenüber nachfolgender Information und gegenüber zwischenzeitlichem Informationsabruf anfälligen dynamischen Prozess. *Panta rhei* trifft somit vermutlich auf nichts so treffend zu wie auf die Ablagerung von Information.

Nur Hirnschäden oder Funktionsunterbrechungen wie das ‚mnestische Blockadesyndrom‘ (eine psychisch oder psychosomatisch bedingte, meist längerfristige Unterbrechung der Einspeicher- oder Abrufvorgänge; s. Kap. 6, S. 154) können den Konsolidierungsvorgang unterbinden und damit den Ablagerungsvorgang vermutlich weitgehend statisch werden lassen. Ich wähle hier die Formulierung ‚weitgehend statisch‘, weil es möglicherweise alternative Wege der Gedächtnisverarbeitung und Einflüsse über die Verarbeitung mittels nicht oder nur gering beeinträchtigter Gedächtnissysteme (Priming) gibt.

Interessanterweise konnten wir eine Patientin detailliert untersuchen, die einerseits ein schweres (anterogrades) amnestisches Syndrom hatte, aber andererseits Information vorzüglich für einen Zeitraum von zumindest einer halben Stunde aufnehmen konnte. Nach zwei bis drei Stunden war die Information jedoch selbst nicht mehr rudimentär abrufbar und die 30-jährige Patientin deswegen vollkommen von einer intensiven Betreuung durch ihre Mutter abhängig. Abbildung 16 zeigt die über die Zeit hin zunehmend bruchstückhafter werdende Repräsentation einer zuvor neu aufgenommenen Information am Beispiel einer nicht-verbalen Gedächtnisaufgabe.

Hier wird angenommen, dass die Informationsaufnahme unmittelbar, und solange weitere Information aufgenommen und verarbeitet werden musste, zu einer massiven Ausschüttung von (auf Hirnebene existierenden) Stresshormonen* (Glucocorticoiden*) führte, die gerade in den Regionen stark gehäufte Rezeptoren haben, die für die Informationseinspeicherung relevant sind (Hippocampale Formation, Amygdala). Zu diesen Stresshormonen zählen das adrenocorticotrope Hormon (ACTH; von anderen auch Corticotropin oder Corticotrophin genannt), Corticol, Corticosteron und adrenerge Catecholamine.

Mit diesem Verhalten zeigt diese Patientin, dass die Konsolidierung von Information vermutlich tatsächlich von einem zeitlich längerfristigen (mindestens Stunden umfassenden) Prozess abhängig ist, wobei man für den Fall dieser Patientin aber auch spekulieren kann, dass nachfolgende Information zu besonders hoher retroaktiver Interferenz* geführt haben mag, was dann den Konsolidierungsprozess unterbrach oder störte. Dies ist insbesondere deswegen wahrscheinlich, weil die Patientin seit ihrem Schleudertrauma-Unfall (der den eigentlichen Auslöser für die rein anterograde Amnesie darstellte) sowohl auditiv wie visuell nur zu eingeschränkter Informationsaufnahme fähig war. Auf Gehörsebene musste sie ein kompliziertes Hörgerät tragen, was als Schlauch aus beiden Ohrmuscheln herausgeführt wurde. Auf visueller Ebene hatte sie sog. Tunnelsehen, also ein stark eingeschränktes Gesichtsfeld. Für den Interferenzmechanismus spricht, dass die Patientin dann Information über etwas längere Zeiträume behielt (drei, statt nur eine Stunde), wenn sie pro Zeiteinheit insgesamt nur wenig Information aufzunehmen hatte. Interessant an dieser Patientin war neben der besonders starken anterograden Amnesie ihre umgekehrt sehr gut erhaltene und sehr hohe Intelligenz und ihr außergewöhnlich gutes Altgedächtnis (retrogrades Gedächtnis), das bis zum Zeitpunkt des Unfalls (der bei ihrer Untersuchung schon mehrere Jahre zurücklag) weit überdurchschnittlich gut war. Das heißt, sie konnte sich an sehr viele allgemeinpolitische und an andere Ereignisse erinnern, die im Weltgeschehen oder in den Medien früher eine Rolle spielten.

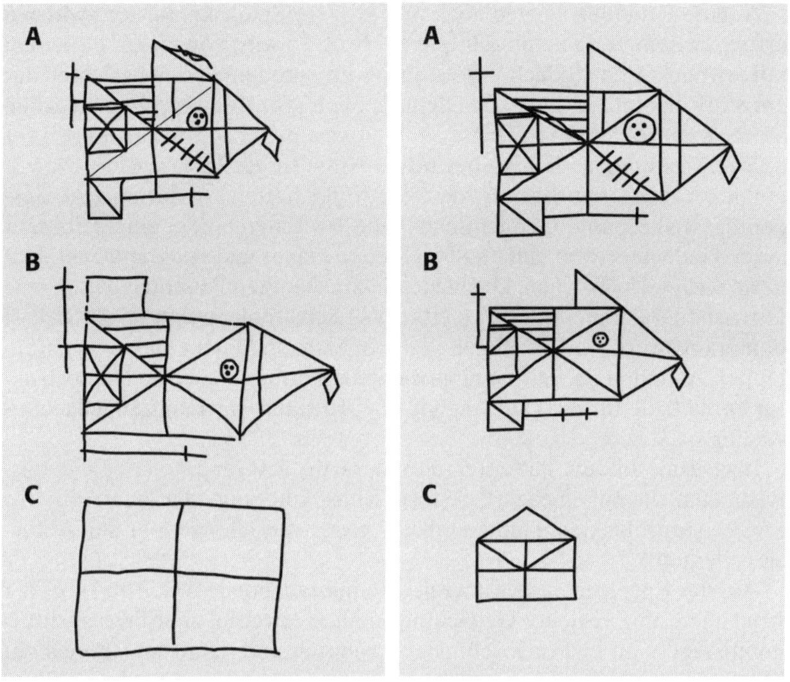

Abb. 16: Die Patientin bekam 3 (linker Bildteil) und 5 Jahre (rechter Bildteil) nach Beginn ihrer Erkrankung eine Figur vorgelegt, die sie ohne Zeitbegrenzung so detailgenau und so präzise wie möglich abzeichnen sollte. Bildteile A zeigen, dass sie dies problemlos konnte. Anschließend lässt man die Patientin für eine halbe Stunde andere Testverfahren durchführen (engagiert sie also geistig in anderer Weise) und bittet sie dann, die zuvor abgezeichnete Figur nochmals aus dem Kopf zu zeichnen – Bildteile B zeigen das Resultat davon, eine weit überdurchschnittliche Leistung. Wir haben sie dann noch in weiteren Zeitabständen gebeten, die Figur wieder zu zeichnen: Nach einer Stunde gelang ihr das nur noch sehr rudimentär (Bildteile C) und nach zwei Stunden hatte sie überhaupt nicht mehr die Erinnerung im Kopf, dass sie zuvor (mehrfach) eine Figur gezeichnet hatte. Diese Leistungsdifferenzen zeigen, dass die Patientin während der normalen Konsolidierungszeit zunehmend Interferenzen aufbaute, die die Konsolidierung massiv beeinträchtigten und letztendlich blockierten. Der Vergleich nach 3 und nach 5 Jahren zeigt darüber hinaus die Konsistenz des Defizits.

Andere Patienten zeigten noch weit größere Zeitdiskrepanzen zwischen erfolgreichem und beeinträchtigtem Abruf. So wird von einem Patienten mit normal guten Gedächtnisleistungen im Stundenbereich berichtet, der ein stark beeinträchtigtes Gedächtnis nach jeweils knapp zwei Wochen hatte. Andere Patienten zeigten z. B. normale Gedächtnisleistungen für den Zeitraum eines Tages, aber totale Amnesie für Information, die vor einigen Tagen erworben worden war, oder hatten wiederum eine ausgeprägt diskrepante Gedächtnisleistung zwischen einem einerseits sehr guten Gedächtnis von einer halben Stunde Dauer und vollkommener Amnesie nach sechs Wochen. Die beiden letztgenannten Patienten hatten eine Hirnschädigung im lateralen (seitlichen) Schläfenlappenbereich. Dies ist bemerkenswert, weil im Regelfall die Schädigung im medialen Schläfenlappen zu finden ist, der die hippocampale Formation als die Hauptstruktur enthält, die für die Übertragung vom Kurzzeit- ins Langzeitgedächtnis wichtig ist.

Insgesamt bilden Patienten mit derartig diskrepanten Gedächtnisleistungen, die auf eine stark gestörte Konsolidierung oder langfristig wirkende Abrufblockaden hindeuten, die große Ausnahme unter den Amnesiepatienten.

Auf das Engagement des lateralen Temporallappens (vgl. Box 3) bei der Konsolidierung visueller Gedächtnisinhalte verweisen allerdings auch Ergebnisse, die an nichtmenschlichen Primaten und damit im Bereich der Tierforschung gewonnen wurden. Durch den Einsatz elektrophysiologischer und molekularbiologischer Verfahren an Affen wurde eine anhaltende, allerdings auch schon früh während des Lernvorgangs einsetzende Aktivierung in perirhinalen und lateral inferotemporalen Cortexregionen ermittelt (vgl. Box 3), die für die Hypothese spricht, dass die Langzeitgedächtnisbildung im Gegensatz zur Kurzzeitgedächtnisformation Eiweiß- und mRNA-Synthesen erforderlich macht.

Ergebnisse von Tierversuchen zur Gedächtniskonsolidierung sind manchmal nicht auf den Menschen zu übertragen. Fragen nach dem ‚Wo', ‚Wann' und ‚Wie lange' der Gedächtniskonsolidierung können im Tierexperiment mit Methoden reversibler funktioneller Inaktivierungen einzelner Hirnregionen untersucht werden. Die mit derartigen Techniken gefundenen Resultate deuten auf eine Beteiligung ganz unterschiedlicher Hirnstrukturen, die vom tiefen Hirnstamm über zahlreiche mesencephale* („Mittelhirn"), diencephale* („Zwischenhirn") und telencephale Kerne („Großhirn") bis zum Neocortex reichten (vgl. Abb. 2). Die berichteten Ergebnisse lassen vermuten, dass Konsolidierungsvorgänge auf den verschiedensten Stufen des Nervensystems beeinflussbar sind, wobei der Einfluss innerhalb von wenigen Minuten einsetzt und dann mehrere Stunden anhält (längere Zeitphasen wurden praktisch nicht untersucht).

Schlaf und Konsolidierung

Die Bedeutung des Schlafs für die Verarbeitung von Information findet sich recht universell. Freud betonte in seiner ›Traumdeutung‹ (1900) die Wichtigkeit des Schlafs für die Verarbeitung tagsüber aufgenommener Informationen; aber schon 150 Jahre vor ihm hatte Hartley (1749) die mögliche Bedeutung von Träumen für die Stärkung der Assoziationsbildung diskutiert. Zahllose spätere Untersuchungen zeigten, dass unzureichender Schlaf oder mangelnde Möglichkeiten, bestimmte Schlafperioden, wie den REM-(rapid eye movement-)Schlaf*, einzuhalten, zu Gedächtnislücken führen. Durch Gabe von Pharmaka, die REM-Schlaf unterbinden, konnte gezeigt werden, dass nicht Stress* und Konzentrationsschwierigkeiten die Gedächtnisstörungen bedingen, sondern tatsächlich der fehlende REM-Schlaf.

In einer neuen Studie wurde an Ratten sogar gezeigt, dass eine sehr deutliche Übereinstimmung zwischen ihrer Hirnaktivität im Schlaf und ihrer Laufaktivität vor dem Einschlafen festzustellen war. Das heißt, es wurde hiermit wahrscheinlich gemacht, dass die Ratten ihr Laufverhalten im Schlaf noch einmal rekapitulierten.

Aber auch andere Schlafepochen, wie der Slow-wave-Schlaf (non-REM-Schlaf*) tragen – so zumindest die Vorstellung einiger Autoren – zur Gedächtniskonsolidierung bei; insbesondere dann, wenn es sich um Tiefschlafepochen handelt. Nicht sicher geklärt bzw. widersprüchlich in den Ergebnissen ist, ob eher der non-REM- oder der REM-Schlaf für die Konsolidierung episodischer und anderer deklarativer Erinnerungen oder für die prozeduralen* Erinnerungen wichtig ist. Vermutlich wird die Zukunft zeigen, dass REM- wie non-REM-Schlaf für beide Gedächtnisvarianten relevant sind.

Eine wahrscheinliche Theorie scheint jedenfalls zu sein, dass während des Schlafs der Hippocampus den Neocortex mit Information „füttert" oder – anders und weit früher schon ausgedrückt – dass der Hippocampus als kurzzeitiger Informationsspeicher diene, der dann des Nachts dem Neocortex Lernsignale liefere, die dieser tagsüber dem Neocortex „zurückfüttere"; auf diese Weise käme es über mehrere Schlafepochen hinweg zur endgültigen Konsolidierung von Information.

Die Mehrzahl der Schlafexperimente deuten auch für komplexe Informationen (Episoden) auf eine eher kürzere – im Tagebereich liegende – Konsolidierungszeit hin, wobei zwischenzeitliche Abrufprozesse und Aufnahme und Abruf ähnlicher Informationen (Assoziationsbildung) die Konsolidierungsperiode verlängern wird.

Alternative Sichtweisen

Es gibt vereinzelt Ansätze, die vermutlich auf Grund der Frustriertheit der Autoren mit traditionellen Erklärungsansätzen ganz ungewöhnliche Vorschläge zu Gedächtniskonsolidierung und Ablagerung machen. So postulierte der Naturwissenschaftler Romijn (1997), dass Information immer und grundsätzlich außerhalb des Individuums in einer submanifesten Ordnung des Seins vorhanden sei; lediglich das prozedurale Gedächtnis habe eine Repräsentanz auf Hirnebene. Entsprechend Romijns Theorie sind auch Vergangenheit und Zukunft determiniert und damit alle Ereignisse schon „vorherbestimmt". Der gesamte, sich selbst organisierende Lauf des Universums – von seiner Vergangenheit über die Gegenwart bis in seine Zukunft – sei in seiner raum-zeitlichen Konfiguration (kausal und akausal) permanent präsent in der submanifesten Ordnung des Seins vorhanden. Aus dieser submanifesten Seinsordnung materialisiere sich ein kleiner Teil kontinuierlich in der manifesten Seinsordnung über eine kontinuierliche Folge von Quantum-Stadien und Wechselwirkungen. Die elektrischen und magnetischen Felder, die durch das Hirngewebe generiert werden würden, und die entsprechenden psychischen Funktionen seien zwei fundamental unterschiedliche, aber gleichwertige Aspekte des gleichen, sich selbst organisierenden energetischen Daseins, welches mit der Aufrechterhaltung beider Aspekte seine Wurzeln in einer submanifesten Ordnung des Seins habe. Unbewusste mentale Aktivität, einschließlich der Speicherung deklarativer Gedächtnisinhalte (Romijns Bezeichnung) passiere nicht in synaptischen Netzwerken oder sonstwo auf Hirnebene, sondern irgendwo im persönlichen Bereich der submanifesten Seinsordnung. Persönliche und kollektive Bereiche der Information stimmen in dieser submanifesten Seinsordnung überein.

Andere Theoretiker gehen nicht ganz so weit wie Romijn, postulieren aber auch die Existenz subtiler Verbindungen zwischen dem Gehirn und einer fundamentalen Raum-Zeit-Geometrie. Argumente gegen eine rein „nasse", d.h. auf die neuronalen Eigenschaften des Gehirns bezogene Erklärungsbasis und gegen einen erweiterten Hirn-Computer-Vergleich sind beispielsweise für Hameroff (1998), einen dieser Theoretiker, die folgenden:

1. Die Freisetzung von Neurotransmittern* aus Vesikeln und die kognitiven Reaktionszeiten sind „verrauscht" und erfolgen augenscheinlich zufällig.
2. Axonale Antwortmuster (und nicht die durchschnittliche Feuerrate) sowie dendro-dendritische Prozesse könnten für Bewusstsein relevant sein (dendro-dendritische Prozesse: Wechselwirkungen zwischen Dendriten von Nervenzellen; vgl. Abb. 8).

3. Außer über chemische Synapsen gibt es noch eine primitive elektrotone synaptische Koppelung, die für Bewusstseinsprozesse wesentlich sein könnte.
4. Die Funktion von Gliazellen, die 80% des Gehirns ausmachten, wird ignoriert.

Man kann hier sicher einige Gegenargumente finden, etwa, dass elektrische Synapsen in größerer Zahl bei Wirbellosen als bei Wirbeltieren vorkommen und dass die Masse allein nicht die Funktion bestimmt (woran ja schon die „Hirnwieger“ scheiterten; s. unter Kap. 1, S. 40, Matiegka 1902). Trotzdem liefern derartige Modelle Anregungen für alternative („dualistische“) Sichtweisen der menschlichen Informationsverarbeitung.

Semantische Demenz als „reziprokes“ Phänomen zum normalen Gedächtnisabbau

Von bedeutender Aussagekraft für die Frage, inwieweit hippocampale und neocorticale Systeme bei der Gedächtnisverarbeitung interagieren, sind Fallbeschreibungen von Patienten mit sog. semantischer Demenz. Diese unterscheiden sich von Patienten mit Alzheimer'scher Demenz vor allem dadurch, dass nicht so sehr der episodische wie der semantische Bereich des Gedächtnisses – das Wissens- oder Kenntnissystem – durch den Hirnabbau beeinträchtigt wird. Interessanterweise zeigen diese Patienten vor allem neuronale Degenerationen im Bereich des linken lateralen Schläfenlappens und weit weniger im medialen – hippocampalen – Bereich. Was weiterhin auffällt, ist, dass eher die Information, die nahe an der Gegenwart liegt, noch präsent ist, während weiter Zurückliegendes nicht mehr abgerufen werden kann. Typischerweise sind Berühmtheiten oder herausragende Ereignisse der letzten ein oder zwei zurückliegenden Jahre recht gut abrufbar, der Zugang zu weiter entfernt liegender Information dagegen sinkt rapide. Wie sich zeigt, ist bei Patienten mit semantischer Demenz vermutlich auch die neurale Kommunikation zwischen medialen und lateralen Temporallappenbereichen unterbrochen. Dies könnte wichtig sein, wenn man sich an die auf S. 116 beschriebenen Patienten rückerinnert, die zum Teil laterale Temporallappenschäden hatten, die ihre Konsolidierungsfähigkeiten beeinträchtigten.

Zusammen mit den Ergebnissen von Patienten mit selektiver retrograder Amnesie und latero-temporalen Hirnschäden und denen von Patienten mit medialen Temporallappenschäden und weitgehend erhaltenem Altgedächtnis sprechen diese Daten für eine Unabhängigkeit des Altgedächtnisses von hippocampalen oder allgemein limbischen Hirnstrukturen.

Wenn man einer limbischen Struktur eine bleibend notwendige Beteiligung beim Abruf aus dem Altgedächtnis zusprechen will, dann der Amygdala. Diese Beteiligung bezieht sich auf die gefühlsmäßige Bewertung gespeicherter Information, was mit der Vernetzung von Affekt und Kognition beim Abruf zeitlich weit zurückliegender Episoden begründet wird und der Beobachtung, dass Patienten mit massiven Abruflücken im biographischen Gedächtnis in der Regel eine emotionale Verflachung zeigen.

In Box 9 sind Beispiele aus jeweils unterschiedlichen Fallbeschreibungen aufgeführt, die diese emotionale Nivellierung verdeutlichen. Die Bedeutung der Amygdala für den emotional besetzten Gedächtnisabruf ist aber nicht dahingehend zu interpretieren, dass sie über Jahrzehnte die emotionalen Anteile des kognitiven Altgedächtnisses speichert oder lagert, sondern als ein „re-charging"-Mechanismus, ähnlich dem Wiederaufladen einer Batterie.

Die Vorstellung ist also, dass interne oder externe Reize als Anstoßreize zur Aktivierung primär neocorticaler Netzwerke dienen, die den Kerninhalt der Information speichern. Deren Aktivierung zieht dann – sofern es sich um eine affektbesetzte Episode handelt – die Aktivierung (das „re-charging") der Amygdala (und weiterer Emotionen verarbeitender Strukturen) nach sich. Auf diese Weise kommt es dann nachfolgend zu einer kompletten Ekphorierung der einstmals gespeicherten Information (vgl. in Kap. 2 auf S. 83 zum Stichwort ‚Ekphorie').

Die Abschwächung intensiver Gefühle

Die bei Patienten mit neurologisch oder psychiatrisch bedingten Gedächtnisstörungen besonders eklatant hervorstechende emotionale Abschwächung findet sich aber auch regelmäßig im Alltag aller Menschen. So wie die Phänomene von Reizanpassung und Gewöhnung (vgl. Kap. 3, S. 97 f.) auf sensorischer Ebene allgemein bekannt sind, findet sich auch auf emotionaler Ebene recht durchgängig eine Verringerung, wie in dem von Daniel Kahnemann, Edward Diener und Norbert Schwarz 1999 herausgegebenen Buch mit dem Titel ›Well-being: The foundations of hedonic psychology‹ dokumentiert wird.

Selbst der Aufenthalt in Gefängnissen und Kriegsgefangenenlagern wird nach relativ kurzer Zeit als erträglich eingestuft und emotional relativiert. Gleiches findet sich auch bei „Glückspilzen" wie Lottomillionären, und selbst tragische Unglücksfälle wie Querschnittslähmungen pendeln sich gefühlsmäßig nach einigen Monaten ein. Den Gewöhnungseffekt

Box 9: Beispiele von Charakterisierungen von Patienten mit organisch bedingter oder funktioneller Amnesie*, die auf eine emotionale Verflachung hindeuten

(übersetzt nach einer englisch verfassten und an anderer Stelle veröffentlichten Tabelle des Autors)

‚... cerebrale Dysfunktion auf Grund von Hirnschäden resultiert in einer vergleichsweise selektiven Unfähigkeit, emotional besetztes Material abrufen zu können.‘

‚Die höchst konstante Stimmung des (auf Grund eines Hirninfarktes) amnestischen Patienten unterstrich den Eindruck von Somnambulismus.‘

‚Emotionale Verflachung ist eine häufige Begleiterscheinung von Patienten mit retrograder Amnesie, sowohl von solchen mit organischen Hirnschäden wie von Amnestikern psychogener Natur.‘

‚Während der Interviews mit dem Psychiater zeigte sich seine soziale Verschlossenheit dadurch, dass er nahezu immer eine bestimmte Distanz zu seinem Gegenüber hielt und sich nur ganz selten auf eine wärmere, emotionalere Konversation einließ.‘

‚... wiederholt bemerkte er, dass Lebensereignisse für ihn von weit geringerer Bedeutung seien als für seine Frau und seine Kinder.‘

‚Seine Erinnerungen erschienen flach.‘

positiver Reizung findet man auch beim Essen oder beim Geschlechtsverkehr, wo in manchen Lehrbüchern der „Coolidge-Effekt“ als Beispiel angeführt wird, der besagt, dass insbesondere bei Männern Sexualverkehr mit der gleichen Partnerin über die Zeit an Attraktivität verliert, was angeblich biologisch determiniert ist, weil sich der männliche Fortpflanzungserfolg bei wiederholter Paarung mit der gleichen Frau nicht mehr mehren lässt, während die Ablenkung der Libido auf andere Frauen mehr Erfolg verspricht. (Von dem Herrn Coolidge wird berichtet, dass seine Frau ihn bei der Besichtigung einer Hühnerfarm auf die Aktivität des Hahns aufmerksam machte, an der er sich ein Beispiel nehmen solle. Er habe als Antwort darauf hingewiesen, dass der Hahn eine wesentlich größere Auswahl und Abwechslung in Bezug auf seine Partnerinnen habe. Ich erlebte einst eine ähnliche Szene in der Ebene von Pagan in Birma: Zusammen mit drei Touristinnen saß ich auf einem Pferdefuhrwerk, dessen Fahrer plötzlich anhielt, um mit einer jungen einheimischen Frau zu schäkern. Auf den Einwurf einer meiner Begleiterinnen, er sei doch verheiratet, erwiderte er: „When you always have fish, you sometimes want chicken.“)

Anzufügen bleibt vielleicht, dass im Alltag der emotionelle Nivellierungseffekt wohl auch Ausnahmen kennt, die sich bei wiederholtem Trinken eines guten Weins oder in Kunst- oder Literaturgenuss zeigen.

Sinn und Substrat der Unterscheidung von Gedächtnissystemen

Die Differenzierung in unterschiedliche Gedächtnissysteme ist vor allem aus neurophysiologischer (z. B. funktionelle Bildgebung) und neuropsychologischer Sicht sinnvoll. Wie in Kap. 2 auf S. 88f. aufgeführt und diskutiert, sind die vier wesentlichen Langzeitgedächtnissysteme das episodische Gedächtnis, das Wissenssystem, das prozedurale Gedächtnis und die Priming-Form des Gedächtnisses.

Obwohl die Differenzierung in Gedächtnissysteme erst in den letzten beiden Dekaden die Gedächtnisforschung bestimmte, existierten seit langem Ansätze zu einer Unterscheidung oder Abgrenzung einzelner Systeme. So beschrieb man beispielsweise schon kurz nach der Jahrhundertwende nebenbei oder unbewusst verarbeitete Informationen und propagierte die Methode der partiellen Bilddarbietung, die dem heutigen Priming entspricht. Andere Wissenschaftler verwendeten Puzzles zur Diagnostik („prozedurales Gedächtnis") oder differenzierten zwischen erhaltenen Sprach- und Rechenfähigkeiten sowie Kenntnissen des täglichen Lebens bei andererseits stark beeinträchtigtem autobiographischem Gedächtnis. Um die Wende zum 19. Jahrhundert wurden Termini wie Mneme kreiert, um dem Rechnung zu tragen, dass Erinnerungsbilder nicht als Bewusstseinsphänomene gedacht werden müssen, und man traf damit auch schon eine Einteilung in bewusste und unbewusste Gedächtnisformen.

Obwohl es aus experimentalpsychologischer Perspektive von nicht unerheblichem Interesse ist, in unterschiedliche Gedächtnissysteme zu untergliedern, kommt meiner Meinung nach die Hauptrechtfertigung von den kognitiven Neurowissenschaften. Insbesondere im neuropathologischen Bereich zeigte es sich, dass Patienten selektive Störungen in einem, aber nicht oder nur unwesentlich in anderen Gedächtnisbereichen hatten. Auf dieses Gebiet soll im nächsten Kapitel eingegangen werden.

5. Gedächtnisstörungen nach Hirnschäden und Korrelate funktioneller Bildgebung

Neuropsychologische Erkenntnisse für die Existenz unterschiedlicher Gedächtnissysteme

Die Neuropsychologie oder allgemeiner die (kognitiven) Neurowissenschaften haben die Möglichkeit, die Richtigkeit psychologischer Theorien durch die Untersuchung der Hirnebene zu bestätigen oder wahrscheinlich zu machen. Gerade die moderne funktionelle Bildgebung (vgl. Punkt 6 in Box 7 zu funktioneller Bildgebung) ermöglicht Differenzierungen in unterschiedliche Gedächtnissysteme, indem sie zeigt, dass sowohl die Einspeicherung als auch der Abruf episodischer Information an distinkte Netzwerke gebunden sind, die beispielsweise für das episodische Gedächtnis andere Hirnregionen (oder Regionen der jeweils anderen Hemisphäre) umfassen als für das Wissenssystem.

Es gibt dabei Konstellationen von Hirnschäden, die beispielsweise die Neueinspeicherung von episodischer Information und Wissensinformation unmöglich machen. Andere Konstellationen von Hirnschäden beeinträchtigen massiv die Möglichkeit, Information aus dem episodischen Gedächtnis abzurufen. Analoges lässt sich für die anderen Gedächtnissysteme zeigen (s. hierzu auch die Beschreibung von Tulvings SPI-Modell zu Anfang von Kapitel 4). Auf derartige Fallbeispiele soll im Folgenden eingegangen werden. Sie zeigen, ein welch buntes und teilweise in seiner Spezifität frappierendes Spektrum an Gedächtnisstörungen nach selektiven Hirnschäden auftreten kann, und machen deutlich, wie das Gehirn bei der Verarbeitung von Information – zwischen Einspeicherung und Abruf – arbeitet.

Außerdem soll auf Erkenntnisse aus der funktionellen Bildgebung (vgl. hierzu die Methodenbeschreibung unter Punkt 6 in Box 7 auf S. 82) hingewiesen werden, die die Unterteilung in verschiedene Gedächtnissysteme unterstützen.

Der Fall E. E. – Selektive Störung des Kurzzeitgedächtnisses bei erhaltenem Langzeitgedächtnis

Selektive und anhaltende Störungen des Kurzzeitgedächtnisses treten äußerst selten auf und sind auch auf Anhieb wenig verständlich, weil man meint, ohne eine vorhergegangene kurzfristige Gedächtniseinspeicherung könne es zu keiner nachfolgenden Langzeiteinspeicherung kommen. Dies ist dennoch der Fall, insbesondere, wenn die Kurzzeitgedächtnisstörung nicht alle Modalitäten* (Auge, Ohr etc.) umfasst und wenn man – was man offensichtlich muss – annimmt, dass Kurzzeit- und Langzeiteinspeicherung auch getrennt ablaufen können (auch wenn dies nicht der Normalfall zu sein scheint).

Der Patient, der diesen Merkmalen genügte (selektive Kurzzeitgedächtnisstörung bei erhalten gebliebener Langzeitspeichermöglichkeit), war ein 44-jähriger Mann normaler Intelligenz. Nach Entfernung eines umschriebenen Tumors in seinem linken seitlichen posterioren Cortex und der darunter liegenden weißen Masse (s. Box 3) (etwa im Übergangsbereich zwischen Schläfen- und Scheitellappen) manifestierte sich bei ihm eine selektive Kurzzeitgedächtnisstörung. Hinzu kam eine weitgehende Unfähigkeit, Zahlen zu transkodieren. Das heißt, es gelang ihm nicht, ‚478' als Wort zu schreiben oder umgekehrt aus ‚dreihundertundvierunddreißig' eine Folge arabischer Ziffern zu machen. Andererseits hatte er keine Schwierigkeiten, Kalkulationsaufgaben zu erledigen und andere Tests, die die Verarbeitung von Zahlen betrafen, zu bewältigen.

Fälle wie dieser zeigen somit, dass Patienten selektive und schwerwiegende Defizite allein mit kurzfristiger Verarbeitung von Information haben können. Wir haben den Patienten an anderer Stelle näher beschrieben (Markowitsch, Kessler, Kalbe et al. 1999b).

Der Fall A. B. – Verloren gegangene Neugedächtnisbildung

Bei dem Patienten A. B. handelt es sich um einen älteren Herrn, der auf den unvoreingenommenen Außenstehenden einen jovialen, aber zugleich resoluten Eindruck macht. Man sieht ihm sozusagen an, dass er früher als Chefarzt einer Universitätsklinik tätig war. Heute ist er hilfloser als ein dreijähriges Kind. Vor mehr als einem Jahrzehnt (vom Zeitpunkt der von uns durchgeführten Untersuchung an zurückgerechnet) erlitt er einen Schlaganfall, der zu einer nur millimetergroßen Schädigung ziemlich zentral in der Hirnmitte führte – einen beidseitigen thalamischen Infarkt. Dieser zog sein Gedächtnis so weit in Mitleidenschaft, dass er aller Voraussicht nach bis an sein Lebensende unfähig bleiben wird, Informationen zu speichern, die für sein persönliches Leben wichtig sind. Dies geht so weit, dass er Personen auch nach Tagen häufigen Kontakts nicht wiedererkennt. Über den behandelnden Chefarzt etwa mutmaßte er, er könne Kollege sein oder aber auch der Bundeskanzler. Die Zeit ist für ihn stehen geblieben: Fragt man ihn nach dem Jahr, in dem wir leben, nennt er gleichbleibend das Jahr seiner Hirnschädigung.

A. B. wurde wiederholt intensiv neuropsychologisch und neuroradiologisch untersucht, wobei sich seine Hirnschädigung und sein Verhalten als weitgehend gleichbleibend erwiesen. Seine Intelligenz, seine Aufmerksamkeits- und kurzfristigen Behaltensleistungen (weniger als eine Minute) waren überdurchschnittlich gut. Gleiches galt für seine Fähigkeit zur Konzeptbildung und für seine geistige Anpassungsfähigkeit. (Konzeptbildungstests bestehen z.B. darin, einen Oberbegriff zu finden, z.B. ‚Obst' für Banane und Apfel, oder das Gemeinsame in mehreren Bildvorlagen zu entdecken.)

Sein Gedächtnis schätzte er als gut ein, er habe lediglich Probleme, sich Witze oder Träume zu merken. Tatsächlich „vergaß" er Gesehenes im Nu und war unfähig, sich irgendwelche Ereignisse zu merken. Gleichgültig, welche der gängigen Gedächtnistests man ihm vorlegte, er war in allen auf niedrigstem Niveau, außer, wie oben geschrieben, auf der Ebene des Kurzzeitgedächtnisses. Hier konnte er auch 7, einmal sogar 9 Ziffern rückwärts wiederholen, eine Leistung, die man normalerweise nicht erreicht. Meine Annahme, warum er hier so gut abschnitt, ist, dass nicht-hirngeschädigte Personen neue Information gleichzeitig in ihr Langzeitgedächtnis zu übertragen versuchen. Da sein Gehirn ihm auf Grund der Schädigung einer sog. „Flaschenhalsstruktur" nicht ermöglichte, die Information in das Langzeitgedächtnis zu übertragen („Diskonnektionssyndrom"; vgl. Box 3 und Kap. 4 auf S. 109), blieb die Information (die 7 resp. 9 Ziffern) allein und ohne Interferenz im Kurzzeitgedächtnis und damit ganz kurzfristig gut, dagegen langfristig überhaupt nicht erhalten.

Trotzdem war andererseits seine Erinnerung an frühe Lebensereignisse nicht verloren gegangen. Im Gegenteil: Vielleicht bedingt dadurch, dass seit Jahren keine neue Tatsachen in sein Gehirn gelangten, waren die alten umso präsenter. Er konnte spontan die Namen seiner Schullehrer nennen, ebenso wie die Straße und den Ort, wo er als Kind gewohnt hatte. Episoden aus etwa der letzten Dekade vor seiner und solche nach seiner Hirnschädigung waren dagegen nicht präsent.

Entsprechend der Vorstellung, dass wir nicht eine einheitliche Art von Gedächtnis haben, sondern mehrere Systeme (s. Abb. 9), die jeweils durch andere Hirnstrukturen verarbeitet werden, untersuchten wir, ob A. B. in der Lage ist, sich Informationen mittels anderer als des episodischen Gedächtnissystems anzueignen. Um sein Gedächtnis für prozedurale Fertigkeiten zu testen (Fertigkeiten, die durch relativ monotone Übungen antrainiert werden und nach dem Training weitgehend automatisch ablaufen), gaben wir ihm 160 in Spiegelschrift geschriebene Wörter zu lesen, von denen wir die knappe Hälfte wiederholt darboten. Wie sich herausstellte, beschleunigte sich dabei mit zunehmender Übung im Spiegelschriftlesen die Identifikationsschnelligkeit überhaupt und darüber hinaus insbesondere die für die wiederholt dargebotenen Wörter (ein Phänomen, das natürlich auch bei Nicht-Hirngeschädigten auftritt). Gleichwohl gab der Patient auch am zweiten und dritten Tag der Testung an, nie zuvor mit dieser Aufgabe konfrontiert worden zu sein.

Analog testeten wir (Markowitsch et al. 1993) an A. B., ob er noch über ein Priming-Gedächtnis verfügte. Priming (deutsch etwa: Prägung oder Bahnung) stellt – wie in Kap. 2 auf S. 88 beschrieben – eine Gedächtnisform dar, bei deren Verarbeitung sich die Person der vorausgegangenen Informationsaufnahme nicht bewusst erinnert (s. Abb. 9).

Dieses untersuchten wir mit verbalem und nicht-verbalem Material. Auf verbaler Ebene sollten Wortanfänge zuvor gehörter (aber auf bewusster – episodischer – Ebene natürlich gleich wieder „vergessener") Wörter ergänzt werden, oder es mussten Hauptwörter altbekannter Sprichwörter u. Ä. ergänzt werden (z. B. ‚Sie starben mit *Mann* und … *Maus*'). Auf nichtverbaler Ebene sollte er wiederholt dargebotene unvollständige Bilder erkennen und wiedererkennen. Hierzu wurden ihm 20 Bilder von Objekten, Tieren oder Pflanzen jeweils in zehnfacher Abstufung von ganz unvollständig (einzelne Striche) bis vollständig dargeboten, und er musste möglichst frühzeitig erraten, um welches Objekt es sich handelte. Diese Bildserie wurde vier Tage lang täglich dargeboten. Seine Leistung in dieser Bilderkennaufgabe verbesserte sich dabei kontinuierlich von Mal zu Mal um 11 bis 12%, ohne dass ihm bewusst war, den Test zuvor schon gemacht zu haben. A. B.s Testergebnisse sind in Abbildung 17 wiedergegeben, in der auch Beispiele der Testbilder zu sehen sind.

Auch in den Wortergänzungsaufgaben steigerte sich A. B., ohne dass ihm je bewusst geworden wäre, mit der Information schon früher konfrontiert gewesen zu sein. Diese Tests zeigen, dass A. B. auf nicht-episodischer Ebene Gedächtnisinhalte aufbauen kann, wenngleich nicht abgeschätzt werden kann, ob und ggf. inwieweit ihm diese Art der Informationsverarbeitung für sein Alltagsleben nützt, da sie (für ihn) nicht auf bewusster Ebene abläuft und damit nicht willentlich in sein Wissensrepertoire einbaubar ist.

Festzuhalten ist bei A. B. – was in der Weise typisch für einen Amnestiker ist –, dass (a) seine Intelligenz erhalten blieb, (b) sein Kurzzeitgedächt-

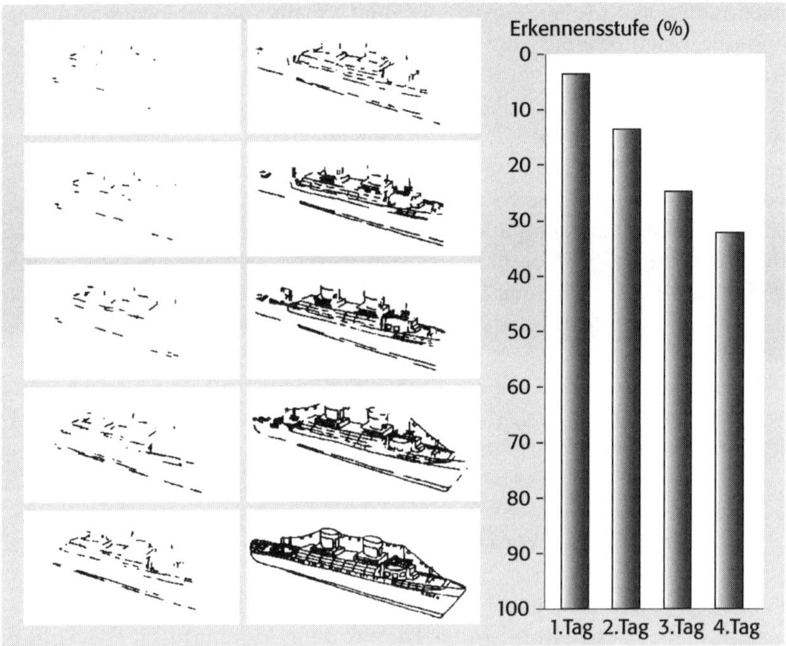

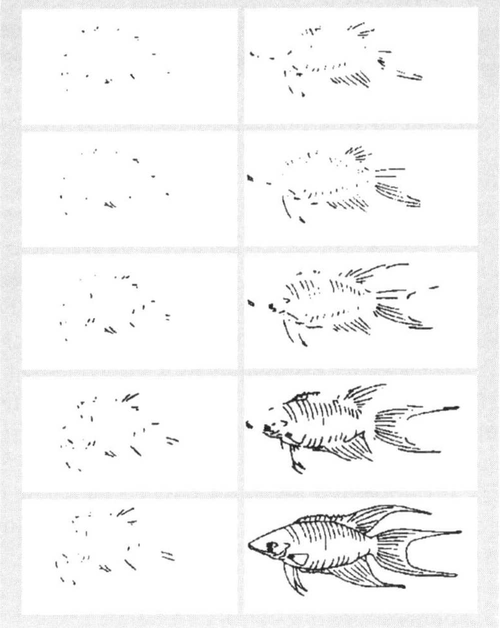

Abb. 17: Beispiele für Primingbilder (links) und die Gedächtnisleistung eines Patienten über einen Zeitraum von 4 Tagen. Die Ordinate zeigt, dass der Patient sich jeden Tag um über 11% in seiner Leistung verbesserte.

nis erhalten blieb, (c) er eine massive und anhaltende Unfähigkeit zur bleibenden Neuaufnahme von episodischer und allgemein deklarativer Information hat und (d) sein Altgedächtnis (weitgehend) erhalten ist. Die Hirnschäden derartiger Patienten finden sich entweder im medialen Schläfenlappen – wie bei H. M., der im Kap. 1 auf S. 27 beschrieben wurde – oder, wie bei A. B., im medialen Zwischenhirn. Man spricht deswegen im Fachjargon auch von medialer Temporallappen-Amnesie und von diencephaler Amnesie. Zu den Patienten mit diencephaler Amnesie werden auch die im Kap. 1 auf S. 58 beschriebenen Korsakow-Patienten gezählt, wenngleich diese zum Teil auch Stirnhirnschäden zeigen und deswegen auch eine zusätzliche Stirnhirnsymptomatik sowie eine teilweise retrograde Amnesie.

„Umgekehrte“ Fälle mit erhaltener Fähigkeit zur Neueinspeicherung von Information bei gestörter Abruffähigkeit aus dem Altgedächtnis sollen im Folgenden beschrieben werden.

Der Fall E. D. – Verschwundenes episodisches Altgedächtnis

In Spielfilmen findet sich immer wieder einmal das Thema eines Menschen „ohne Gedächtnis“ (oder besser: ohne Erinnerung): Ein Unfall, Hirnschaden, danach ist „nichts mehr da“ an Erinnerungen – oder es kommt eine bruchstückhafte, manchmal bedrohlich wirkende, traumartige Mischung aus dem „Unterbewussten“ herauf, deren Einordnung in den jetzigen Lebensablauf nicht gelingen will. Solche Menschen existieren tatsächlich.

Der Fall eines vierundvierzigjährigen, von uns vier Jahre nach seiner Hirnschädigung untersuchten Industriemanagers, hier mit E. D. abgekürzt, stellt einen dieser seltenen Patienten dar. E. D. war in seinem Urlaub beim Ausreiten mit dem Kopf gegen einen dicken Ast geprallt, unter dem er offensichtlich hindurchreiten wollte, was einen beidseitigen, aber hauptsächlich rechts in der Schläfenlappen- und Stirnhirngegend gelegenen Hirnschaden verursachte. Konsequenz des Hirnschadens war ein bleibender umfassender Verlust seiner persönlichen Vergangenheit – er konnte weder entferntere Verwandte als solche erkennen, noch wusste er, was früher zu seinen beruflichen Tätigkeiten gehört hatte, noch konnte er sich an persönliche Besitztümer aus seinem vor dem Hirnschaden liegenden Leben erinnern. (Inwieweit er nahe Verwandte spontan erkannte oder relativ schnell lernte, sie als solche anzusehen, war nicht mehr eruierbar. Vermutlich zeigte er ihnen gegenüber ein diffuses ‚Familiaritätsgefühl‘, ohne sie richtig einordnen zu können.)

Mit anderen Worten, es handelte sich um einen Patienten, der auf der Ebene seines autobiographischen Wissens weitgehend vor dem Nichts stand, der aber durchaus noch auf Schulwissen zurückgreifen konnte, sich im Alltag selbst unter Benutzung eines eigenen Autos zurechtfand und der auch in der Lage war, sich Wissen jeder Art neu und bleibend anzueignen.

Der Patient konnte beispielsweise angeben, dass der Kilimandscharo in Tansania liegt, wusste aber nicht, dass er selbst ihn vor seinem Unfall erklommen hatte. (Tatsächlich liegt der Kilimandscharo sowohl in Tansania als auch in Kenia, sein Gipfel wird normalerweise aber nur von Tansania aus erreicht.) Auch wusste er nicht mehr, dass er sehr gut Italienisch sprach, befolgte dann aber zu seiner eigenen Überraschung Anweisungen, die er auf Italienisch erhielt. Oder: Er hatte sich früher eine antike Taschenuhr gekauft, die er seit seinem Unfall nicht mehr angerührt hatte. Als man sie ihm präsentierte, erkannte er sie nicht als seine eigene, war aber auf Anhieb in der Lage, die komplizierte Deckelmechanik zu öffnen.

Diese Beispiele zeigen, dass sein Wissenssystem erhalten war (er konnte auch weiterhin problemlos lesen, schreiben und rechnen), ebenso sein prozedurales und Priming-Gedächtnis, nicht aber sein episodisch-autobiographisches Altgedächtnis. Hinzu kam eine zumindest partielle emotionale Verflachung – seine Frau war ihm offensichtlich gleichgültiger als sein Auto (oder die Möglichkeit, es zu fahren).

Die Hirnschäden bei diesem Patiententypus liegen meist in einem Bereich der rechten Hirnhälfte, wo Teile des unteren Stirnhirns und des vorderen Schläfenlappens betroffen sind. Diese beiden Hirnregionen sind über einen in beide Richtungen verlaufenden Faserstrang (den Fasciculus uncinatus) miteinander verbunden.

Während es sich bei E. D. um einen der inzwischen schon zahlreicher beschriebenen Patienten mit selektiver retrograder episodischer Amnesie handelt, ist der nun folgende Patiententypus sehr selten – P. C., ein Patient mit erhaltenem episodischem Gedächtnis oder massiv gestörtem Wissenssystem.

Der Fall P. C. – Verschwundenes Wissenssystem

Vor noch nicht allzu langer Zeit stießen wir auf P. C., einen schon fast pensionsreifen Patienten mit normalem episodisch-autobiographischem Gedächtnis, aber schwerer und chronischer Amnesie für Weltwissen oder Kenntnisse über die Welt. Der Patient hatte vier Jahre vor unserer Untersuchung eine traumatische Hirnschädigung erlitten, die zu einer Unfähigkeit führte, sich an Alltagsdinge zu erinnern. Der durchschnittlich intelligente Patient war nicht depressiv, hatte jedoch auch leichte anterograde

Gedächtnisstörungen und zeigte leichtere Verhaltensstörungen in Bereichen, die vom Stirnhirn kontrolliert werden.

P. C. zeigte somit eine Dissoziation zwischen erhaltenem episodischem Gedächtnis und gestörtem Weltwissen. Diese Dissoziation führen wir (Markowitsch, Calabrese et al. 1999a) darauf zurück, dass bei ihm die Hirnschädigung Teile des linken Stirnhirns und des linken vorderen Schläfenlappens umfasste. Zwei weitere Patienten mit gleichartiger Symptomatologie und gleichartigen Hirnschäden wurden von italienischen Arbeitsgruppen beschrieben.

Eine dieser Patientinnen konnte z.B. über den Zweiten Weltkrieg gar nichts sagen, wusste nichts über Moros Ermordung, die Kaperung der Achille Lauro durch Palästinenser oder über Mussolini, Hitler, Stalin oder Gaddafi. Wagner und Mozart waren für sie Politiker, Garibaldi, Greta Garbo oder Dante konnte sie gar nicht zuordnen. Auch ihre Kochkünste litten darunter, dass sie die Zutaten nicht mehr zuordnen oder bewerten konnte. Sie verwechselte Essig und Öl und gab zu Spaghetti keine Tomatensoße. Andererseits war die Ebene reiner Fertigkeiten gut erhalten (z.B. Teig für Ravioli kneten, Auto fahren, Schreibmaschine schreiben, die Waschmaschine bedienen).

Funktionelle Bildgebung zur Bestimmung gedächtnisrelevanter neuronaler Netze

Die funktionelle Bildgebung hat die Sicht, wie unser Gehirn funktioniert, insbesondere wie es kognitive Reize verarbeitet, massiv beeinflusst. Im Grundsatz hat sie sowohl Befürwortern wie Gegnern lokalisationistischer Sichtweisen Argumente geliefert. Die Gegner betonen, dass nahezu jede Form von Reizung und Verarbeitung auf Hirnebene eine Vielzahl von Regionen auf den unterschiedlichsten Ebenen des Gehirns aktiviert, die Gegner stützen sich auf die innerhalb der funktionellen Bildgebung – gleichgültig, ob man PET (Positronen-Emissions-Tomographie) oder fMRI heranzieht (vgl. Box 7, Pkt. 6) – am häufigsten angewendete Subtraktionsmethode. Bei dieser wählt der Versuchsleiter zwei Versuchsparadigmen, die sich stark ähneln, aber in dem für die Fragestellung wichtigen Punkt unterscheiden, und subtrahiert die Hirnaktivität, die bei Anwendung des einen, meist einfacheren Paradigmas entsteht, von der, die auf das meist komplexere entstanden ist. Ein Beispiel: Eine Versuchsperson muss innerhalb einer verzögerten Alternierungsaufgabe eine Vielzahl von Wahlreaktionen ausführen – zweimal links drücken, zweimal rechts drücken, dann wieder zweimal links drücken usw. (s. unter Kap. 3, S. 92:

Konditionierungsversuche) –, wobei nach jeder Reaktion während einer Verzögerungszeit behalten werden muss, wie die nächste Reaktion auszusehen hat (also z.B. ‚Ich habe jetzt zweimal links gedrückt, also beim nächsten Mal rechts drücken'). Dies sei Paradigma A. Bei Paradigma B muss genauso zwischen zweimal links und zweimal rechts alterniert werden, nur fehlt die Verzögerungszeit (oder ist wesentlich geringer). Dann wird die Hirnaktivität von B von der von A subtrahiert. Dies kann man pro Versuchsperson, im Endeffekt aber auch über alle Versuchspersonen machen und bekommt so eine durchschnittliche Hirnaktivierung auf das Merkmal „Verzögerung(szeit)". Durch diese Subtraktion bleiben in der Regel nur noch wenige signifikant unterschiedlich aktivierte Hirnregionen übrig, was die „aufgeklärten, moderaten Lokalisationisten" als Unterstützung für ihre Sichtweise nehmen.

Im Folgenden will ich einige Beispiele dafür geben, wie Untersuchungen mittels funktioneller Bildgebung die Sichtweise über Gedächtnisverarbeitung auf Hirnebene bestimmten.

Stirnhirn und Informationsabruf

Zwei der überraschendsten Ergebnisse der ersten Untersuchungen mittels funktioneller Bildgebung waren, dass (1) der Abruf von Information aus dem Gedächtnis das Stirnhirn aktiviert und (2) der Abruf episodischer Information das *rechte* Stirnhirn aktiviert. Bis zu den neunziger Jahren des letzten Jahrhunderts dachte man, das Stirnhirn habe primär mit sog. exekutiven Funktionen (s. den letzten Satz von Box 7) und nicht mit Gedächtnis zu tun (aber siehe S. 134f.). Zum zweiten dachte man, dass Gedächtnis, insbesondere natürlich verbales Gedächtnis, hauptsächlich mit der linken Hirnhälfte – also der, bei der bei den allermeisten Menschen auch die Sprachregionen ihren Sitz haben – assoziiert sein müsse. Nun zeigten die mittels Positronen-Emissions-Tomographie (PET) gewonnenen Resultate, dass der Abruf kürzlich neu gelernter episodischer Reize (neben ein paar anderen Regionen) Teile des rechten Stirnhirns aktivierten. (Umgekehrt führte der Abruf aus dem Wissenssystem zu einer Aktivierung im linken Stirnhirn, und zur Einspeicherung von sowohl episodischer wie Wissens-Information wurde dieses ebenfalls aktiv.)

Spätere Untersuchungen unserer Arbeitsgruppe erbrachten dann die Erkenntnis, dass solche episodische Gedächtniswiedergaben, die sich auf besonders altes Material (z.B. aus Kindheit und Jugendzeit, zumindest aber Monate und Jahre zurückliegend) bezogen und die damit auch in der Regel stark affektiv besetzt waren, über Stirnhirnregionen hinaus noch den vorderen Schläfenlappen aktivierten und damit genau die Regionen, deren Schädigung oder Verletzung die Unfähigkeit, alte autobiographische Erlebnisse abzurufen, zur Folge hatte. Somit ergab sich eine sehr schöne Konvergenz von den Ergebnissen aus Patientenstudien mit Läsionen frontotemporaler Gebiete der rechten Hirnhälfte und den Resultaten an Normalprobanden (Nicht-Hirngeschädigten), die mittels funktioneller Bildgebung untersucht wurden. Diese Ergebnisse sind in Studien von E. Tulving und Mitarbeitern (1994) und von G. Fink und Mitarbeitern (1996) niedergelegt.

Überraschenderweise zeigte dann auch noch ein Patient mit einer psychisch bedingten Abrufblockade bezüglich seiner Vergangenheit eine *links*hemisphärische Aktivierung, wenn man ihn an seine Biographie erinnerte (s. Kap. 6, S. 148; Markowitsch, Fink et al. 1997a).

Spezielles zum Abruf autobiographischer Information

Nachdem wir herausgefunden hatten, dass episodischer Gedächtnisabruf ein Netzwerk aus Stirnhirnanteilen und Anteilen des Schläfenlappens aktiviert – einschließlich der für emotionale Kolorierung der Information wichtigen Amygdala (vgl. Kap. 1, S. 26 und S. 27) –, wollten wir drei weitere Fragestellungen in diesem Zusammenhang mit Hilfe der Methoden der funktionellen Bildgebung untersuchen: zum einen, ob es einen Unterschied gibt zwischen positiven (fröhlichen, erfreulichen) und negativen (traurigen, ärgerlichen) Erlebnissen, zum zweiten, ob frühe Erlebnisse woanders aktiviert werden als spätere (= jüngere), und zum dritten, ob erfundene, aber dennoch emotiv klingende Episoden, die jemand erzählt, in seinem Hirn andere Regionen aktivieren als tatsächlich erlebte Episoden.

Positive gegenüber negativ erlebten Episoden

Wir fanden, dass im Grundsatz Regionen, die manche Autoren als erweitertes Limbisches System (s. Box 3) zusammenfassen und zu denen dann noch Anteile des Stirnhirns – nämlich der orbitofrontale Cortex – gehören, bei positiv wie bei negativ bewerteten Erinnerungen aktiviert werden, dass aber die positiv bewerteten Erinnerungen mediale Anteile des orbitofrontalen Cortexes aktivieren und die negativ bewerteten laterale. Darüber hinaus aktivierten positiv, aber nicht negativ erlebte Episoden noch den Hippocampus und die Amygdala.

Diese Ergebnisse machen deutlich, dass unser Gehirn spezielle Möglichkeiten hat, Erlebnisse nach der Art ihres Affektes zu differenzieren.

Erlebnisse aus der jüngeren gegenüber Erlebnissen aus der älteren Vergangenheit

Ähnlich wie in Bezug auf die Art der Emotion fand sich auch ein Unterschied hinsichtlich des Alters einer gespeicherten biographischen Information. Nur jüngere Erinnerungen aktivierten noch den Hippocampus und den sog. retrosplenialen Cortex*; den Hippocampus, weil diese Erinnerungen noch so frisch waren, dass sie beim Abruf erneut eingespeichert werden mussten („Re-Enkodierung"), den retrosplenialen Cortex, weil diese im hinteren, mittleren Teil des Gehirns (schräg hinten oberhalb des Balkens, innerhalb des Gyrus cinguli; vgl. Abb. 3) gelegene limbische Cortexregion zum einen für bildhaftes Vorstellen wichtig ist und zum anderen – wie wir in einer anderen Studie fanden – für die Dimension Bekanntheit von Bedeutung ist. (Dies hatten wir herausgefunden, indem wir in einem funktionellen Kernspin-Paradigma [fMRI] Versuchspersonen zwischen bekannten und unbekannten Gesichtern und bekannten und unbekannten Stimmen unterscheiden ließen; die Dimension Bekanntheit war immer mit einer retrosplenialen Aktivierung verbunden.)

Insofern zeigen unsere Ergebnisse, dass unser Gehirn Unterschiede macht zwischen länger zurückliegenden – aber gemerkten – und weniger lange zurückliegenden Ereignissen.

Erfundene gegenüber wirklich erlebten Ereignissen

Von ganz besonderem Interesse war für uns die Frage, ob wir die Methoden der funktionellen Bildgebung – ähnlich wie in dem schon kurz auf S. 116 erwähnten Paradigma einer psychisch bedingten Abrufblockade – als „Lügendetektor" einsetzen könnten. Hierzu baten wir Versuchspersonen, analog zu früheren Experimenten, Erlebnisse aus ihrer Vergangenheit zu erinnern und zu berichten. Daneben und darüber hinaus baten wir sie aber auch, sehr ähnlich klingende „Erlebnisse" zu erfinden und zu berichten. Diese gedachten Erlebnisse sollten ebenfalls emotional klingen und für den Außenstehenden nicht von den „echten", tatsächlich erlebten, unterscheidbar sein. Hier berichtete dann ein junger Mann zum Beispiel, wie er nach dem Abitur ohne Wissen seiner Eltern mit seiner Freundin nach Australien „ausgerissen" war, dort nachts beim Trampen überfallen wurde und schließlich seinen Eltern telegrafieren musste, dass er arm und ohne Geld mit seiner Freundin in der australischen Wüste stecke.

Was wird nun auf Hirnebene aktiviert, wenn man sich einmal an tatsächlich Erlebtes erinnert und einmal an kurz zuvor erfundene „Episoden"? Wie sich herausstellte, aktivieren nur die „echten" Erlebnisse die schon von früheren bildgebenden Studien bekannten Regionen in Stirnhirn und Schläfenlappen, einschließlich der Amygdala. Die erfundenen

Episoden dagegen aktivieren lediglich die eben schon genannte retrospleniale Region, die für bildhaftes Vorstellen wichtig ist und damit für die Funktion, die ja auch insbesondere dann zum Tragen kommen muss, wenn man Erlebnisse erfindet.

Auch diese Studie half uns somit, die Regionen und Netzwerke auf Hirnebene herauszuschälen, die an der Erinnerung unserer Vergangenheit zentral beteiligt sind (Markowitsch et al. 2000).

Weitere Zusammenhänge zwischen Gedächtnis, Gedächtnisteilfunktionen und Gehirn

Die oben geschilderten wenigen Beispiele demonstrieren, dass die funktionelle Bildgebung für die Erforschung des Gedächtnisses und seiner neuroanatomischen Grundlagen mehr darstellt als eine wichtige Ergänzung. Trotzdem möchte ich noch einmal auf Ergebnisse aus anderen Bereichen der Gedächtnisforschung zurückkommen, die mit konservativen Verfahren erhalten wurden. Hierbei will ich insbesondere Gedächtnisstörungen bei den gängigen, altersabhängigen neurologischen „Zivilisationskrankheiten" – Parkinson'sche Krankheit*, Alzheimer-Demenz und transiente globale Amnesie – ansprechen.

Morbus Parkinson und Morbus Alzheimer – Gedächtnisabbau auf unterschiedlichen Ebenen

Zu den bis heute nicht kurierbaren Krankheiten, die im mittleren und späteren Lebensalter auftreten, zählen die Parkinson'sche und die Alzheimer'sche Krankheit. Die Ursache der Parkinson'schen Krankheit in ihrer Hauptform ist bislang nicht bekannt. Die Krankheit entsteht meist zwischen dem fünften und sechsten Lebensjahrzehnt und manifestiert sich zuerst durch ihre motorische Symptomatik – Rigor (Muskelstarre), Tremor (Muskelzittern) und Akinese (Bewegungsarmut) werden deshalb die Grundtrias der Parkinson'schen Krankheit genannt. Dennoch tritt schon bald die Bradyphrenie* hinzu als eine allgemeine kognitive Verlangsamung. Diese äußert sich – da die Parkinson'sche Krankheit vor allem die Basalganglien und damit subcorticale Regionen betrifft – in Aufmerksamkeitsdefiziten und in Defiziten im Bereich des prozeduralen Gedächtnisses.

Anders sieht es aus, wenn man sich die Alzheimer'sche Krankheit vornimmt. Hier ist in erster Linie der cerebrale Cortex betroffen und Gedächtnisstörungen im klassischen Sinne gehören zu den Primär- und Grundsymptomen. Tatsächlich darf man nur dann von der Alzheimer'schen Demenz sprechen (die streng genommen sowieso nur *post mortem* sicher diagnostiziert werden kann), wenn Gedächtnisstörungen vorliegen, die über die sog. altersbedingte benigne Vergesslichkeit hinausgehen.

Patienten mit degenerativen Erkrankungen fallen durch weitreichende Veränderungen in ihrem Verhalten auf, wobei Gedächtnis nur ein Aspekt unter mehreren ist. Dennoch lässt sich bei der Parkinson'schen Krankheit aufzeigen, wie unzureichende Aufmerksamkeits- und Konzentrationsfunktionen und beeinträchtigte exekutive Funktionen sich auf eine Reihe von Gedächtnisleistungen negativ auswirken. In diesem Zusammenhang verweise ich auf die schon am Ende von Box 7 unter den neuropsychologischen Methoden angesprochene Differenzierung in freien Abruf, Abruf mit Hinweisreizen und Wiedererkennen.

Beim ‚freien Abruf' fragt man z.B.: „Wie heißt die Königin von Spanien?", beim ‚Abruf mit Hinweisreizen' würde man die Frage „Wie heißt die Königin von Spanien?" wiederholen und z.B. hinzufügen: „Fängt mit I an." Und unter Wiedererkennbedingungen wäre die Vorgabe: „Wie heißt die Königin von Spanien: Beatrix, Elizabeth, Fabiola, Isabella oder Sylvia?"

Bei Parkinson-Patienten zeigt sich – ähnlich wie bei Frontalhirngeschädigten –, dass die Information noch „im Kopf" ist, dass aber die Anstrengung oder Eigeninitiative, an diese heranzukommen, gestört ist. Abbildung 18 zeigt dies sehr klar für Frontalhirngeschädigte gegenüber Nicht-Frontalhirngeschädigten.

Parkinson-Patienten sind darüber hinaus eine spezielle Gruppe Hirngeschädigter, weil bei ihnen häufig das deklarative Gedächtnis noch weitgehend erhalten ist, das prozedurale Gedächtnis aber durch die Basalganglіendysfunktion zunehmend und ab einem mittleren Krankheitsstadium stark beeinträchtigt ist. Parkinson-Patienten haben insbesondere Probleme bei Fragestellungen, die motorische oder „denkmotorische" (d.h. planerische) Akte verlangen. Ein Beispiel ist der sog. Turm von Hanoi (Abb. 19).

Bei Alzheimer-Patienten andererseits lässt sich wahrscheinlich machen, dass durch den zunehmenden corticalen Abbau nicht nur die Abrufmechanismen bei noch vorhandener Information beeinträchtigt sind, sondern hier geht die früher gespeicherte Information schlicht verloren und das zunehmend „löchrige" Gehirn ist auch nicht mehr in der Lage, Netzwerke zu rekrutieren, um neue Information bleibend einzuspeichern.

Man könnte hier noch Patienten mit weiteren degenerativen Krankheitsbildern anführen, die häufig zu ebenso einschneidenden Gedächtnis-

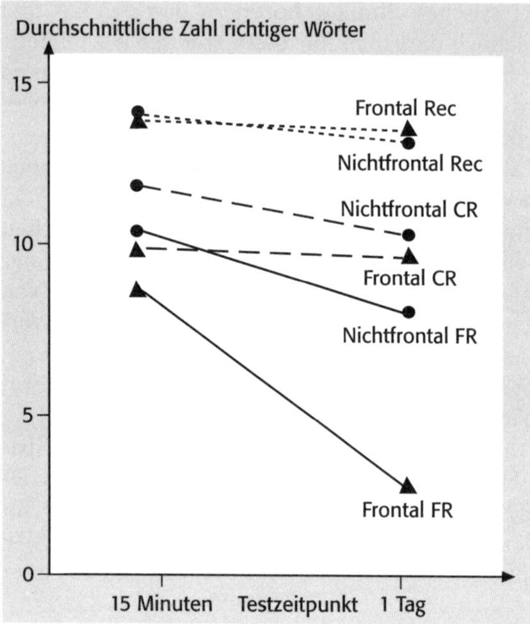

Abb. 18: Vergleich von Abrufleistungen von frontalhirn- und nichtfrontalhirngeschädigten Patienten unter verschiedenen Abrufbedingungen: freiem Abruf (FR), Abruf mit Hinweisreizen (CR) und Wiedererkennen (Rec), zum einen 15 Minuten nach Lernen und zum anderen nach einem Tag. Nach einem Tag sinkt die Leistung der Frontalhirngeschädigten selektiv, vermutlich, weil sie nicht ausreichend Eigeninitiative entwickeln, um an die Information heranzukommen.

beeinträchtigungen führen wie bei den oben genannten Krankheitsbildern. Ich will hierauf jedoch an dieser Stelle verzichten und nur noch einmal betonen, dass auch Krankheitsbilder, die zu umfassenderen oder diffuseren Hirnschäden führen und zu solchen, die sich „dynamisch" verändern (verstärken), für die wissenschaftliche Forschung von Interesse sind.

Transiente globale Amnesie – stressbedingte Blackouts älterer Leute

Die transiente globale Amnesie (TGA) gehört zu den ätiologisch noch wenig verstandenen Krankheitsbildern, was sicher nicht zuletzt an ihren Charakteristika liegt – eine kurze Dauer und in der Regel ein Auftreten erst im letzten Lebensdrittel (Markowitsch 1990). Hauptmerkmal ist, wie der Name sagt, eine vorübergehende, aber umfassende Amnesie, die allerdings stärker den anterograden als den retrograden Gedächtnisbereich umfasst.

Eine enge Definition für TGA ist die folgende, die mindestens vier Kriterien voraussetzt, um von TGA sprechen zu können:

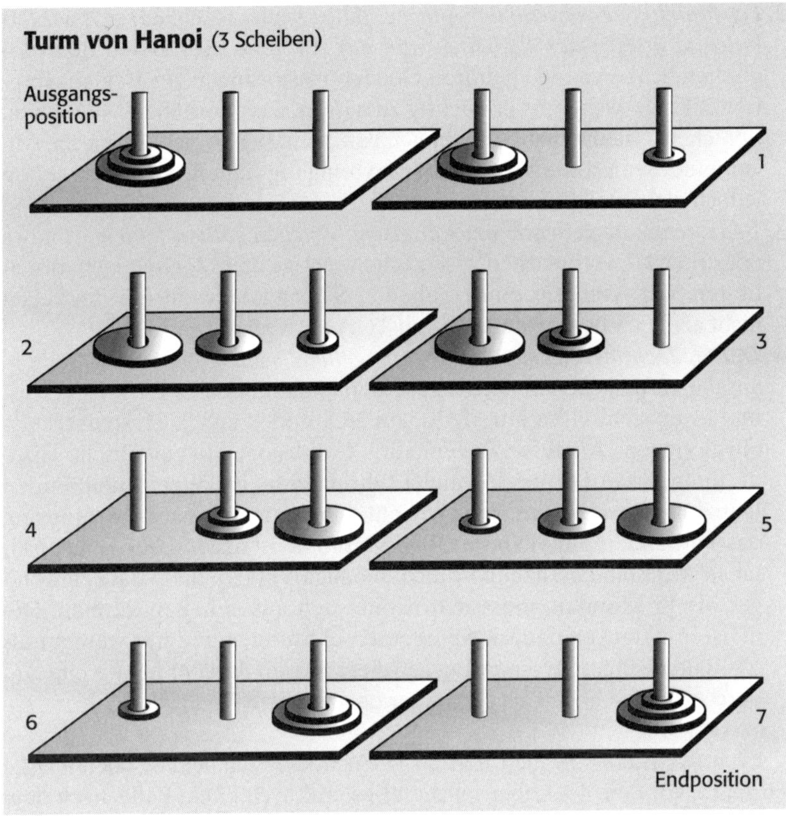

Abb. 19: Der Turm von Hanoi. Aufgabe ist es, die Scheiben von dem linken auf den rechten Pfahl zu legen, wobei immer nur eine Scheibe pro Zug bewegt werden darf und nie eine größere Scheibe über einer kleineren zu liegen kommen darf. Gezeigt wird eine optimale Lösungssequenz anhand der Dreischeibenversion.

1. *Information über den Beginn der Attacke sollte existieren, am besten durch mehrere Personen, die zu diesem Zeitpunkt mit dem Patienten zusammen waren und dies zu bezeugen in der Lage sind.* Posttraumatische und epilepsiebedingte Amnesien sollen mit diesem Kriterium ausgeschlossen werden. Patienten, die allein waren, könnten gefallen sein oder sich den Kopf angestoßen haben, was die Erinnerung an Zeit und Umstände beeinträchtigen oder auslöschen mag. Epilepsie geht ebenfalls häufig mit zum Teil längeren Amnesieperioden einher.

2. *Dysfunktionen während der Attacke sollten begrenzt sein auf sich wiederholende Fragen des Patienten und auf Amnesie.* Bei vielen neurologischen Schädigungen gehören Gedächtnisstörungen zur Begleitsymptomatik. Deswegen ist es wichtig zu wissen, dass Vorgänge wie Gehen, Sprechen, Gliedmaßenbewegungen usw. nicht beeinträchtigt waren. Allgemeine Symptome wie Schmerz, Stuhlgang haben, Kopfweh gelten jedoch nicht als TGA-ausgrenzend.
3. *Bedeutende begleitende neurologische Zeichen sollten fehlen.* Tumore oder Infarkte verursachen zusätzliche wichtige neurologische Abnormalitäten; mit Amnesie einhergehende Schlaganfälle dürfen deswegen nicht als TGA bezeichnet oder mit TGA verwechselt werden.
4. *Der Gedächtnisverlust sollte vorübergehend sein.* Amnestische Schlaganfälle verursachen in der Regel einen anhaltenden Gedächtnisverlust und lösen sich selten innerhalb von 24 Stunden auf. Auch strukturelle Hirnläsionen (Abszesse, Enzephalitis, Contusionen [traumatische Hirnprellungen mit Hirnverletzung]) führen zu meist länger anhaltenden Defiziten. Diese Abgrenzung bezieht sich nur auf massivere Störungen, das Vorhandensein kleinerer Restsymptome ist akzeptabel. Eine absolut strikte Zeitabgrenzung ist nicht möglich. Dauern die Attacken weniger als 15 Minuten, muss man Epilepsien ausschließen können. Die meisten Attacken dauern weniger als 12 Stunden und nur weniger als 5% halten länger als einen Tag an (diese mögen darüber hinaus eine andere Ätiologie haben als die kürzer dauernden).

Charakteristika: Die allermeisten TGAs finden sich bei Personen um die 60 Jahre, vor dem 40. Lebensjahr gibt es praktisch kaum Fälle, nach dem 80. auch recht wenige, was aber an der allgemeinen Alterssterblichkeit und an den in diesem Alter weniger beachteten vorübergehenden kognitiven Defiziten liegen dürfte.

Während man früher der Meinung war, dass sich Attacken kaum wiederholen, lassen sich bei genauerer Recherche Hinweise für ein gehäuftes Auftreten finden. In diesen Studien werden zum Teil in einem Viertel der Fälle wiederholte Attacken gefunden. Es kann angenommen werden, dass eine gewisse Prädisposition vorliegt, die zum Teil nur deswegen nicht dokumentiert wurde, weil (a) die Patienten nicht über Jahre von der gleichen Klinik betreut wurden, (b) die Lebenserwartung im Alter des Auftretens der ersten Attacke meist nur noch gering war und (c) auf Grund der altersbedingten Zunahme der Krankheiten und der häufig noch verminderten Erwartung an die intellektuelle Leistungsfähigkeit im Alter TGAs nicht in allen Fällen beachtet und als solche einer Diagnostik (und Behandlung) zugeführt werden.

Risikofaktoren für TGA sind Bluthochdruck, Krankheiten der Herzkranzgefäße, vorausgehende Schlaganfälle, Transiente Ischämische Attacken (TIAs, „vorübergehende Blutarmut"), Diabetes oder periphere vaskuläre Erkrankungen.

Eher einig ist man sich hinsichtlich TGA-auslösender Faktoren. Diese lassen sich grob in physische und psychische Stressfaktoren untergliedern. Hierzu zählen emotionaler Stress, Schmerz, Angiographie*, Geschlechtsverkehr, physische Aktivitäten, Eintauchen in kaltes Wasser, heiße Bäder oder Duschen und Kraftfahrzeugfahren. Diese Zusammenstellung ist etwas unsystematisch, verdeutlicht aber, verbunden mit der Tatsache der Altersabhängigkeit, dass es sich in allen Punkten nahezu immer um stressbezogene Ereignisse handelt oder um solche, die das Blutgefäßsystem plötzlich massiv beeinflussen. A. S. Brown (1998) fand in seiner Metaanalyse von 2482 TGA-Patienten, dass emotionaler Stress in 14,5% der Fälle und physischer Stress in 69,5% der Fälle der Attacke vorausging. Routineaktivitäten wie Essen oder Fernsehen fanden sich in 9,5%, medizinische Prozeduren in 5,3% und Medikamenteneinnahmen in 1,2% der Fälle.

Prognose: Am schwierigsten zu beantworten sind die Fragen, ob TGAs bleibende Konsequenzen haben, d.h. insbesondere zu einer intellektuellen Verschlechterung führen können und was die Ursachen von TGAs sind. Meist wird bis heute weiterhin davon ausgegangen, dass es sich bei TGA um eine folgenlose Erscheinung handelt. Diese Ansicht findet auch Unterstützung durch die meisten Untersuchungen mittels Methoden der funktionellen Bildgebung. Im Einzelfall fand sich allerdings ein anhaltender Minderstoffwechsel im Stirnhirn. Eher temporäre Stoffwechselreduktionen („Hypoperfusionen") fanden sich einerseits im Stirnhirn, andererseits aber auch bilateral in den Hippocampi und den Thalami.

Auf die Möglichkeit anhaltender Verhaltensdefizite nach TGA wiesen einzelne Studien hin. So wurden Patienten nach TGA mit verschiedenen neuropsychologischen Verfahren untersucht (Intelligenztest, mehrere andere verbale und figurale Gedächtnistests). Die TGAs waren im Schnitt 216 Tage vor dem Testzeitpunkt gelegen. Die Verwandten der Patienten hielten deren Intellekt gegenüber dem Zustand vor der TGA für gleich geblieben. Nur ein Patient meinte von sich selbst, er sei etwas konfus, wenn er zu sehr müde werde. Trotzdem ergaben sich bedeutende Minderleistungen auf Verhaltensebene, insbesondere im Bereich des verbalen IQ, im verbalen Langzeitgedächtnis und bei der Reproduktion der Rey-Osterrieth-Figur (einer komplexen abstrakt-geometrischen Figur). Betont werden sollte allerdings, dass diese Leistungen verglichen wurden mit denen von Kontrollprobanden; es ist von daher unsicher, ob die Patienten (und/oder die Kontrollprobanden) nicht doch eine etwas einseitige Selektion darstellten.

Zusammengenommen zeigen diese Ergebnisse, dass möglicherweise vorübergehende globale Attacken doch die Hirnfunktion längerfristig beeinträchtigen oder den Patienten das Gefühl geben, nicht mehr so „vollwertig“ wie vor dem Erlebnis der amnestischen Episode zu sein.

Ursachen: Vorübergehende globale Amnesien zeigen sich auch nach klar abgegrenzten Ereignissen, so bei raumfordernden Prozessen (Tumoren), in Zusammenhang mit Epilepsie oder nach leichten Kopftraumata. Ähnliche amnestische Zustände wurden nach Einnahme bestimmter Medikamente berichtet. Die Vielfalt möglicher Erscheinungsformen vorübergehender amnestischer Episoden hat zu einer beträchtlichen Anzahl an Hypothesen geführt, die ihre Entstehung zu erklären trachten. Am häufigsten diskutiert werden Zusammenhänge zwischen TGA und Migräne, TGA und Epilepsie, TGA und Ischämie* („Blutarmut“). Zum Teil wird von der Existenz mehrerer Ursachen ausgegangen, die aber meist gemeinsam Vasospasmen erzeugen können. (Vasospasmen sind eine Art Verkrampfungen von Blutgefäßen, die durch die nachfolgende temporäre Blutunterversorgung [Ischämie] die Arbeitsweise bestimmter Hirnbereiche teilweise oder vorübergehend beeinträchtigen.)

Die meisten Autoren gehen dabei von einer vorübergehenden Unterversorgung im medialen Schläfenlappenbereich aus. Für eine fokal-ischämische Genese sprechen seiner Meinung nach das vorgerückte Durchschnittsalter der Patienten, die Häufigkeit cerebrovaskulärer und kardialembolischer („Hirn und Herz betreffender“) Risikofaktoren in diesem Alter und TGA-Beispiele, bei denen vorwiegend das Vertebrobasilarissystem (tief unten an der Hirnbasis liegende Arterien) bei angiographischen Untersuchungen betroffen war. Dies erscheint mir allerdings nicht ganz schlüssig, da die TGA ja gerade „global“ genannt wird, weil sie verbale wie nicht-verbale Gedächtnisbereiche betreffen soll.

Kommt man wieder auf die funktionelle Bildgebung zurück, so finden sich im Einzelfall Blutflussstörungen beidseits im Bereich der hinteren Cerebralarterien und damit auch im Hippocampusgebiet. Andererseits fand sich im Einzelfall auch Minderdurchblutung im medialen Thalamusbereich und kombiniert mit dieser eine im Stirnhirn. Während die Minderdurchblutung im Thalamusbereich bei der nächsten Messung wieder verschwunden war, blieb sie im Stirnhirn auch noch nach Wochen bestehen. Wiederum andere Wissenschaftler entdeckten abnorm niedrige Blutflusswerte sowohl im hippocampalen wie im Thalamusbereich. Man kann aus diesen Ergebnissen zusammengenommen schließen, dass gerade die Hirnregionen, die im Limbischen System liegen und die mit der Gedächtnisverarbeitung am direktesten zu tun haben (hippocampale und thalamische Bereiche), am ehesten durch eine TGA beeinflusst werden.

Nur sehr selten gelang es, funktionell bildgebende Untersuchungen im akuten Stadium der TGA zu machen. Eine während ihrer Attacke so untersuchte 59-jährige Patientin zeigte eine ausgeprägte Dissoziation zwischen beeinträchtigtem episodischem Langzeitgedächtnis und unbewusst erhaltenen Gedächtnisleistungen. Die Autoren der Studie interpretierten ihre PET-Ergebnisse – die im Prinzip einer linkshemisphärischen Stoffwechselunterfunktion im Bereich von Stirnhirn und Schläfenlappen entsprachen – als migräneartiges Phänomen.

Diagnose: Da auch psychische Auslöser und insbesondere stark affektbesetzte Situationen zu einer TGA führen können, diese aber auch in eine sog. psychogene Amnesie münden können, ist eine Differentialdiagnose zwischen transienter globaler Amnesie und (transienter) psychogener Amnesie notwendig. Das Alter der Person, die Dauer und der Inhalt der Amnesie sind dabei die primär differenzierenden Kriterien: Psychogen Amnestische sind in der Regel jüngere Leute, die inhaltlich meist sehr selektive Gedächtnisstörungen von recht variabler Dauer haben. Fast immer sind autobiographische Daten (eigener Name u. Ä.) von der Amnesie betroffen. Tabelle 5 auf S. 142 fasst diese Differenzierungskriterien noch einmal zusammen.

Einheit und Verschiedenartigkeit von Gedächtnis

Gedächtnis ist die Kapazität des Nervensystems, von Erfahrung zu profitieren. Gedächtnis ist damit eine universale Kapazität vieler Lebensformen; diese Fähigkeit kulminiert im Menschen und in der menschlichen Gesellschaft. Das menschliche Gehirn bietet die besten Voraussetzungen für eine differenzierende Kategorisierung von Gedächtnis, die menschliche Gesellschaft ermöglicht über ihre kulturellen Traditionen eine Erweiterung und Universalisierung von Erinnerungen.

Die Idee, von mehreren Gedächtnissen oder Gedächtnissystemen zu sprechen, findet sich – wie oben schon mehrfach angesprochen – implizit schon in der frühen Forschung, explizit aber erst in Arbeiten der letzten Jahrzehnte. Eine der Grundideen der ersten Wissenschaftler, die zwischen Gedächtnissystemen differenzierten, war, zwischen prozeduralem und kognitivem Gedächtnis zu unterscheiden. Diese Zweiteilung hat bis heute Sinn. Neuerdings wird vorgeschlagen, die auf das Verhalten ausgerichteten

Tab. 5: Kurzüberblick über wesentliche Differenzierungskriterien zwischen transienter globaler und (transienter) psychogener Amnesie

	Transiente globale Amnesie	*Psychogene Amnesie*
Auftreten	abrupt, psychische oder physische Auslöser	plötzlich, nach spezifischen emotionalen Ereignissen
Ausmaß	begrenzt auf den Gedächtnisbereich (anterograd und – geringer – retrograd)	primär auf den autobiographischen Bereich beschränkt (z. B. eigener Name)
Verhalten	konfus, aber keine/kaum neurologische Zeichen	zielgerichtet, realitätsorientiert
Remission/ Erholung	vollständige, oder annähernd vollständige Auflösung, abgesehen vom Zeitraum der Attacke	im Regelfall vollständige Erholung
Dauer	unter 24 Stunden („Definition")	zwischen Tagen und Monaten (unter Umständen noch länger)

Gedächtnisformen als prozedural zu bezeichnen und diejenigen, die man als Gedanken ausdrücken kann, als kognitiv. Eine Bejahung der Frage, ob man das Produkt des Gedächtnisakts im Sinn behalten kann, zeigt die kognitive, eine Verneinung die prozedurale Form des Gedächtnisses an.

Dieser Zweiteilung hat unter Umständen zumindest für den kognitiven Gedächtnisbereich eine weitere Untergliederung zu folgen, nämlich die in das Arbeitsgedächtnis, das perzeptuelle (reizaufnehmende) Repräsentationssystem, das Wissenssystem und das episodische Gedächtnis. Die Begründung für die Unterteilung in unterschiedliche Gedächtnissysteme ergibt sich für die eher experimentell ausgerichteten Psychologen aus der Unterscheidung der Attribute, die zur Charakterisierung nötig sind, für den Neuropsychologen aber mehr noch aus den Zuordnungsmöglichkeiten zu unterschiedlichen neuralen Netzen, die bei den Prozessen von Einspeicherung und Abruf beteiligt oder unbeteiligt sind.

Eine weitere Differenzierung ist die in ‚explizites' und ‚implizites' Gedächtnis. Explizit meint hier bewusst verarbeitet, implizit unbewusst verarbeitet. Für den Abruf bedeutet eine explizite Erinnerung damit die Bewusstmachung einer Beziehung zwischen dem gegenwärtigen Gedanken (und der gegenwärtigen Aktion) und einem spezifischen früheren Gedanken (oder einer Aktion). Expliziter und impliziter Abruf stellen keine eigenständigen Gedächtnissysteme dar, sondern sind Abrufformen auf unterschiedlichen Bewusstseinsebenen.

Auch die Überführbarkeit eines Gedächtnissystems in ein anderes ist – entsprechend dem auf S. 103 beschriebenen SPI-Modell – grundsätzlich nur für den Abruf gegeben. Dies macht es andererseits so schwierig, bei Patienten mit episodischer Amnesie Neulernen zu erreichen. Gleichwohl mag auch in diesen Fällen die Differenzierung in Erinnern und Wissen oder „vertraut sein mit" von Nutzen sein und damit die bewussten oder unbewussten mentalen Erfahrungen, denen erfahrungsinduzierte physikalische Änderungen auf Hirnebene vorausgingen.

6. Beeinflussung des Gedächtnisses durch Psyche und Umwelt

Die Einwirkungen und Auswirkungen von Stress auf das Befinden und die Leistungsfähigkeit von Individuen sind inzwischen in zahllosen Publikationen beschrieben. Auf dem Gebiet der Neuropsychologie stellen sich dabei insbesondere die Fragen, ob sich Stresserfahrungen auch auf die Hirnebene auswirken, ob Stress zu Fehlwahrnehmungen und Fehlinterpretationen der Umwelt führen kann (etwa in Form von „False memories"), ob Stress Ursache oder nur Begleitumstand für Krankheitsbilder sein kann, ob Stress altersabhängig unterschiedliche Auswirkungen hat, welche Ähnlichkeiten und Unterschiede zwischen psychosozialem Stress und anderen Stressformen bestehen (z. B. durch Kälte, Hitze oder Lärm verursachter Stress) und ob es mittels diagnostischer Techniken möglich ist, zwischen vorgetäuschten und wirklichen stressbezogenen Leistungsänderungen differenzieren zu können.

Schon im Alltag kennen wir negative Auswirkungen von Stress: Zu diesen zählen eine verengte Sichtweise (im realen und übertragenen Sinne), eine reduzierte Verfügbarkeit von Verhaltensalternativen, Gedächtnisblockaden und weitere Einschränkungen im kognitiven Leistungsbereich. Inwieweit Stress sich auf Gedächtnis und hierbei wiederum auf unterschiedliche Gedächtnissysteme und Gedächtnisinhalte auswirken kann, soll vor allem anhand von Einzelfallberichten erläutert werden. Zuvor wird aber kursorisch auf Stress als Regulationsmechanismus im körperlich-seelischen Wirkgefüge eingegangen.

Stress

Das Stresskonzept wurde wesentlich in den 30er und 40er Jahren des vorigen Jahrhunderts von Hans Selye aufgestellt. Stress ist grundsätzlich eine Reaktion des Organismus auf erhöhte Anforderungen der Umwelt. Die Grundreaktionen des Körpers sind dabei eine (vermehrte) Ausschüttung von Stresshormonen (insbesondere Glucocorticoiden) auf Hirnebene und eine Erhöhung von Pulsfrequenz, Atemfrequenz, Blutdruck sowie eine Verengung der Pupillen. Stressreaktionen haben insbesondere dann ihren Sinn und ihre Berechtigung, wenn es um die unmittelbare Abwehr körperlicher Gefahren geht oder wenn für einen begrenzten Zeitraum ein Leistungshoch erreicht werden soll – hier wird auch von Eustress gesprochen. Stressreaktionen sind somit im Wesentlichen archaischer Natur und fördern das individuelle Überleben. Die mit Stress einhergehenden biologischen Vorgänge müssen sich nicht zwangsläufig schädigend auf das kognitive Leistungsspektrum auswirken, sondern nur dann, wenn Stressreaktionen zeitlich eng aufeinander folgen oder wenn sie von stark belastender Natur sind. In diesen Fällen kommt es zu einem schädigenden Ungleichgewicht zwischen Mineralcorticoiden und Glucocorticoiden.

Auf Körper- und Hirnebene wird Stress über die sog. Hypothalamo-Hypophysen-Nebennierenachse gesteuert; diese reguliert vor allem die Ausschüttung von Stresshormonen. Stress und die durch ihn verursachte Ausschüttung von Stresshormonen (Glucocorticoiden) werden als mögliche Mechanismen der Hirnalterung angesehen und als die neuronale Kommunikation, die im Extremfall eine toxisch-zerstörende Wirkung haben kann.

Von Porter und Landfield (1998) wurden die in Abbildung 20 gezeigten Zusammenhänge zwischen Stress und Alterung und die Mechanismen zwischen Stress und hippocampaler Schädigung propagiert. Diese und weitere Autoren betonen in ihren Ausführungen, dass Stress neurotoxisch wirken kann, was inzwischen vielfach im Tier- und Humanbereich belegt ist. Darüber hinaus werden mannigfache Änderungen im Transmitter- und Hormonhaushalt bei anhaltenden Stresszuständen beschrieben. Kürzlich wurde nachgewiesen, dass die Zuführung größerer Dosen von Cortisol die Gedächtnisleistung im direkten und verzögerten freien Abruf signifikant beeinträchtigt.

Tierversuche zeigten, dass chronischer psychosozialer Stress die Nervenzellen im Bereich des Hippocampus verändert. Da der Hippocampus für die Übertragung vom Kurzzeit- ins Langzeitgedächtnis eine essentielle Struktur ist (sog. Flaschenhals), führen neuronale Schäden naturgemäß zu einer beeinträchtigten Informationsverarbeitung, die man im Einzelfall als ‚mnestisches Blockadesyndrom' bezeichnen kann. Bei nichtmenschlichen Primaten konnte gezeigt werden, dass sozialer Stress die Glucocorticoidregulation ändert und zu einem schnelleren Tod HIV-infizierter Affen führte.

Im Humanbereich existieren inzwischen Hunderte von Studien, die Zusammenhänge zwischen Stress und kognitiven Leistungsreduktionen darlegen; zum Teil wird auch über zusätzliche hirnorganische Schäden oder über metabolische Änderungen im Zentralnervensystem berichtet. Auch existieren bereits Nachweise, dass die durch psychische Traumata (z.B. lebensbedrohliche Situationen, Anblick schrecklicher Unglücke) induzierten Stresszustände die Aktivität sog. Killerzellen ansteigen lassen. Weiter-

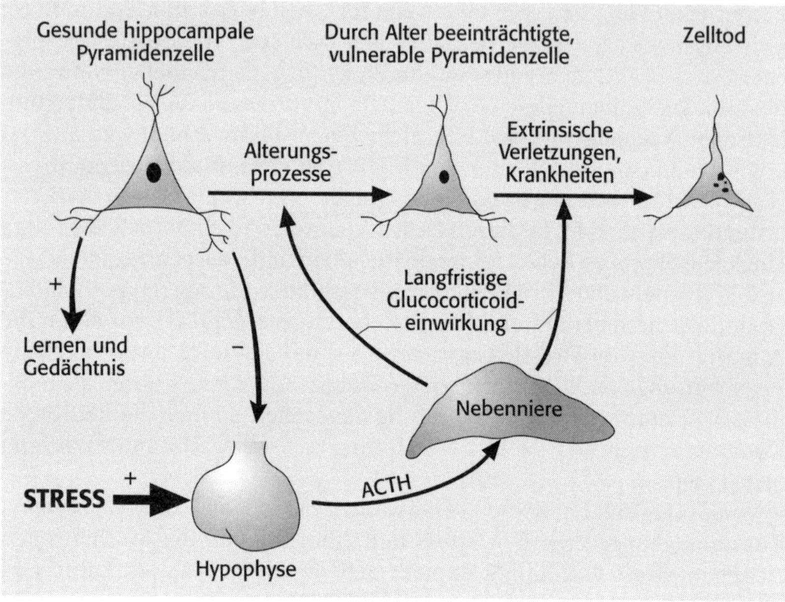

Abb. 20: Die Glucocorticoid-Hypothese kognitiver Leistungsabnahme im Alter. Stress erhöht die Freisetzung des adrenocorticotropen Hormons (ACTH), was wiederum die Nebenniere anstößt, mehr Glucocorticoide zu produzieren. Diesen Stresshormonen langfristig ausgesetzt zu sein erhöht die neuronale Vulnerabilität (Verletzbarkeit) gegenüber Prozessen von Alter, äußeren Verletzungen und Krankheiten, führt zu hippocampalem und schließlich zu kognitivem Abbau. (Nach Fig. 1 von Porter und Landfield 1998.)

hin werden enge Zusammenhänge zwischen Stress, Schmerz, Müdigkeit, Angst und Depression postuliert. Obwohl die kognitiven Änderungen bei langfristigen Stress- und Depressionszuständen nicht identisch sind, lassen sich dennoch in vielerlei Hinsicht Parallelen aufzeigen. Inzwischen wurde sogar festgestellt, dass „Major Depression" das Hippocampusvolumen im Vergleich zu Kontrollprobanden verringert und dass Kinder depressiver Mütter ein erhöhtes Risiko für anormale Entwicklungen und Psychopathologien in sich tragen. Auch scheinen depressive Mütter die elektrische Hirnaktivität ihrer Kleinkinder beeinflussen zu können. („Major Depression" ist ein auch im Deutschen üblicher medizinischer Fachausdruck für „schwere Depression").

Insbesondere Patienten mit posttraumatischen Belastungsstörungen scheinen für diese Mechanismen in hohem Maße anfällig. Auf kognitiver

Ebene kommt es dann vor allem zu Aufmerksamkeits- und Gedächtnisstörungen, die Kurzzeitgedächtnisprozesse ebenso wie solche des anterograden und retrograden autobiographischen Gedächtnisses einschließen.

Fallbeschreibungen stressinduzierter Gedächtnisstörungen

Die pathologische Gedächtnisforschung hat in der Psychiatrie einen älteren und breiteren Hintergrund als in der Neurologie. Um die Wende zum 20. Jahrhundert wurden – wie bereits im ersten Kapitel beschrieben – schon zahlreiche Patienten mit „hysterischen Zuständen“, „Wanderlust“, „multiplen Persönlichkeiten“ und weiteren in der Psychiatrie angesiedelten Syndrombildern beschrieben, die vor allem durch einen Gedächtnisverlust im retrograd-autobiographischen Bereich gekennzeichnet waren.

Trotzdem galt bis in die Gegenwart, dass man streng zwischen organisch und psychisch bedingten Amnesien trennen müsse. Analysiert man das Persönlichkeitsprofil von Patienten mit selektiver oder weitgehend selektiver retrograder Amnesie nach Hirnschaden, so findet man sie häufig in ihrem Persönlichkeitsbild verändert, vor allem emotional verflacht (vgl. Box 9). („Selektive retrograde Amnesie“ bedeutet, dass diese Patienten nicht auch noch anterograd amnestisch sind.) Gleiches trifft für Patienten mit sog. psychogenen Amnesien zu, d.h. für Patienten, die ohne organisch manifeste Hirnschädigung (in der Regel durch Krebs, Schlaganfall, Verletzungen oder Degenerationen [Absterben von Nervenzellen] ausgelöst), aber durch u.U. nachweisbare psychische (in der Umwelt und/oder in ihrem Geisteszustand zu suchende) Erscheinungen amnestisch wurden. Auch lassen sich ja – wie in Kap. 5, S. 123ff. beschrieben – inzwischen eine Reihe von Patienten finden, die mit manifestem Hirnschaden in einem bestimmten Netzwerk (Teile des rechten Stirnhirns und des rechten vorderen Schläfenlappens) nicht mehr in der Lage sind, autobiographische Erinnerungen abzurufen, aber noch sehr wohl fähig sind, sich neue Information bleibend anzueignen – wenngleich sie diese Information in der Regel ohne sonderliche Emotionen aufnehmen und abspeichern.

Ich vermute, dass Patienten mit psychisch bedingten Abrufstörungen in dem gleichen neuralen Netzwerk Störungen haben, die in ihren Fällen allerdings durch eine biochemisch geänderte Empfänglichkeit für einkommende oder wegführende Signale führt. Bedingt ist diese Störung durch die Belegung der dort befindlichen neuronalen Rezeptoren durch die ausgeschütteten Stresshormone statt durch normale Überträgerstoffe. Auf der Basis dieser Postulate soll im Folgenden ein neues Krankheitsbild, das mnestische Blockadesyndrom, vorgestellt werden, bei dem es um eine Unfähigkeit gedächtnisbezogener Informationsverarbeitung ohne eine manifeste organische Grundlage geht.

Der Fall N. N.

N. N. ist ein typisches Beispiel für einen sog. psychogenen Fugue-Zustand (Amnesie mit zusätzlichem Drang, den Heimatort zu verlassen). N. N. behauptete, alle Ereignisse seines bisherigen Lebens vergessen zu haben – er sei, wie er sagte, hinsichtlich seiner persönlichen Lebensumstände wie neu geboren, ihm fehlten „die Bilder", die für uns „normale" Menschen unsere Vergangenheit widerspiegeln. Dies kam so: Statt Brötchen zu holen fuhr N. N. mit dem Fahrrad mehrere Tage den Rhein entlang. Er wusste nicht, wer er war, sah, wie er es beschrieb, beim Blick in Schaufenster ein ihm fremdes Gesicht. In einer Großstadt angekommen wurde er in eine psychiatrische Klinik aufgenommen, wo er angab, sein Gedächtnis verloren zu haben – insbesondere kannte er seinen Namen nicht mehr und konnte über seine Herkunft keine Angaben machen. Das Leben begann für ihn neu – er verlor Asthma und Allergie und bekam in der Klinik einen neuen Namen (N. N.). Als er über eine Vermisstenanzeige schließlich „entdeckt" und nach Hause zurückgebracht wurde, war nicht nur dieses Zuhause für ihn fremd, ja z. T. vom Wohngeschmack ungemütlich, sondern auch Frau und Kinder waren ihm unbekannt; er glaubte, man wolle ihn verkuppeln. Schließlich fügte er sich in die neue Situation, erlernte „seine Vergangenheit" neu und, wie er angab, so, als lerne man Schulwissen. Von leicht überdurchschnittlicher Intelligenz war er auch ohne Probleme in der Lage, sich schnell ein beträchtliches neues Wissensrepertoire anzulegen, z. B. auch die Groß- und Kleinschreibung von Wörtern neu zu erlernen. Sein (semantisches) Gedächtnis für Fakten aus den bei unserer Testung mehr als acht vergangenen Monaten seit seinem Fluchtzustand war hervorragend, der Zugang zu den davor liegenden Erlebnissen, d. h. zu seinem episodischen Leben, blieb verborgen.

Aufschluss über die neurale Verarbeitung seiner Vergangenheit erbrachte eine Untersuchung mittels Positronen-Emissions-Tomographie (PET). Wir erfragten von N. N.s Frau bedeutende Erlebnisse aus seiner Vergangenheit, Episoden aus der Kindheit u. Ä. Obwohl Rechtshänder, verarbeitete N. N. im Gegensatz zu nicht-hirngeschädigten Vergleichsprobanden alle Information über seine persönliche (ihm aber nicht bewusst zugängliche) Vergangenheit vorwiegend mit seiner linken Hirnhälfte (während die Vergleichsprobanden dies mit ihrer rechten taten).

Dies Ergebnis kann dahingehend interpretiert werden, dass das Gehirn eines psychogenen Amnestikers tatsächlich anders arbeitet als das eines Normalen. Das heißt, dass Information über die eigene Vergangenheit von einem psychogenen Amnestiker eher wie neutrales Wissen über die linke Hirnhälfte kodiert wird. Die Resultate zeigen darüber hinaus, dass Gedächtnisverlust oder Gedächtnisunterdrückung auch rein psychische Ursachen haben kann, sich aber dennoch in einer andersartigen neuralen Aktivität bei der Verarbeitung episodischer Information manifestiert.

Der Fall C. B.

C. B., ein Student der Computerwissenschaften, fiel dadurch auf, dass er innerhalb kurzer Zeit ohne äußere Einwirkungen nicht mehr in der Lage war, sich Informationen bleibend anzueignen (Kessler et al. 1997). Sein Kurzzeitgedächtnis dagegen war in Ordnung, er konnte sogar für eine Zeitspanne von mehreren Minuten Informationen reproduzieren, nicht aber darüber hinaus. Aus dem Altgedächtnis konnte er weiterhin offensichtlich unbeeinträchtigt gespeichertes Material abrufen. Dieser Zustand blieb über Jahre erhalten und hatte die Unmöglichkeit einer eigenständigen Lebensführung als Konsequenz. Es wurde vermutet, dass der Patient auf Grund chronischer Stresszustände (Versagensängste etc.) eine Blockierung für den bleibenden Erwerb neuer Information aufbaute. (Auf diese Weise entging er z. B. jeglichem Leistungsstress.)

Der Fall C. D.

Die Patientin hatte in ihrer Kindheit sehr stressreiche Erlebnisse durchmachen müssen, die neben Selbstmorddrohungen nächststehender Verwandter auch sexuellen Missbrauch einschlossen (Markowitsch, Thiel et al. 1997b). Als offensichtliche Konsequenz hiervon blieb ihr im Erwachsenenalter die Erinnerung an die Zeit zwischen ihrem 10. und 16. Lebensjahr verborgen. Bilder, die sie auf Anweisung ihrer Therapeutin über diese Zeit malen sollte, enthielten zum Teil für sie entschlüsselbare Erlebnisse, zum Teil aber auch nicht konkret verbalisierbare, aber emotional bewertbare „Szenen“. Es zeigte sich, dass der Anblick gerade dieser Bilder bei ihr eine starke Aktivierung Emotionen verarbeitender Hirnregionen auslöste, die mittels positronen-emissions-tomographischer Registrierungen sichtbar gemacht werden konnten.

Der Fall A. M. N.

Bei diesem Patienten ließ sich wahrscheinlich machen, dass ein frühkindlich erlebtes Schockereignis (der Patient sah als Vierjähriger, wie ein Mann im Auto verbrannte) im Erwachsenenalter bei ähnlich auftretender Konstellation (als lebensbedrohend interpretierter offener Brand im eigenen Haus) zu einer anhaltenden Blockade gedächtnisrelevanter Hirnstrukturen führte, die sich mittels Positronen-Emissions-Tomographie als reduzierter Glukoseverbrauch in diesen Arealen nachweisen ließ (Markowitsch et al. 1998). Der 23-jährige Patient hatte offensichtlich alle autobiographischen Ereignisse seiner letzten sechs Lebensjahre nicht mehr parat und konnte sich darüber hinaus keinerlei neue Information mehr einprägen. Der Zustand hielt im Prinzip auch nach einem Jahr noch so stark an, dass er weiterhin unfähig war, seinem früheren Beruf nachzugehen. Dennoch zeigten sich erste Verbesserungen seiner kognitiven Leistungen nach ca. acht Monaten, und eine nach einem Jahr durchgeführte zweite Untersuchung seines Hirnstoffwechsels mittels radioaktiver Glukose zeigte eine Rückkehr zu normalen Werten (Markowitsch et al. 2000).

Der Fall F. A.

In einem weiteren Fall zeigten sich bei einem 46-Jährigen mit mehrmonatigem Aufenthalt in verschiedenen Psychiatrischen Universitätskliniken und einer insgesamt über zweijährigen Krankengeschichte eine totale Unfähigkeit zur Neugedächtnisbildung, ein stark eingeschränktes Kurzzeitgedächtnis, Altgedächtnisstörungen, Unfähigkeit zu rechnen und Wortfindungsstörungen. Auch mittels wiederholter statischer und dynamischer bildgebender Verfahren oder mittels elektrophysiologischer Ableitungen ließen sich keine diese Störungen erklärenden Änderungen auf Hirnebene finden (Markowitsch, Kessler, Russ et al. 1999d). Gleichwohl legte seine Lebensgeschichte und der Umstand, dass seine Schwester seit Jahren wegen Depression in Behandlung ist, nahe, dass es aufgrund seiner stresshaften Lebenssituation in der Vergangenheit zu einer anhaltenden mnestischen Blockade gekommen war, die es ihm nicht einmal mehr ermöglichte, so Banales wie sein Alter oder die Vornamen der Schwestern seiner Frau abzurufen.

Der Fall T. A.

Eine 30-jährige Frau wurde von uns dreieinhalb Jahre nach einem Schleudertrauma untersucht (Markowitsch, Kessler, Kalbe et al. 1999c). Seit dem Unfallzeitpunkt war sie bleibend amnestisch, obwohl mit unterschiedlichen bildgebenden Verfahren durchgeführte Hirnuntersuchungen keinerlei Anhaltspunkt für Schäden ergeben hatten. Die Patientin war seit dieser Zeit völlig von ihrer Mutter abhängig. Sie war desorientiert hinsichtlich der Zeit, konnte sich an Ereignisse bis unmittelbar vor ihrer Hirnschädigung exzellent erinnern, wußte aber keinerlei Ereignisse aus den letzten fünf Jahren. Die Intelligenz der früheren Studentin war überdurchschnittlich; ebenso waren ihre Gedächtnisleistungen bis zu einer Zeitspanne von ein, zwei Stunden weit überdurchschnittlich gut. Danach zeigte sie aber einen rapiden Verfall ihrer Erinnerungsmöglichkeit, so dass sie jeden Morgen ohne jede Erinnerung an den vorangegangenen Tag erwachte.

Auch in ihrem Fall ist zu vermuten, dass der Unfall zu einer andauernden Blockade der Übertragung von Information ins Langzeitgedächtnis geführt hat und dass diese Blockade vermutlich durch die Freisetzung von Stresshormonen auf Hirnebene bedingt ist.

Der Fall T. X.

Eine 16-jährige Schülerin fällt beim Schlittschuhlaufen auf den Hinterkopf. Danach hat sie trotz fehlender Hirnschädigung eine vollständige retrograde Amnesie für autobiographische Episoden. Sie erkennt nicht einmal ihre Eltern wieder. Faktenwissen ist dagegen offensichtlich vollständig erhalten. Die Patientin lernt ihre Vergangenheit als neutrales Wissen.

Repression von Gedächtnis

Die oben kurz wiedergegebenen Fälle demonstrieren in großer Deutlichkeit, was als Alltagserfahrung, aber auch z. B. in der Psychoanalyse altbekannt ist: Stress kann zu Gedächtnisblockaden führen, die als Abrufblockaden zu verstehen sind. Die Information ist aller Wahrscheinlichkeit nach weiterhin im Gehirn existent, der Zugang zu ihr ist aber unterbunden. Die obigen Fälle zeigen weiterhin, dass dann, wenn diese Blockaden massiv und anhaltend sind, sie vor allem den Bereich des autobiographischen Gedächtnisses betreffen. Interessanterweise können dabei die Zeitbereiche variieren: Bei den Fällen N. N. und T. X. war nur die persönliche Vergangenheit (das autobiographische Altgedächtnis) betroffen, diese aber über die gesamte Lebensspanne. Im Fall der Patientin C. D. war „nur" der Bereich ihrer späteren Kindheit ausgestanzt, im Fall des Patienten A. M. N. nur die letzten sechs Lebensjahre. Hinzu kamen bei ihm aber anhaltende Neugedächtnisstörungen – das heißt eine sog. anterograde Amnesie. Anterograd amnestisch waren auch die anderen Fälle (Patienten C. B., F. A., T. A.).

Ein Psychoanalytiker würde dies vermutlich dahingehend interpretieren, dass die Art von Information, die für den Patienten bedrohlich wirkt, nicht mehr abrufbar ist oder nicht mehr an sich herangelassen wird. Warum dies geschieht, ist letztendlich wieder eine Frage, die von Therapeuten beantwortet werden muss. Wie dies geschehen kann, macht allerdings inzwischen die Hirnforschung deutlich, nämlich aller Wahrscheinlichkeit nach durch Änderungen in der Biochemie des Hirnstoffwechsels. Die Ausschüttung bestimmter Stresshormone kann zu deren Ankoppelung an Nervenzellen führen, die dann nicht mehr (ausreichend) freie „Ankerplätze" für ankommende Überträgerstoffe haben, so dass die zu übertragende (abzuspeichernde oder abzurufende) Information verloren geht bzw. nicht mehr präsent oder re-präsent gemacht werden kann.

Die Dauer dieser Gedächtnisblockaden kann offensichtlich variieren, ist aber – wenn man die oben genannten Fallbeschreibungen und einige darüber hinaus existierende als repräsentativ annimmt – häufig ausgeprägt lange anhaltend.

Stress und Amnesie

Derartige Fälle legen nahe, dass es grundsätzliche Ähnlichkeiten zwischen Amnesiezuständen mit nachgewiesener organischer Ursache (manifestem Hirnschaden) und fehlender organischer Ursache gibt. In beiden Zuständen kommt es häufig zu emotionalen Änderungen wie Verflachung und Gleichgültigkeit gegenüber dem Defizit.

Massive Stresszustände können die Ausschüttung von Glucocorticoiden so steigern, dass diese letztendlich den Energiestoffwechsel von Neuronen ändern, wodurch es zu neuronalen Gewebsdegenerationen insbesondere dort kommen kann, wo entsprechend hohe Rezeptordichten bestehen – der vordere Temporallappen mit Hippocampaler Formation und Amygdala sind hier an erster Stelle zu nennen. Dieser Mechanismus kann zum Neuronentod führen, kann aber durch entsprechende therapeutische Maßnahmen auch korrigiert werden.

Von mehreren Seiten wird darauf abgehoben, dass eine Prädisposition für das Entstehen von stressbedingten kognitiven Änderungen im Erwachsenenalter durch Vorgänge in der Kindheit gefördert sein könnte. So konnte beispielsweise deutlich gezeigt werden, dass früher physischer oder sexueller Missbrauch die Entwicklung des Limbischen Systems behindern kann.

Die zentrale Bedeutung der hypothalamisch-hypophysär-adrenocorticalen Achse (HHA) wird für diese Mechanismen immer wieder herausgestrichen und ungeeignete Versuche der Verarbeitung („ungeeignete Coping-Strategien") können den Ausbruch dieser Krankheitsform fördern. (Die HHA ist eine im medizinischen Sprachgebrauch übliche Bezeichnung für ein System, das vor allem für die Regulation von [Stress-] Hormonen zentral ist und das Teile des unteren Zwischenhirns – Hypothalamus, Hypophyse [s. Abb. 2] und Nebennierenrinde – einschließt.)

Auch bei depressiven Zuständen verändert sich die Glucocorticoid-Rückmeldung auf Hirnebene (und es kommt zu Änderungen in der zellulären Immunantwort). In einer umfassenden Übersicht diskutiert Aldenhoff (1997) Zusammenhänge zwischen Glucocorticoiden und Depression, wobei er allerdings darauf hinweist, dass es bei Depression zu einem „overdrive" der Kortisolantwort kommt, während es beim posttraumatischen Stresssyndrom zu einer Unterdrückung kommt. (Das posttraumatische Stresssyndrom ist eine psychische Fehlanpassung an erlittenen Stress oder erlittene Traumata.) Er folgert daraus, dass der Zeitpunkt der Stressreaktion und der Zustand des Organismus offensichtlich die Reaktionsformen bedingen, wobei zu „klären ist, welche Faktoren die unterschiedliche Differenzierung zu den verschiedenen Störungsbildern bedingen" (S. 382). Aldenhoffs Schema zur Depressionsentstehung geht von „frühem Trauma" und einer „(Re-)Aktivierung durch psychologische Mechanismen" oder „biologische Ereignisse" aus, die nach einer Latenzphase zu „vegetativ-emotional kognitiver Dissoziation" (= Auseinanderlaufen von normalerweise zusammengehörenden emotionalen und kognitiven Vorgängen oder Verhaltensweisen), „psychobiologischer Stressreaktion" und „Depression" führen.

Inzwischen verweist eine große Anzahl von Studien auf Zusammenhänge zwischen Stress und Depression und zeigt ein erhöhtes Risiko für Patienten mit posttraumatischem Stresssyndrom (PTSD)* auf, an Depression zu erkranken.

Zusammenhänge und Differenzen zwischen PTSD und Depression wurden auch von mehreren Seiten herausgestrichen. So wurde auf Ähnlichkeiten zwischen den beiden Krankheitsbildern aufmerksam gemacht (Schlaflosigkeit, Konzentrationsstörungen, soziale Zurückgezogenheit, Interessenlosigkeit), es wurden aber auch die gegenteiligen Aktivitätsänderungen in der HHA-Aktivität diskutiert. Andere Autoren betonten wiederum eine hohe Komorbidität zwischen beiden Krankheitsformen, verweisen aber auch auf Differenzen. Zukünftiger Forschung wird es vorbehalten bleiben, die Zusammenhänge zwischen depressiven Erscheinungen und stressbedingten Hirn- und Verhaltensänderungen zu klären.

Mnestisches Blockadesyndrom

Abruf- oder Einspeicherunfähigkeit sind natürlich im Endeffekt durch eine entsprechend geänderte Hirntätigkeit bedingt. Diese kann manifeste organische Ursachen in Form von direkt geschädigtem Hirngewebe haben oder kann durch Änderungen im Hirnstoffwechsel bedingt sein. Während für den Einspeichervorgang sowohl das Wissenssystem wie das episodische Gedächtnissystem betroffen sind, finden sich für Abrufvorgänge in der Regel nur Störungen im episodischen (also autobiographischen) Gedächtnissystem. Man muss dabei annehmen, dass nur der Zugang zu den abgelagerten Informationen verloren gegangen ist, diese Informationen aber noch „im Hirn" existieren („Diskonnektionssyndrom"). Man kann deswegen von einem „mnestischen Blockadesyndrom" sprechen.

Somatopsychische und psychosomatische Wechselwirkungen werden voraussichtlich in Zukunft die klinische Psychologie weit mehr tangieren, als dies bis vor kurzem absehbar war. Hierbei müssen auch die Auswirkungen von Kindheitstraumata, Panikattacken und Vergewaltigungen Beachtung finden.

Den Gedächtnisstörungen kommt dabei eine ganz besondere Bedeutung zu, wobei zwar gewisse Beziehungen zwischen verminderten Gedächtnisleistungen und Depression wahrscheinlich sind, jedoch im Einzelfall die Profile des mnestischen Blockadesyndroms nicht dem der typischen ‚Major depression' (s. S. 146) entsprechen. Es fanden sich sogar Abrufstörungen bei Patienten mit posttraumatischem Stresssyndrom, die nicht auf komorbide Depression (und auch nicht auf komorbide Zustände von Angst oder Drogenmissbrauch) zurückgeführt werden konnten.

Gleichwohl sollte man der „Funktion" von depressiven Zuständen in diesem Zusammenhang besondere Beachtung schenken. Depressionen können auch Ausdruck einer Verhaltens-Adaptation* sein und damit funktionell werden.

Depression oder Niedergeschlagenheit können durchaus als Copingprozess angesehen werden, der hilft, mit ungünstigen Situationen fertigzuwerden. In die gleiche Richtung argumentierte ich mit der Annahme, dass – ähnlich wie in psychoanalytischen Modellen – eine mnestische Blockade funktionell sein kann, sogar in Fällen mit unterliegender organischer Hirnschädigung.

Gedächtnisblockaden nach Hirnschäden und nach psychischen Traumata können – wie in den bisherigen Kapiteln gezeigt – trotz ihrer offensichtlich verschiedenen Ursachen zu gleichen Konsequenzen führen. Insofern werden Neurologie und Psychiatrie sich in Zukunft wieder stärker aufeinander zu bewegen, was auch dadurch Unterstützung findet, dass sich auch die Psychiatrie in wachsendem Maße biologischer Methoden bedient.

7. Gedächtnisdiagnostik und Gedächtnistrainingstechniken

Gedächtnisdiagnostik

Wie erfahre ich, ob jemand ein gutes, normales oder schlechtes Gedächtnis hat? Dies zu bestimmen hat die Psychologie eine Unzahl von Verfahren entwickelt, von denen ein Teil sich in sehr allgemeiner Weise mit Aspekten von Gedächtnis befasst, ein anderer Teil aber sehr speziell dazu dient, aus den gewonnenen Ergebnissen abzuleiten, was mit der so beurteilten Person zu geschehen hat, etwa ob ihre Erinnerungsfähigkeit labil und wackelig ist, ob sie an Erinnerungstäuschungen leiden könnte oder ob sie Gedächtnisblockaden oder selektierte Erinnerungslücken haben könnte. Bei vorliegenden Hirnschäden geht es insbesondere darum, ob die Fähigkeit zur Neueinspeicherung von Information („anterogrades Gedächtnis"*) gestört ist oder ob Teile aus dem Altgedächtnis nicht mehr abrufbar sind („retrograde Amnesie").

Gedächtnis in Bezug zu anderen kognitiven und intellektuellen Leistungsbereichen

Gedächtnis darf weniger noch als andere intellektuelle oder kognitive Funktionen als isolierte Funktion betrachtet werden. Nicht nur, dass Gedächtnis in Systeme und inhaltliche Facetten unterteilt werden muss, es ist auch wichtig, Gedächtnis in Relation zu anderen Leistungsbereichen zu sehen. In erster Linie ist die Lern- und Gedächtnisfähigkeit abhängig von der Aufmerksamkeits- und Konzentrationsfähigkeit eines Individuums und von seiner Basisintelligenz. Was diese angeht, wird vielfach sogar versucht, direkte Relationen zwischen Intelligenz und Gedächtnis aufzustellen. Am elegantesten ist dies in einer Gedächtnistestbatterie verwirklicht, die sich „Wechsler Memory Scale-revised" nennt und von der auch eine deutschsprachige Fassung existiert (Härting et al. 2000). Wer ein durchschnittliches Gedächtnis hat, bekommt einen Wert von 100 zugeordnet und alles, was um nicht mehr als 15 Punkte von 100 abweicht, liegt noch im Normalbereich. Dies entspricht exakt dem Wert von 100 für den

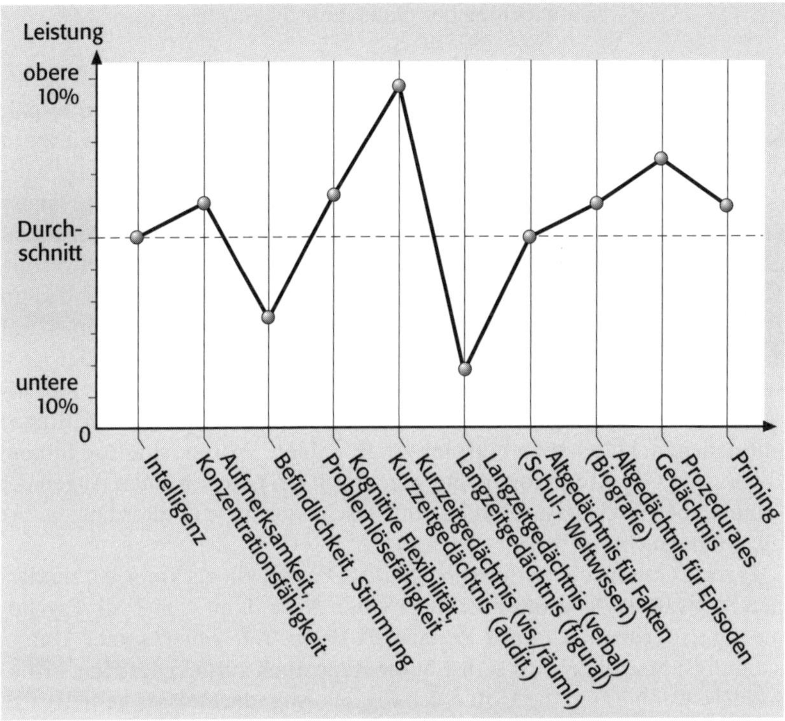

Abb. 21: Schematisch verkürzte Darstellung eines Profils zur Bestimmung der Gedächtnisleistung eines Individuums. Notwendig ist es, Gedächtnis in seinen Unterfunktionen abzubilden und die Gedächtnisleistungen in Bezug zu setzen zu Umfeldvariablen wie der Allgemeinintelligenz und der Aufmerksamkeit und Konzentrationsfähigkeit.

Intelligenzquotienten (IQ) eines durchschnittlichen Menschen (mit ebenfalls der „zulässigen" Abweichung von ± 15 Punkten).

Neben Aufmerksamkeit, Konzentrationsfähigkeit und Intelligenz spielen natürlich Stimmung, Motivation und emotionale Grundtönung (z. B. Depression) eine wichtige Rolle für die aktuelle Gedächtnisleistung eines Individuums. Bildung, sprachliche Ausdrucksfähigkeit, Denken und Problemlösefähigkeiten sind weitere Beispiele für das Gedächtnis beeinflussende Variablen. Eine gründliche Gedächtnisdiagnostik besteht deswegen aus der Erstellung eines Profils, ähnlich wie es in Abbildung 21 gezeigt ist.

Entwicklung der Gedächtnisdiagnostik

Schon im vorletzten Jahrhundert versuchten Nervenärzte die Gedächtnisleistungen ihrer Patienten zu bestimmen (wie ja auch schon in Kap. 1, S. 50f. angerissen). Dies geschah häufig in Form einfacher Interviews, in denen die Patienten nach ihrem Beruf oder ihrer Tätigkeit befragt wurden, sie alle ihnen bekannten Vierfüßer aufzählen sollten, dazu Namen von Bäumen und Vögeln. Auch sollte man Städtenamen wiederholen: „Stuttgart, Ulm, Friedrichshafen, Konstanz“, oder lange und schwierige Wörter: z.B. „Lotteriekommissionshausgesellschaft“. Bonhoeffer, dessen Arbeiten zum Korsakow-Syndrom ja schon ausführlich in Kap. 1 auf S. 60f. Erwähnung fanden, gab auch eine Anleitung, wie man bei Korsakow-Amnestikern Gedächtnis untersuchen solle: Man solle die mnestischen Fähigkeiten für alle sensorischen Modalitäten (also für alle Sinne) untersuchen, indem man beispielsweise Zahlen, Wörter, sinnlose Silben, Bilder und Objekte darbiete und wiederholt bei geschlossenen Augen die Objekte berühren lasse. Geruch und Geschmack habe er allerdings selbst nicht untersucht.

Francis Galton, ein Vetter von Charles Darwin, gilt als Vater der modernen Statistik. 1879 veröffentlichte er einen Artikel mit dem Titel ›Psychometric experiments‹ in der Zeitschrift *Brain*. Auf einige seiner Untersuchungsvorschläge wird selbst heutzutage noch zurückgegriffen, insbesondere wenn es um die Untersuchung des Altgedächtnisses geht, so z.B. auf das Vorgeben von einfachen Wörtern wie Fahne, Vogel oder Fenster, die vom Patienten mit Ereignissen aus der Vergangenheit in Zusammenhang gebracht werden sollen (Galton 1879).

1888 hielt Emil Kraepelin, ein insbesondere wegen seiner Untersuchungen zur Schizophrenie bis heute berühmter Nervenarzt, an der Medizinischen Fakultät der Universität Dorpat in Estland einen Vortrag ›Ueber den Einfluss der Uebung auf die Dauer von Associationen‹ (Kraepelin 1889). Hierin betonte er, dass Individuen selbst noch nach 1¾ Jahren viele früher gelernte Assoziationen richtig nennen konnten, obwohl sie sich teilweise nicht erinnerten, sie gelernt zu haben. Damit hatte er schon vor weit mehr als 100 Jahren (und auch noch vor Freuds entsprechenden Veröffentlichungen) auf unbewusste Erinnerungsvorgänge hingewiesen – Phänomene, die wir heute unter dem Stichwort Priming-Gedächtnis abhandeln.

Obwohl Kraepelin hauptsächlich wegen seines Buches ›Psychiatrie‹ (das 1896 schon in fünfter Auflage erschienen war) bekannt ist, hat er in vielen Bereichen der psychologischen Gedächtnisforschung gearbeitet und veröffentlicht. Beispiele hierfür sind Aufsätze mit den Titeln ›Ueber die Beeinflussung einfacher psychischer Vorgänge durch einige Arzneimittel‹ und ›Ueber die Merkfähigkeit‹.

Zu Zeiten Kraepelins entstand auch der erste Lehrstuhl für Psychologie, den der Mediziner Wilhelm Wundt innehatte. In seinem „psychophysiologischen Labor“ wurden eine Reihe Apparaturen entwickelt, um Lern- und Gedächtnisvorgänge messen und quantifizierend vergleichen zu können. Trautscholdt, ein Schüler Wundts, stellte „Experimentelle Untersuchungen über die Association der Vorstellungen“ an, die er im ersten Band der ›Philosophischen Studien‹ veröffentlichte und in denen er Wundts Leistungen als einer der drei Testpersonen beschrieb: Wundt hatte die langsamsten Reaktionszeiten der drei, aber ermüdete am wenigsten schnell.

Auf andere berühmte Namen dieser frühen Epoche wurde schon hingewiesen (z.B. auf Ebbinghaus und Brodmann). In diese Zeit fallen auch erste Untersuchungen zum Einfluss von Drogen und Stimulantien auf das Gedächtnis. Als unmittelbare Konsequenzen von Alkoholkonsum wurden Aufmerksamkeitsdefekte und eine verlangsamte Informationsverarbeitung beschrieben, während Koffein die Auffassungsfähigkeit, Informationsverarbeitungsgeschwindigkeit und Exaktheit der Wiedergabe zu steigern schien. Untersuchungen zu den Konsequenzen von Schlaf- und Nahrungsentzug folgten.

Bis heute von Bedeutung sind die im Jahre 1900 in Ergänzungsband 1 der *Zeitschrift für Psychologie* erschienenen ›Experimentellen Beiträge zur Lehre vom Gedächtnis‹ von G. E. Müller und A. Pilzecker. In diesen wurden erstmals die Phänomene der „retroaktiven und proaktiven Interferenz“ beschrieben. Hierunter ist zu verstehen, dass das Behalten früher gelernten Materials insbesondere dann beeinträchtigt wird, wenn nachfolgend aufgenommenes Material eine hohe Ähnlichkeit aufweist, bzw. für die proaktive Interferenz, dass zuvor gelerntes Material nachfolgend zu lernendes stört, wenn es diesem stark ähnelt.

Retroaktive und proaktive Interferenz werden auch heutzutage noch in der Gedächtnisdiagnostik mit untersucht, wobei man meist Wortlisten mit Wörtern bestimmter Kategorien zu lernen vorgibt. Lernt man eine Liste mit Tiernamen und dann eine zweite mit anderen Tiernamen, so ist es viel schwieriger, die Tiernamen für jede Liste getrennt wiederzugeben, als wenn die eine Liste Tiernamen und die andere beispielsweise Handwerksberufe enthält.

Gedächtnisdiagnostik im Einzelnen

Gedächtnis kann, wie jetzt schon mehrfach angeführt, auf mancherlei Weise gestört sein (s. z. B. Schacters „Sieben Sünden“ auf S. 83). Neben den eher seltenen Kurzzeitgedächtnisbeeinträchtigungen kann es zu Störungen in folgenden Bereichen kommen:

- im Erinnern weit zurückliegender Ereignisse,
- im Erinnern jüngst vergangener Ereignisse,
- im Erinnern von Erfahrungskontexten,
- im Erwerb neuer Verhaltensmuster,
- in der Durchführung erworbener Fertigkeiten,
- in der Vertrautheit mit wiederholten Erfahrungen.

Gedächtnisabrufschwächen können sich äußern als:
Merkschwäche – Vergesslichkeit – Abrufversagen – spontaner Verfall – fehlerhafte Reproduktion – Interferenzvergessen – Konfusionsvergessen – motiviertes Vergessen – Zungenphänomen – Gedächtnisblockade –Konfabulation.

Für die meisten Bereiche des Gedächtnisses gibt es etablierte Verfahren, etwa die oben schon erwähnte „revidierte Wechsler Memory Scale“, die neben einer Erfassung visueller und verbaler Langzeitgedächtnisfähigkeiten auch eine Erfassung der Aufmerksamkeit und des Kurzzeitgedächtnisses enthält. Andere Verfahren untersuchen selektiv einen Bereich des Gedächtnisses. Hierbei gilt grundsätzlich, dass es einfacher ist, den Neuerwerb von Information zu untersuchen als seit langem abgespeicherte Information zu messen. (Dennoch klagen viele Patienten, dass man bei ihnen keine Gedächtnisstörungen „finde“, obwohl sie subjektiv den Eindruck eines „schlechten“ oder „nachlassenden“ Gedächtnisses hätten. Abhilfe verspricht hier der Einsatz sog. „Alltagsgedächtnistests“, bei denen alltagsnahe Aufgaben – wie die, sich Namen oder Telefonnummern zu merken – gestellt werden.)

Es würde über die Möglichkeiten und Intentionen dieses Buches hinausgehen, einen repräsentativen Überblick über die Gedächtnisdiagnostik zu geben. Stattdessen soll im Folgenden am Beispiel der Messung des Altgedächtnisses auf Schwierigkeiten bei der Testkonstruktion und der Messung exemplarisch eingegangen und so aufgezeigt werden, mit welchen Problemen die Gedächtnisdiagnostik grundsätzlich zu kämpfen hat.

Erst in den letzten Jahren versuchte man intensiver, Testverfahren zur Messung des Altgedächtnisses zu kreieren. Bei diesen liegen die Schwierigkeiten in der Vergleichbarkeit zwischen Individuen: Auf der Ebene biographischer Erinnerungen hat jeder Mensch natürlich seine weitgehend individuell erlebten Ereignisse, die sich entsprechend schwer über einen Kamm scheren lassen. Hier hilft man sich, indem man nach solchen Ereignissen fragt, die möglichst viele Leute erlebt haben (Schulabschluss, Hochzeit, Geschwister etc.), die unterschiedliche Lebensbereiche abdecken und die die verschiedenen Lebensepochen von der Kindheit bis zur Jetztzeit erfassen.

Was das Allgemeinwissen oder Weltwissen angeht, hat man sich in einer Reihe neuerer Verfahren darauf spezialisiert, nach bestimmten Ereignissen zu fragen, die die meisten Menschen als bedeutend oder ungewöhnlich in Erinnerung haben sollten (z.B. Challenger-Unglück, Tschernobyl-Katastrophe, Terror-Anschlag auf das World Trade Center in New York). Des Weiteren wird nach berühmten Personen aus verschiedenen Zeitepochen und Lebensbereichen gefragt (z.B. Sportler, Politiker, Künstler, Schauspieler). Günstig ist es natürlich (und wird deswegen bei der Erstellung derartiger Tests angestrebt), wenn die erfragten Personen nicht über Jahrzehnte bekannt waren („Picasso"), sondern möglichst nur kurz in aller Munde waren, dann aber weitgehend in der Versenkung verschwanden (‚Kometen', Beispiel: „Sportflieger Rust"). Verfeinern ließe sich die Erinnerungsmessung auch, wenn man die erfragten berühmten Personen beispielsweise – wenn man sie bildlich zeigt – einmal in typischer und einmal in untypischer Kleidung präsentiert (Martina Hingis im Tennisdress oder im Abendkleid).

Man kann bei diesen Testverfahren natürlich wie bei anderen Gedächtnistests vielfach variieren: Freier Abruf, Abruf mit Hinweisreizen, Wiedererkennen lassen sich verbal und bildhaft testen. Man kann beispielsweise fünf Bildporträts vorgeben und fragen, wer davon Marilyn Monroe oder Madonna ist.

In Großbritannien wurde der „Tod-oder-am-Leben"-Test eingesetzt, in dem 30 gestorbene und zehn noch existierende Persönlichkeiten erfragt wurden, wobei es Punkte pro Bild gab, jeweils einmal dafür, richtig auf die Frage nach ‚tot oder lebendig' zu antworten, zum anderen zu entscheiden, ob die Person eines natürlichen Todes starb oder nicht, und zum dritten den Todeszeitraum auf fünf Jahre genau zu definieren. Besonders in den Vereinigten Staaten war eine beliebte Variante zur Testung des allgemeinen Altgedächtnisses, Fernsehserien („soap-operas") zu benutzen. Die Figuren, die über zig Folgen immer wieder auf der Mattscheibe flimmerten, haben sich häufig besonders gut eingeprägt. Hierbei half vermutlich, dass sie über zwei Modalitäten (Auge, Ohr) präsent sind und dass sie meist nicht neutral – sondern entweder positiv oder negativ besetzt – in Erinnerung behalten werden („das Biest Joan Collins").

Andere, wenngleich unzuverlässige Möglichkeiten sind, Zeichnungen anfertigen zu lassen, aus denen hervorgeht, ob die dargestellten Personen antiquiert gekleidet sind oder die Autos alte Modelle, oder man lässt die Preise von Gütern des täglichen Bedarfs schätzen, die dann, wenn der Patient in der Vergangenheit lebt und denkt, stark unterschätzt werden müssten.

Von Interesse ist es, insbesondere bei Patienten mit Hirnschäden in bestimmten Bereichen – wie dem Stirnhirn – nach der Quelle ihres jeweiligen Wissens zu fragen. Es gibt Patienten, die durchaus noch in der Lage sind, Fakten anzugeben, die aber nur noch ausnahmsweise wissen, wie (aus welcher Quelle) sie an die Information herankamen.

Noch weitere Probleme bei der Erfassung von Altgedächtnis lassen sich aufzeigen: Auch wenn Testleistungen (numerisch) gleich sind, kann man nicht davon ausgehen, dass die Erinnerungen an die Ereignisse aus unterschiedlichen Zeitperioden gleich waren. Wenn die Resultate hinsichtlich der Fragen nach „Einzelheiten des gestrigen Abendessens“ und nach „Namen der Lehrer im letzten Schuljahr“ prozentual den gleichen Wert ergeben, bedeutet dies nicht, dass die beiden Erinnerungen gleich gut sind, denn die Ergebnisse wären wohl ganz anders, wenn die Information eine Woche oder ein Jahr später abgefragt werden würde. Wenn also die Leistungen über unterschiedliche Zeitperioden unterschiedlich sind, ist es schwierig zu entscheiden, ob (a) die Ereignisse aus unterschiedlichen Zeitperioden eingangs gleichwertig waren oder ob (b) die Ereignisse von weiter zurückliegenden Zeitperioden eingangs besser gelernt worden waren und dann langsamer vergessen wurden als die Ereignisse aus weniger weit zurückliegenden Zeitepochen. (Umgehen oder zumindest gut abschätzen könnte man diese Schwierigkeit, wenn man den gleichen Test nach mehreren Jahren nochmals geben würde. Bei Äquivalenz wären dann die Werteveränderungen identisch über die Zeitperioden.)

Gedächtnistraining

Entsprechend den vielfältigen Möglichkeiten, wie Gedächtnis gestört sein kann, gibt es natürlich auch eine Vielzahl von Programmen zu einer Verbesserung oder Wiedererlangung gestörter Gedächtnisfunktionen. Auch hier lässt sich aus den gleichen Gründen, wie oben bei der Gedächtnisdiagnostik angeführt, kein repräsentativer Überblick geben. Aber analog wie bei der Diagnostik von Gedächtnis muss konstatiert werden, dass das persönliche und intellektuelle Umfeld von besonderer Wichtigkeit ist, um Erfolge erzielen zu können. Dies bedeutet, dass die Motivation des Individuums, sein soziales Umfeld, sein Alter oder seine intellektuelle Leistungsfähigkeit (z. B. Sprachfertigkeit oder Sprach- und Sprechprobleme) Beispiele für wesentliche Faktoren sind, die das Training beeinflussen. Nicht zu unterschätzen ist die Spontanerholung.

Wie für andere Bereiche „funktioneller Plastizität“ gültig, kann man in kompensatorische oder substituierende Maßnahmen unterteilen, in solche, die (weitgehend) verloren gegangene Funktionsbereiche wieder stärken sollen oder die stattdessen auf alternative Fähigkeiten setzen (z. B. statt verbal bildhaft zu lernen). Man sollte wissen, welcher Lerntyp man ist oder was für einen Lerntyp man vor sich hat, d. h. ob jemand eher durch Zusehen, Zuhören oder selbst Handeln etwas behält oder durch Mitschreiben, durch ein- oder mehrmaliges Wiederholen oder durch Kombinationen mehrerer Methoden. Immer sollte dabei das Interesse und Engagement im Vordergrund stehen, nicht dagegen Drillmethoden wie zehnmal hintereinander etwas aufsagen und Ähnliches.

Wichtig ist auch das Anspruchsniveau. Man sollte sein Gedächtnis und Gehirn da entlasten, wo dies guten Gewissens möglich ist, und dort fördern und trainieren, wo dies nutzbringend und zweckmäßig erscheint. Wichtig ist eine Unterteilung in unmittelbare, früh einsetzende Gedächtnishilfen und in langfristige.

Unmittelbar nach einem das Gedächtnis (oder einzelne Gedächtnisbereiche) beeinträchtigenden Hirnschaden sind unterstützende, positiv motivierende Gespräche notwendig („psychosoziale Adjustierung“). Erst später sollten dann auf intensiver Gedächtnisdiagnostik basierende Therapiepläne ausgearbeitet werden. Allgemeinere psychotherapeutische Maßnahmen sollten immer begleitend und zusätzlich zu spezifischem Gedächtnistraining eingesetzt werden.

Eine möglichst vollständige funktionelle Restitution sollte oberstes Ziel von Interventionsmaßnahmen sein. Da diese aber selten erreichbar ist, muss man in der Regel weniger ambitiöse Ziele formulieren. So kann man danach trachten, früher vernachlässigte Strategien hervorzuholen, oder man kann versuchen, sich auf alternative Gedächtnissysteme zu stützen (also Priming und Vertrautheitsgefühle als unbewusste – implizite – Systeme zu nutzen). Ein nicht selten eingesetztes Verfahren ist das der „vanishing cues“ („zunehmend abnehmende Hinweisreize“). Ein Beispiel: Wenn jemand einen Namen neu oder wieder erlernen soll, präsentiert man erst den vollen Namen, dann lässt man den letzten, dann den letzten und den zweitletzten Buchstaben weg usw., bis man zum Schluss mit allein dem ersten Buchstaben oder sogar durch interne Generierung auf den Namen kommt. Allerdings ist inzwischen erwiesen, dass diese Methode nur wenig geeignet ist, zu allgemeineren Gedächtnisverbesserungen zu kommen – sie ist „hyperspezifisch“.

Andere Ansätze bestehen darin, meta-kognitive Kenntnisse zu stärken („zu lernen lernen“). Man muss im Auge behalten, dass Alltagssituationen stark differieren: Personen und ihre Namen müssen behalten werden, Ereignisse, Orte, Nachrichten, die vergehende Zeit muss im Auge behalten und unterteilt werden, zukünftige Termine, Absichten und Pläne müssen im Kopf behalten werden können.

Zusammengefasst gibt es Methoden, die die Anforderungen an das Gedächtnis reduzieren, andere, die Teilbereiche des Gedächtnisses stärken sollen, und wieder andere, die meta-kognitive Kenntnisse und Fertigkeiten (Problemlösefähigkeiten) stärken.

Training im Einzelnen

Wichtig ist es für den Patienten, Einsicht in den Sinn, den Nutzen und die Notwendigkeit von Gedächtnistrainingsverfahren zu bekommen. Gedächtnistraining muss so gestaltet werden, dass Erfolge – insbesondere zu Anfang – schnell erreicht werden und unmittelbar einsichtig sind. Es kann dabei notwendig und zweckmäßig sein, für unterschiedliche Gedächtnisbereiche unterschiedliche Trainingsverfahren einzusetzen. Auch sollte man eruieren, was dem Patienten am sichersten einsichtig ist. Wir hatten beispielsweise einmal einen sehr „technikgläubigen“ Patienten, der insbesondere auf Computertrainingsverfahren positiv reagierte und an den ausgedruckten Ergebnissen seines Trainings selbst abschätzen wollte, ob er sich von Woche zu Woche verbesserte.

Von großer Bedeutung ist neben der formalen Vorgehensweise – die immer individuell gewählt werden sollte – das verwendete Material. Es sollte alltagsnah sein und einen Transfer auf andere Bereiche und Situationen erlauben. Auch sollten die Trainingshilfen einfach gestaltet werden; sie sollten unmittelbar umsetzbar sein und keine zu großen Anforderungen an Aufmerksamkeit und Konzentrationsfähigkeit stellen.

Eine grundlegende Differenzierung ist die zwischen internalen und externalen Gedächtnistrainingstechniken. Internale Techniken werden dazu benutzt, die kognitive Kapazität des Patienten zu verbessern, externale dienen lediglich dazu, den Patienten zu unterstützen, so dass seine Defizite weniger zu Tage treten und er oder sie ein möglichst normales Leben führen kann.

Box 10 erläutert allgemeine Ratschläge zur Optimierung geeigneter Voraussetzungen zur mnestischen Rehabilitation (externale Methoden) und Box 11 gibt Beispiele für internale Gedächtnistrainingsmethoden.

Box 10: Allgemeine Regeln zur Schaffung geeigneter Voraussetzungen zur dauerhaften Erholung von Hirnschäden

Methode	*Beispiele*
Optimale Gestaltung der Umwelt	Ablage und Aufbewahren von Gegenständen an zuvor festgelegten Orten; Anbringen von Aufschriften und Hinweisschildern
Vermeiden von Situationen mit zu hohen Anforderungen	Festlegen, wann man sich noch wohl fühlt und wann nicht mehr
Alltagsabläufe strukturieren	Haushalts- und andere Routinearbeiten auf festgelegte Tageszeiten oder Wochentage verteilen
Einsatz externer Gedächtnishilfen	
– als externe Informationsspeicher	Pinnwand, Tagebücher, Dokumentation beruflicher Abläufe
– als Erinnerungshilfe für prospektive („vorausschauende") Gedächtnisleistungen	Timer („Knoten im Taschentuch"), Taschenkalender, Zeichen/Markierungen setzen

Die Palette einsetzbarer externer Gedächtnishilfen ist außerordentlich breit und vielfältig und kann bis zur Benutzung von Mikrocomputern und Notebooks reichen. Insbesondere bei geriatrischen Patienten mit massiven Gedächtnisstörungen werden häufig externe Gedächtnisstützen eingesetzt. Hierzu mag im einfachsten Fall das Verändern der unmittelbaren Umwelt des Patienten zählen, also z. B. das Benutzen verschiedener Farben für jedes Krankenhausstockwerk oder für Zimmertüren oder das Anbringen von Farblinien, die von einem Ort (Krankenzimmer) zu einem anderen weisen (Aufenthaltsraum). Auch gut sichtbare Anzeigetafeln, Zeitpläne, Kalender, Anschläge oder Alarmuhren können Hilfen darstellen. Box 12 gibt Beispiele für selbständig ausführbare Trainingsmethoden.

Das sog. Realitäts-Orientierungs-Training (ROT) stellt ein weiteres Hilfsmittel – speziell für Demente – dar. Man gibt hier einfache Hinweise in schriftlicher, mündlicher und bildlicher Form, etwa in Bezug auf den Tag, den Ort, besondere Ereignisse (Geburtstag, Weihnachten) usw. Insbesondere leicht verwirrte Patienten können durch Einzel- oder Gruppen-ROT an Alltagsroutinen erinnert werden, wobei vor allem in Kliniken

Box 11: Beispiele für internale Gedächtnistrainingsmethoden

Methode	*Charakterisierung*
Schlüsselworttechnik	Ein phonetisch ähnliches Wort wird als Schlüssel zur Memorierung eines anderen (neu zu lernenden) benutzt und bildet über visuelle Assoziation/Vorstellung eine Brücke.
Methode der Orte (Loci)	Dies ist die nach dem griechischen Philosophen Simonides benannte älteste Gedächtnistechnik. Man wählt einen bekannten Ort (z.B. das Wohnzimmer) und stellt sich dort befindliche Objekte in ihrer räumlichen Anordnung vor und ordnet jedem Objekt ein zu erinnerndes Element einer Liste zu (visuelle Vorstellung). Der Abruf der Liste erfolgt dann über die sequentielle Rekonstruktion der Objekte (z.B. Möbel im Wohnzimmer).
Wortassoziationen	Diese Methode ähnelt der Loci-Methode mit dem Unterschied, dass assoziierte Hauptwörter als Loci wirken. Man bildet seine eigene Wort-Assoziationsliste und assoziiert später Begriffe zu dieser auswendig gelernten Liste. Um später dann die assoziierten Termini abzurufen, sagt man sich die Liste auf.
„Chaining"	Hier werden Verbindungen hergestellt zwischen Wörtern, Objekten oder Charakteristika, um sich an diese zu erinnern (z.B. durch Bildung eines Satzes, der die zu memorierenden Elemente [z.B. Wurst, Butter, Marmelade, Seife] enthält). Jedes Element dient als Trigger für das nächste Element der Liste, wie Kettenglieder eine Kette bilden.
Reimen, bildhaftes Vorstellen, Assoziation	Telefonnummern oder Hausnummern kann man sich z.B. mittels einer Reimliste über Nummern merken, wobei die Reimliste immer wieder für Zahlenzuordnungen benutzt werden kann. (Ein englisches Beispiel für eine Reimliste heißt: „One is a bun, two is a shoe, three is a tree, four is a door, five is a hive, six is sticks, seven is heaven, eight is a gate, nine is a line, ten is a hen.")

Substitution	Komplexe, sich schwierig zu merkende Information wird durch einen einfach memorierbaren Terminus substituiert. Um sich die Höhe des Berges Fudschijama in Fuß zu merken (12365 Fuß), merkt man sich den Berg als ‚Kalender'-Berg, der 12 Monate und 365 Tage hat. Andere Beispiele: Die Zahl 235812 kann man sich merken als 2 (+ *1*) = 3 (+ *2*) = 5 (+ *3*) = 8 (+ *4*) = 12 oder die Zahl 2137 als 21 : 3 = 7.
Phonetische Substitution	Für Termini, die nicht in visualisierbare Bilder transformierbar sind, bildet man phonetisch möglichst ähnliche Termini, zu denen dann allerdings eine visuelle Zuordnung zu schaffen ist.
Der erste Buchstabe als Hinweisreiz	Bildung von Akronymen, z.B. HOMES für Huron, Ontario, Michigan, Erie und Superior (= die Großen Seen in Amerika). Apfelsaft, Butter, Champagner, Datteln und Essig lässt sich entsprechend dem Abc merken und aus Butter, Apfelsaft, Nüssen und Datteln kann man das Wort BAND bilden. Lassen sich aus den ersten Buchstaben keine sinnvoll merkbaren Wörter bilden, versucht man es mit Sätzen oder Phrasen. Alltagsbeispiele: AIDS, EU.
Erinnern von Gesichtern und Namen	Um sich die Namen von Personen zu merken, bildet man eine Zuordnung ‚Gesicht – Name'. Grundannahme ist, dass man sich den Namen von jemandem über eine Assoziationsbildung zu jemandem oder etwas schon Bekanntem bildet. Dann werden vergleichbare Merkmale zugeordnet und gemerkt. Über diese Assoziationsbildung kommt man dann wieder zu dem zu memorierenden Namen.
PQRST-Methode	PQRST steht als Akronym für *Preview, Question, Read, State, Test* und wurde als Studiertechnik entwickelt, um sich den Inhalt geschriebenen Materials zu merken. (*Preview*: Überfliegen des Textes oder Materials; *Question*: Stellen wichtiger Fragen zum Text; *Read*: Nochmaliges und diesmal genaues Durchlesen des Textes, um die zuvor gestellten Fragen zu beantworten; *State*: Formulieren der Antworten. (Sind diese noch unklar, liest man erneut.) *Test*: Sich in Intervallen selbst testen, ob man den Textinhalt weiterhin gut erinnert.

Box 12: Verbesserung und Strukturierung des Gedächtnisses

Methode	*Beispiele*
– Kurzentspannung	Kontemplative Ruhe, In-sich-gekehrt-Sein an bequemem, ruhigem Ort
– Wichtige Informationen vergegenständlichen	Orte „Karlsruhe" und „Mannheim" → vor seinem geistigen Auge sich z. B. den schlafenden Karl den Großen und z. B. ein malaiisches Männerhaus vorstellen
– Gedächtnisübungen	Bildhafte Vorstellung (Imagination)
– Vergleichen	Bilder vergleichen oder sortieren Fragen formulieren
– Kombinieren	Detektivgeschichten lesen Geschichten vervollständigen „Für-und-wider"-Diskussionen führen
– Vorstellungen bilden	„Mittel-und-Wege"-Diskussionen Synonyme bilden Kategorisieren
– Induktives u. deduktives Denken*	Analogien bilden Strategiespiele
– Planungen	Planungen (Ausflug, Einkauf, Gruppenprojekte)

* Induktion: vom Einzelfall auf das Allgemeine schließen
Deduktion: den Einzelfall vom Allgemeinen ableiten

auch das betreuende Personal in die Trainingsroutinen einbezogen werden sollte. ROT kann als durch die Umwelt induzierte, passive Gedächtnisstütze aufgefasst werden, um sie von eigeninitiiert geschaffenen externen Gedächtnisstützen zu unterscheiden.

Eine weitere extern induzierte Möglichkeit zur Gedächtnisunterstützung stellen sog. Token-Regimes dar, bei denen Patienten entweder „belohnt" werden, wenn sie sich an bestimmte Dinge oder Handlungen erinnern, oder „bestraft" werden, wenn sie sich nicht erinnern bzw. Handlungen unterlassen.

Neuerdings zunehmend angewendet werden sog. NeuroPager, einfache elektronische Geräte, die der Patient möglichst ständig bei sich trägt und in die Therapeuten, Pflegepersonal oder der Patient selbst Instruktionen oder Botschaften eingeben. Zum passenden Zeitpunkt werden die Botschaften über Modem an den NeuroPager des Patienten gesendet, wo sie visuell und auditiv erscheinen. Die Kosten des NeuroPagers werden als vergleichsweise niedrig eingestuft.

Überhaupt ist es angesichts der technischen Entwicklung und der zunehmenden Bereitschaft und Kenntnis, mit elektronischen Informationsverarbeitungsmöglichkeiten zu interagieren, nicht verwunderlich, dass gerade der Erwerb von Prozeduren zunehmend gefördert wird (z. B. das Tragen eines Diktaphons als externe Gedächtnisstütze).

Umfeldtraining wie Metagedächtnistraining und Problemlösefähigkeiten sind nach bestimmten Hirnschäden, wie z. B. solchen im Stirnhirnbereich, eine sinnvolle Unterstützung zur Alltagsbewältigung. Die Förderung des Metagedächtnisses erlaubt dem Patienten eine Abschätzung seiner Fähigkeiten (als realitätsorientierter Anpassungsprozess nach einer Hirnschädigung) und die selbstinitiierte Anwendung von Strategien. Der Patient erlernt, wann und wo er neu erworbene Strategien anwenden kann und auf sein eigenes Verhalten und dessen Konsequenzen zu achten.

Die langfristige Verbesserung des Gedächtnisses geschieht normalerweise bei fokal Hirngeschädigten in erster Linie auf Verhaltensebene und mittels Psychotherapie. Pharmakologisch kann man beispielsweise vorgehen, um Aufmerksamkeit und Konzentrationsfähigkeit zu verbessern. Hat man es allerdings mit degenerativen Hirnkrankheiten (Alzheimerdemenz, Morbus Parkinson) zu tun, werden Medikamente häufiger eingesetzt, insbesondere, um den Hirnstoffwechsel zu verbessern.

Gedächtnis lässt sich nicht wie ein Muskel trainieren, obwohl physisches Training und somatische Anstrengungen durchaus auch dem Gedächtnis förderlich sein können (beispielsweise durch die vermehrte Ausschüttung bestimmter Hormone, die kognitive Leistungen steigern und das Wohlbefinden fördern). Direkte neurologische Interventionen wie die Implantation von Zellen sind Zukunftsmusik, können aber möglicherweise irgendwann tatsächlich hilfreich eingesetzt werden. Roboterartige neurorehabilitative Maßnahmen, biotechnologische Implantate und Ähnliches haben ihre größten Vorteile im Bereich von Sensorik und Motorik, aber – bislang zumindest – weit weniger im Bereich des Gedächtnisses.

Motivation und Empathie durch Partner, Freunde und Verwandte ist von größter Bedeutung und Hilfe für die Verbesserung der kognitiven Leistungsfähigkeit. Drill- und Übungsmethoden sind dagegen für das Gedächtnis – im Gegensatz zur Wahrnehmungs- und motorischen Ebene – nur eingeschränkt zu befürworten. Ein auf das Individuum abgehobenes und auf seine Leistungsfähigkeit, seinen Leistungswillen und seine Präferenzen zugeschnittenes Gedächtnistraining kann nicht stark genug herausgestrichen werden.

Zukünftig wird es nicht nur möglich sein, über Verhaltensänderungen die kognitive Erholung oder Verbesserung zu erfassen, sondern auch durch „Hirnmessungen". Wir konnten beispielsweise – wie in Kap. 6 auf S. 148ff. erläutert – bei einem gedächtnisgestörten Patienten sowohl initial den damit verbundenen reduzierten Hirnstoffwechsel nachweisen als auch das Wiederansteigen des Hirnstoffwechsels parallel zu einer Zunahme der Gedächtnisfähigkeiten ein Jahr nach dem traumatischen Ereignis.

8. Ausblick: Erinnern und Vergessen

Die vorangegangenen Kapitel haben gezeigt, dass Gedächtnis zu den komplexesten Gegenständen der psychologischen und neurowissenschaftlichen Wissenschaften zählt. Gedächtnis ist keine Einheit und ist kein statisches Gebilde – der früher immer wieder ins Feld geführte Vergleich mit einem Computer ist deswegen mehrfach verfehlt. Gedächtnis ist in sich wandelnde Kontexte eingebettet, diese stellen zum einen unsere sich ändernde Umwelt dar, zum anderen unser sich wandelndes Inneres.

Die Differenzierung in Gedächtnissysteme macht deutlich, dass wir sowohl über Routinen verfügen, die sich hochgradig automatisiert vollziehen, als auch über sehr wesentliche Anteile affektbesetzter, individuumspezifischer Erinnerungen, die sich wiederum dynamisch neuen Gegebenheiten anpassen. Diese Tatsachen verdeutlichen wiederum, dass Gedächtnis nicht isoliert betrachtet und beschrieben werden kann, sondern in ein weites Feld anderer kognitiver Fähigkeiten, Fertigkeiten und Bereiche eingebettet ist. Neben dem schon erwähnten Affekt ist die Sprache, genauer die Verbalisierungsfähigkeit, für große Teile unseres Gedächtnisses selbstverständlich.

Bereiche, an die man im Zusammenhang mit Gedächtnis weniger denkt, die aber gleichwohl unser Gedächtnis und unsere Erinnerungsfähigkeit beeinflussen, sind beispielsweise Phantasie und Schlaf. Die Phantasie muss einerseits vorhanden sein, um einen kreativen Umfang mit gespeichertem Material zu ermöglichen (s. auch prospektives Gedächtnis: in Kap. 1, S. 64 u. S. 84); zum anderen darf die Phantasie aber nicht mit einem durchgehen, d. h., man darf nicht ‚konfabulieren' – über das Reale hinaus Ereignisse oder Episoden erfinden (vgl. Kap. 1, S. 60 u. Kap. 7, S. 160).

Der Schlaf spielt eine nicht zu unterschätzende Rolle nicht nur für unser Wohlbefinden, sondern auch für unser Gedächtnis, insbesondere für dessen Konsolidierung, wie ja in Kap. 4 auf S. 113 ff. ausführlich dargelegt wurde. Interessant ist in diesem Zusammenhang, dass für den Schlaf zentrale Strukturen auch für die Übertragung ins Langzeitgedächtnis relevant sind. Neben der Hippocampusformation kann man hier den mediodorsalen Nucleus des Thalamus anführen. Dessen beidhemisphärische Schädigung führt zu anterograder Amnesie, wie der Fall des Patienten A. B., auf S. 124 ff. dargestellt, verdeutlicht. Der mediodorsale Thalamus*-Kern ist aber auch essentiell für einen gesunden Schlaf. Eine Degeneration dieses

Kerns ist mit dem Krankheitsbild der ‚Fatalen Familiären Insomnie (FFI)'* (manchmal auch als ‚Letale Familiäre Insomnie' bezeichnet) verbunden. Die FFI führt binnen ca. eines Jahres zum Tod und ist eine genetisch bedingte Hirnkrankheit (eine „Prionenkrankheit" wie der Rinderwahn und dessen menschliche Form, die Variante der Creutzfeldt-Jakob-Krankheit [vCJD]).

Dieses Beispiel wiederum demonstriert, dass unser Gehirn in vielem sehr stark vernetzt ist und vernetzt arbeitet. Dies bedeutet auch, dass singuläre Hirnregionen in unterschiedlichen Teilnetzen unterschiedliche Funktionen ausüben. Diese Feststellungen sollen hier auch signalisieren, dass wir mehrdimensional denken und kaum eine geistige Funktion hierfür besser geeignet ist als die des Gedächtnisses.

Erinnern – um ein weiteres zentrales Stichwort zu nennen – ist der Fundus, auf dem unser biographisches Gedächtnis beruht und das uns als Person und Persönlichkeit weitgehend ausmacht. Ich „erinnere" hier an den in Box 1 und an anderer Stelle zitierten Ausspruch Ewald Herings: „Das Gedächtnis verbindet die zahllosen Einzelphänomene zu einem Ganzen, und wie unser Leib in unzählige Atome zerstieben müßte, wenn nicht die Attraktion der Materie ihn zusammenhielte, so zerfiele ohne die bindende Macht des Gedächtnisses unser Bewußtsein in so viele Splitter, als es Augenblicke zählt." Das aktive Erinnern ist vermutlich die Teilfunktion des Gedächtnisses, die uns am ehesten von (anderen) Tieren unterscheidet – das (wie Endel Tulving es einst formulierte) autonoetische Gedächtnis (vgl. Kap. 3, S. 101) ermöglicht uns, über uns selbst zu reflektieren und uns in Relation zu unserer (sozialen) Umwelt zu setzen.

Vergessen wiederum – so die Ansicht dieses Autors – ist weniger der Zerfall und das Verschwinden bisher aufgenommener Information, sondern die Verschiebung, Herabstufung und Ummodellierung des zuvor Erworbenen, wobei die Mechanismen der Interferenz wesentlich zu Letzterem beitragen. Das heißt, unser Gehirn und unsere Denkprozesse formen unsere Erinnerung (um), so dass sie integriert in den personenbezogenen Gesamtzusammenhang passen. Die Formung des Gedächtnisses beinhaltet die zeitgerechte Unterdrückung inzwischen unwesentlich oder unpassend gewordener Information. Gelingt dies nicht, so leidet das Individuum unter der „Informationsschwemme" (z. B. Lurijas „Fall S", der in Kap. 1 auf S. 34 erwähnt wurde). Gelingt dies unzureichend, so sprechen wir von pathologischen Formen des Vergessens – Abweichungen, die schon in der Zeit von Sigmund Freud beschrieben wurden und die eventuell sogar als zeitlich begrenzt wirksame Schutzmechanismen auftreten können.

Man kann nun fragen, wohin sich unser Gedächtnis – kollektiv und phylogenetisch betrachtet – weiterentwickeln wird. Hier will ich wiederum auf die Komponenten des Gedächtnisses verweisen, die uns als Menschen aus dem Tierreich hervorstechen lassen: Prospektives Gedächtnis, Humor, Witz, Phantasie sind dafür Beispiele. Bei dem Großsäuger, der die Erde flächendeckend mit den meisten Individuen bevölkert, liegt in sozialen Komponenten des Gedächtnisses ein Kernbereich, der sich sicher noch fortentwickeln wird. Die Weiterentwicklung dieses Kernbereichs wird einhergehen mit einer noch stärkeren Differenzierung im Bereich des Stirnhirns, des Hirnbereichs, der ohnehin schon zu den am spätesten ausgereiften in der Ontogenese gehört (insbesondere die Bildung der Myelinscheiden um die Axone der im Stirnhirn gelegenen Nervenzellen zieht sich teilweise bis in die 3. Lebensdekade; s. Abb. 6). Da unser Gehirn vermutlich das am stärksten „plastische" ist und wir als Menschen die längste Kindheitsperiode im Tierreich haben, kommt einer möglichst vielfältigen Stimulation und Bildung in der Kindheit und Jugend die allergrößte Bedeutung zu.

Glossar

Ablagerung: die Speicherung erworbener Information auf Hirnebene.

Abruf: das (Wieder-)Hervorholen abgespeicherter Information. Man unterscheidet den freien Abruf (aktiv, von innen heraus, ohne Hilfestellung) vom Abruf mit Hinweisreizen und vom Wiedererkennen.

Abruf mit Hinweisreizen: Geben von Hinweisen, wie beispielsweise Oberbegriffen (Obst, wenn es um Äpfel geht) oder den ersten Buchstaben eines abzurufenden Wortes.

freier Abruf: der Abruf von Information ohne Hilfestellungen in Form von Hinweisreizen oder Ähnlichem.

Wiedererkennen (Rekognition): die einfachste Form des Informationsabrufs aus dem Gedächtnis. Aus vorgegebenen Hinweisreizen sind die schon zu einem früheren Zeitpunkt wahrgenommenen wiederzufinden.

Adaptation: Abnahme der Empfindungsintensität mit zunehmender Reizdauer bzw. Erhöhung der Reizschwelle bei kontinuierlicher Reizung.

Agnosie: Störung des Erkennens trotz intakter Wahrnehmung. Man sieht z.B. einen Hund als sich bewegendes Objekt, kann aber nicht sagen, dass es sich um einen Hund handelt, weil man ihn nicht an seiner Gestalt als solchen identifizieren kann.

Agraphie: Schreibunfähigkeit trotz Intaktsein von Motorik und Intellekt.

Altgedächtnis: der bereits seit langem abgespeicherte (retrograde) Teil des Gedächtnisses.

Alzheimer-Krankheit: ein komplexes Krankheitsbild, das zur Degeneration (Absterben, Zerfall, Veränderung) von Hirngewebe, insbesondere zum Tod von Nervenzellen und nach einer Reihe von Jahren zum Tod der Patienten führt. Ursachen sind Veränderungen in der Eiweißstruktur auf Hirnebene. Heutzutage werden mehrere Unterformen unterschieden, die z.T. genetisch bedingt sind.

Amnesie: Mnemosyne war in der griechischen Mythologie die Muse des Gedächtnisses, der gesunden Erinnerungsfähigkeit. Amnesie stellt ihr krankhaftes Gegenstück dar: den Verlust von Gedächtnis. Vor ein, zwei Dekaden galt Amnesie noch als eine generelle Unfähigkeit, neue Informationen aufzunehmen und alte wiederzugeben („globale Amnesie"). Heute wird sie – entsprechend der Unterteilung in inhaltlich verschiedenartige Gedächtnissysteme – weit differenzierter betrachtet. In aller Regel handelt es sich aber um eine Störung des Langzeitgedächtnisses bei meist erhaltenem Kurzzeitgedächtnis.

anterograde Amnesie: Unfähigkeit, neue Information langfristig abzuspeichern.

funktionelle Amnesie: eine Art Oberbegriff für Amnesien, die keine klare organische (neurologische) Ursache haben.

globale Amnesie: früher geläufige, heute eher unübliche Bezeichnung für den totalen Gedächtnisverlust.

infantile Amnesie: Unfähigkeit, Ereignisse der ersten Lebensjahre abzurufen (vermutlich auf Grund fehlenden Bewusstseins über die eigene Person und mangelnder Sprachfertigkeiten)

partielle Amnesie (lakunäre Amnesie): Gedächtnisverlust für bestimmte Arten von Information oder für bestimmte Zeitabschnitte im Leben („Epochen").

psychogene Amnesie: eine meist durch Stress- oder Trauma-Situationen bedingte, massive Störung der Informationsverarbeitung. In der Regel ist der Abruf biographischer Information aus dem Altgedächtnis nicht möglich, in seltenen Fällen gelingt keine weitere Neueinspeicherung biographischer Episoden. Das Weltwissen und die anderen Gedächtnissysteme sind in der Regel unbeeinträchtigt. Kann temporär oder anhaltend sein.

retrograde Amnesie: Unfähigkeit, bereits abgespeicherte Information wieder hervorzuholen.

transiente globale Amnesie, TGA: eine vorübergehend auftretende massive Gedächtnisstörung meist älterer Personen. Ihre Dauer ist (per Definition) auf weniger als 24 Stunden begrenzt. Die Amnesie umfasst stärker den anterograden als den retrograden Gedächtnisbereich.

Amygdala: einer der großen Endhirnkerne, tatsächlich ein Konglomerat aus mehreren Kernen, auf Deutsch ‚Mandelkern'. Die Bedeutung der Amygdala liegt vor allem darin, dass sie für die Verarbeitung von Emotionen entscheidend wichtig ist und hierfür aus allen Sinnessystemen vorverarbeitete Information erhält. Sie moduliert und bewertet einkommende Information und trägt dadurch in hohem Maße zur Speicherung oder Nichtspeicherung von Information bei. Obwohl auch vom Individuum positiv bewertete Reize von amygdaloider Aktivität begleitet werden, spielt die Verarbeitung negativer, angstbesetzter oder furchteinflößender Reize eine größere Rolle. Daneben hat die Amygdala aber auch eine motivationale Rolle – hinsichtlich der Nahrungsaufnahme. Der Geruchssinn ist nochmals speziell in amygdaloiden Teilkernen repräsentiert, was eine Assoziationsbildung zwischen Geruchsreizen und der mit ihnen verbundenen Futterbelohnung oder Speisenbewertung ermöglicht.

Angiographie: Darstellung der Blutgefäße durch Injektion eines Kontrastmittels und anschließender Anfertigung von Röntgenbildern.

Anoxie: massiver Sauerstoffmangel im Gewebe (der weit stärker auftritt als bei Hypoxie).

anterogrades Gedächtnis: s. Gedächtnis.

Äquipotenz: ein von Karl Lashley vor acht Dekaden geprägter Begriff, mit dem er ausdrücken wollte, dass Hirngewebe in seiner Funktion gleichwertig arbeitet. (Diese Hypothese ist in ihrer Allgemeinheit sicher nicht zutreffend.)

Arbeitsgedächtnis: der Teil gespeicherter Information, mit dem kurzfristig agiert wird. Man spricht von visuellem und auditivem Arbeitsgedächtnis.

autobiographisches Gedächtnis: s. Gedächtnis.

Axon: der faserartige Fortsatz einer Nervenzelle, mit der sie Kontakt zu anderen Neuronen aufnimmt.

Basalganglien: die großen telencephalen (= Endhirn-)Kerne, die zwischen Hirnrinde und Zwischenhirn liegen und die vor allem – aber nicht ausschließlich – in motorische Verhaltensweisen involviert sind. Zu den Basalganglien zählen der Nucleus caudatus (Schweifkern), das Putamen und der Globus pallidus, die beide zusammen auch Linsenkern genannt werden.

basolateraler limbischer Kreis: eine über die drei Hirnstrukturen Amygdala – mediodorsaler Thalamus – basales Vorderhirn laufende Kreisschaltung, die für die Bewertung von Emotionen wichtig ist.

Bereitschaftspotential: ein von der Schädelkalotte registrierbares elektrisches Potential, das sich stärker in die negative Richtung verändert, wenn ein Individuum bereit ist zu reagieren. Das Potential ist insbesondere vom präzentralen Cortex, d.h. der Hirnregion, die im Stirnhirn unmittelbar vor der motorischen Hirnrinde liegt, registrierbar.

Bewusstsein: ein in der Kognitionsforschung sehr vielschichtig verwendeter Terminus. Introspektiv ist Bewusstsein nur an seiner Abwesenheit erkennbar (Tiefschlaf, Narkose, Zerstreutheit als unbewusstes Agieren). Beim Reflexivbewusstsein ist man sich seines Tuns bewusst oder man kann sich in Bezug zu anderen und zur eigenen Vergangenheit und Zukunft setzen. Bewusstsein ist insbesondere mit dem episodisch-biographischen Gedächtnis verknüpft.

Bradyphrenie: Verlangsamung von kognitiven und anderen Vorgängen (z.B. verlangsamtes Denken, verlangsamte Reaktionen).

Broca-(Sprach-)Region: die vordere der beiden Hauptsprachregionen. Sie liegt (bei den meisten Menschen) links vorne am hinteren seitlichen Ende des Stirnhirns und ist vor allem für die Sprachproduktion von Bedeutung.

Brückenhirn: der im Hirnstamm gelegene Teil des Gehirns, der eine

Brücke (Pons) zwischen (verlängertem) Rückenmark und Mittelhirn bildet. Zu ihm zählt auch das Kleinhirn.

Chronologie: die Möglichkeit des Vergleichs der inneren mit der äußeren (Zeit-)Geschichte oder Vergangenheit.

Computertomographie: das älteste der Verfahren zur bildlichen Abbildung von Körpergewebe. Der Ausdruck ‚craniale Computertomographie' bezieht sich dabei auf die bildliche Erfassung des Schädelbereiches (Hirns). Die Computertomographie (CT) ist das preisgünstigste, robusteste Verfahren. Mit ihm kann man etwa 5 mm dicke Hirnschnittbilder anfertigen. Das Verfahren ist – im Gegensatz zur Kernspintomographie – an radioaktive Strahlungen gebunden.

Cortex: Cortex heißt Rinde. Meist versteht man darunter die Rinde des Großhirns (cerebraler Cortex), aber auch das Kleinhirn (Cerebellum) besitzt eine Rinde.

parahippocampaler Cortex: der Teil der inneren (medialen) Rinde des Schläfenlappens, der um den Hippocampus angesiedelt ist und ebenfalls als zentral in die Aufnahme von Information involviert angesehen wird.

präfrontaler Cortex: der Teil des Stirnhirns, der vor der motorischen Rinde liegt und deswegen auch nicht-motorische Funktionen hat, wozu u. a. Handlungsplanung, Initiative und die Überwachung von Aktionen gehören.

retrosplenialer Cortex: der hinter und oberhalb des Spleniums des Balkens liegende Cortex (Splenium werden die hinteren zwei Drittel des Balkens [= Corpus callosum] genannt). Er ist phylogenetisch teilweise alter (limbischer) Cortex und scheint einerseits wichtig zu sein für den Abruf gespeicherter Information und andererseits für die bildliche Vorstellung von Episoden oder Geschehnissen.

temporaler Cortex: ein hauptsächlich bei Primaten und anderen evolutionär „jungen" Säugetierarten entwickelter Cortexbereich, der seitlich im Schädel liegt und für die Analyse von Hören und Sehen, aber auch – in seinem inneren (medialen) Bereich – für die Kontrolle von Emotionen (Amygdala) und Gedächtnis (Hippocampus) von Bedeutung ist.

Degeneration: Abbau, Zerfall. Unter neuronaler Degeneration versteht man den Zerfall von Nervengewebe. Dieser kann altersbedingt auftreten, kann aber auch die Folge von Entzündungen sein oder auf Grund von bestimmten anderen, häufig alterskorrelierten Hirnkrankheiten (z. B. Morbus Alzheimer, Morbus Parkinson) auftreten.

Déjà-vu-Erlebnis: Illusion der Vertrautheit. Eine neue Situation kommt einem so vor, als wäre man ihr schon früher ausgesetzt gewesen.

deklaratives Gedächtnis: s. Gedächtnis.

Dendrit: der Teil oder besser die Teile einer Nervenzelle, die Signale von anderen Nervenzellen aufnehmen.

Depersonalisation: Störung der Selbstwahrnehmung mit Gefühl der Fremdheit des eigenen Ichs. Früher häufig in Zusammenhang mit Hysterie und multiplen Persönlichkeiten diskutiert.

Diencephalon: Zwischenhirn; der Bereich des Gehirns, der zwischen Endhirn und Mittelhirn liegt und im wesentlichen aus Thalamus und Hypothalamus besteht.

Diskonnektionssyndrom: Störung einer Hirnfunktion, weil die Verbindung zwischen zwei oder noch mehreren Regionen unterbrochen ist.

dissoziative Identitätsstörung: s. multiple Persönlichkeitsstörung.

dissoziative Reaktionen: Trennung zwischen bestimmten Elementen einer Persönlichkeit, meist zwischen emotiven und kognitiven Zuständen. Folgen können psychogene Amnesien sein.

Eidetiker: Personen, die einmal Gesehenes vor ihrem ‚geistigen Auge' wie „eingebrannt" behalten und sozusagen sukzessive ablesen können.

Einspeicherung: die Aufnahme von Information zwischen dem Zeitpunkt der Aktivierung des Sinnessystems bzw. der Sinnessysteme und der Bewertung und anschließenden Weiterleitung durch Strukturen des Limbischen Systems.

Ekphorie: das „Wiederhervorholen" von Information. Hierbei beeinflusst der gegenwärtige Kontext die Wiedererinnerung und deren erneute Abspeicherung. Dies wiederum bedeutet, dass eine erneute (vertiefte) Ablagerung nicht mehr der ursprünglichen entspricht oder entsprechen muss. Informationsrepräsentation im Gehirn unterscheidet sich somit von der – stets gleich bleibenden – Repräsentation von Information auf der Festplatte eines Computers.

Elektrophysiologie: alle Arten elektrischer Registrierungen am Körper. Häufig ist aber lediglich die Registrierung hirnelektrischer Aktivität gemeint. Grob kann man dabei unterscheiden zwischen der Elektroenzephalographie (Summenableitungen meist von der Kopfschwarte), der Registrierung evozierter Potentiale und (intra- und extrazellulären) Einzelzellableitungen. Die Potentiale liegen dabei im Bereich zwischen Millivolt und Mikrovolt.

Endhirn: s. Großhirn.

Engramm: „Gedächtnisspur". Das Produkt der erfolgreichen Ablagerung von Information auf Hirnebene. Die alten Griechen hatten die Vorstellung einer Wachstafel, in die sich die Information eingraviert.

episodisches Gedächtnis: s. Gedächtnis.

evozierte Potentiale: Herausnehmen derjenigen kurzen Ableitungsabschnitte aus dem Elektroenzephalogramm, die durch das vielfache gleichartige Darbieten meist kurzer Reize oder Ereignisse „evoziert" wurden; auch als „ereigniskorrelierte Potentiale" bezeichnet (s. Abschnitt 5 von Box 7).

Fatale Familiäre Insomnie (FFI): eine erst kürzlich entdeckte – erblich bedingte – Krankheit, die auf Grund von zunehmender Schlaflosigkeit zu körperlicher und geistiger Auszehrung und im Endstadium zum Tode führt.

fokale Hirnschäden: im Gegensatz zu degenerativen Hirnschäden, die weitflächig zum Absterben von Nervenzellen und damit zu Hirngewebsschädigungen führen, sind fokale Hirnschäden auf eine Region begrenzt. Sie entstehen meist durch Verschluss eines Blutgefäßes an einer bestimmten Stelle (dem „Krankheitsherd") im Gehirn.

Fornix: ein sehr bedeutender Faserstrang des Limbischen Systems, der von der hippocampalen Formation in die Mammillarkörper und in das basale Vorderhirn führt, aber auch Fasern enthält, die entgegengesetzt aus dem basalen Vorderhirn hinaus in den Hippocampusbereich zurückführen.

Frontallappen: der vordere Teil der menschlichen Hirnrinde.

funktionelle Bildgebung: Oberbegriff für Methoden, bei denen es mittels Geräten möglich ist, nicht nur Bilder des lebenden Gehirns anzufertigen, sondern auch den Hirnstoffwechsel (Glukosestoffwechsel, Blutfluss) zu messen.

funktionelle Lokalisation: die Idee, dass sich einzelnen Hirnregionen ganz bestimmte Funktionen zuordnen lassen. Beispiel: Die Broca- und die Wernicke-Sprachregion sind für Sprachexpression und Sprachverständnis „zuständig". Diese Idee basiert vor allem auf Erfahrungen mit Hirngeschädigten, ist aber häufig verkürzt, weil aus der Störung nach einer lokalen Schädigung nicht auf die (ausschließliche) Repräsentation einer Funktion an dem geschädigten Ort geschlossen werden darf (s. Diskonnektionssyndrom).

Gedächtnis: allgemein die Ablagerung (Speicherung) erworbener Information, die als Erinnerung wieder rekrutierbar ist.

anterogrades Gedächtnis: die bleibende Aneignung neuer Information (verbunden mit deren problemlosem Abruf).

autobiographisches Gedächtnis: der auf die eigene Person bezogene, selbst reflektierte Teil des Gedächtnisses. Bei der Erinnerung an autobiographische Erlebnisse tritt man eine Zeitreise in die eigene Vergangenheit an, man erinnert distinkte Episoden, die sich hinsichtlich des Ortes, an dem sie sich zugetragen haben, und hinsichtlich des Datums, an dem sie stattgefunden haben, festmachen lassen.

deklaratives Gedächtnis: ein unterschiedlich definierter Ausdruck. Für einen Teil der Gedächtnisforscher ist deklaratives Gedächtnis die Summe von Episoden und Fakten, die sich – im Gegensatz zu den Inhalten des prozeduralen Gedächtnisses – „deklarieren" lassen. Diese Forscher gehen davon aus, dass der gesamte Bereich des deklarativen Gedächtnisses ‚explizit' ist, d. h. auf bewusst verarbeiteter und repräsentierter Information beruht. Für einen anderen Teil ist nur das episodische Gedächtnis explizit, das Faktenwissen aber weitgehend implizit, d. h. unbewusst, unreflektiert. In der radikalsten Version ist Faktenwissen identisch mit dem deklarativen Gedächtnis.

episodisches Gedächtnis: im Gedächtnis repräsentierte Ereignisse („Episoden"), die in Kontexte (Zeitbezug, Raumbezug) eingebettet sind und damit eine (imaginäre) Zeitreise in die Vergangenheit erlauben.

prozedurales Gedächtnis: Gedächtnis für Fertigkeiten, die großteils auf motorischen Handlungen beruhen (z. B. Skifahren, Schwimmen, Karten spielen, Musikinstrumente spielen).

retrogrades Gedächtnis: der schon fest im Gehirn verankerte Informationsschatz.

Gedächtnisspur: s. Engramm.

Genexpression: Ausbildung der in einem Gen festgelegten Eigenschaft.

Glucocorticoide: s. Stresshormone.

gnostische Zeitauffassung: das Wissen um die Bedeutung der Zeit und die Möglichkeit, der Realität entsprechende Zeitschätzungen vorzunehmen.

graue Masse: die Nervenzellen des Gehirns (im Gegensatz zur ‚weißen Masse', die die Nervenfasern des Gehirns ausmachen).

Großhirn: Endhirn, Cerebrum, die Masse des im Kopf befindlichen Nervensystems, die sich sozusagen über den Hirnstamm (mit Kleinhirn) stülpt. Beim Menschen bildet die Hirnrinde – der Cortex – und die darunter befindliche weiße Masse zusammen mit großen Kernen die Anteile des Großhirns.

Gyrus: Hirnwindung. Die Oberfläche des Großhirns ist beim Menschen, aber auch bei vielen anderen Säugetieren stark gefurcht, um sie trotz des limitierenden Schädels zu vergrößern. Die Windungen nennen sich Gyri, die Furchen Sulci (Einzahl: Sulcus).

Habituation: Gewöhnung; die Verringerung einer Orientierungsreaktion nach wiederholter identischer Darbietung eines Reizes.

Hinterhauptslappen: Okzipitallappen, der Teil der Hirnrinde, in dem vor allem Sehfunktionen lokalisiert sind.

Hippocampus: der Hippocampus ist eine phylogenetisch alte Cortexstruktur, die im medialen (inneren) Bereich des menschlichen Schläfenlappens liegt, wo sie sich in den eigentlichen Hippocampus (Hippocampus proper oder Ammonshorn) und benachbarte Gebiete aufteilt, die zusammen als hippocampale Formation bezeichnet werden. Bekanntheit erreichte die Struktur vor allem durch die Publikation des Falles H. M. (s. unter Fall H. M.). Die hippocampale neuronale Geometrie und die Eigenschaften der hippocampalen Nervenzellen, sich nach Reizung anhaltend aktivieren zu lassen, unterstreichen seine mögliche Bedeutung für die Verarbeitung von Information. Der Hippocampus stellt eine bedeutende Komponente des Limbischen Systems dar und ist mit anderen Komponenten vielfältig verbunden. Dies bedeutet, dass er gleichzeitig in eine Vielfalt weiterer Funktionen eingebunden ist; hierzu zählen u. a. eine Beteiligung an Neuigkeitsanalysen, an der räumlichen Orientierung und an Aufmerksamkeitsfunktionen. Auch ist die hippocampale Formation eine gegenüber Sauerstoffunterversorgung (Hypoxie) und toxischen Einflüssen (z. B. Kohlenmonoxidvergiftung) besonders sensible Struktur, wodurch es nach Herzinfarkten, Tauchunfällen oder Selbstmordversuchen häufig zu Hippocampusdegenerationen und Gedächtnisstörungen bis hin zu bleibender anterograder und teilweiser retrograder Amnesie kommt. Auch degenerieren hippocampale Neurone schon in den Anfangsstadien der Alzheimer-Krankheit.

Homunculus: „Menschlein"; topographische, gegenüber der Wirklichkeit in ihren Proportionen verzerrte Abbildung des menschlichen Körpers auf der Hirnrinde oder in anderen Bereichen (Kernen) des Gehirns.

Hypermnesie: eine extrem gesteigerte Fähigkeit zur Aufnahme und Abspeicherung von Information.

Hypothalamus: eine Ansammlung von Kernen im unteren Teil des Zwischenhirns (Diencephalons), die vor allem für Grundfunktionen wichtig sind – die Kontrolle von Biorhythmik, autonomen Funktionen, Ess-, Trink- und Sexualverhalten.

Hypoxie: Unterversorgung des Körper-(Hirn-)Gewebes mit Sauerstoff.

Hysterie: eine teilweise antiquierte Bezeichnung für einen neurotischen Zustand, der häufig einen Gedächtnisverlust für die biographische Vergangenheit impliziert.

Imaging: eine allgemeine Bezeichnung für die Untersuchung von Körperteilen – insbesondere des Schädels und damit des Gehirns –, um dadurch Aufschluss über Intaktheit und Funktionstüchtigkeit zu bekommen.

Indikation: Heilanzeige; Umstand, bestimmte, für Patienten sinnvolle Maßnahmen durchzuführen.

Infarkt: Schlaganfall, Verstopfung oder Platzen eines Blutgefäßes; im letzten Fall spricht man von einem hämorrhagischen Infarkt.

Insuffizienz: ungenügendes, schwaches Arbeiten eines Organs (auf psychischer Ebene als Insuffizienzgefühl das Gefühl von Schwäche oder von mangelnder Leistungsfähigkeit).

Interferenz: das Einwirken von neuer Information auf vorangegangene oder umgekehrt das Einwirken alter Information auf die Einspeicherung von neuer.

Intermission: erscheinungsfreies Zwischenstadium oder Intervall bei einem Krankheitszustand.

Ischämie: Blutleere; ein ischämischer Hirninfarkt ist einer, bei dem durch „Verstopfung" eines Blutgefäßes ein Hirnbereich abstirbt.

Jamais-vu-Effekt: Situation der Unbekanntheit, Nicht-Vertrautheit, bei der bekannte (allgegenwärtige) Ereignisse nicht als vertraut erkannt werden („Ich weiß, ich war in Hongkong, aber meinem Gefühl nach war ich noch nie dort").

Kenntnissystem: s. Wissenssystem.

Kern: zwei Bedeutungen sind wichtig, zum einen Kern als Zellkern, d.h. als das das genetische Material enthaltende Zentrum einer Zelle; die zweite Bedeutung meint eine Ansammlung von zigtausenden von Nervenzellen, die sich von anderen, ähnlich strukturierten Ansammlungen abgrenzen lässt. Die Amygdala und die Basalganglien stellen in diesem Sinne Kerne dar.

Kernspintomographie: eine Form der Bildgebung, der Sichtbarmachung von Gewebe. Bei der Kernspintomographie werden Gewebsatome durch Magnetfelder angeregt; aus der unterschiedlichen Verteilung von Atomen können Dichtefelder gemessen (oder gebildet) werden, die Rückschlüsse auf gesundes und krankes oder geschädigtes (Hirn-)Gewebe ermöglichen. Innerhalb der Neuroradiologie unterscheidet man zwischen statischer und funktioneller Bildgebung. Bei der statischen werden Dichteänderungen gemessen, bei der funktionellen Bildgebung lässt sich über die Messung des venösen Blutflusses die Aktivität des Gehirns während der Durchführung von Wahrnehmungen oder Reaktionen bestimmen.

klassische Konditionierung: die Paarung von bestimmten Reizen, die unwillkürliche Reaktionen zur Folge haben; auch Pawlow'sches Konditionieren genannt.

Kleinhirn: Cerebellum. Ein Teil des Hirnstamms und des Brückenhirns; von besonderer Bedeutung für motorische und schnelle Wahrnehmungsanalysen.

Konfabulation, Konfabulationstendenz: das Erfinden und Ausschmücken von Information, häufig um einen wahren Kern herum; insbesondere bei Patienten mit Stirnhirnschäden anzutreffen.

Konsolidierung: die weitere Festigung bereits eingespeicherter Information auf Hirnebene.

Kryptomnesie: Erinnerungstäuschung; (nicht selbst erlebte) Tatsachen werden dann, wenn sie erneut abgerufen werden, als selbst erlebt reflektiert.

Kurzzeitgedächtnis: die Information, die unmittelbar, also „auf einmal" behalten wird. Dies ist die Information, die im Bereich von Sekunden bis maximal wenigen Minuten liegt (je nach Interferenz). Man kann auch sagen, es sind 7±2 Informationseinheiten. Gemessen wird die Länge oder Größe des Kurzzeitgedächtnisses häufig über die ‚Merkspanne' – beispielsweise, indem man Ziffern vorsagt, die dann vom Gegenüber wiederholt werden müssen.

Läsion: Schädigung; meist gemeint als (von außen induzierte) Schädigung des Gehirns.

Langzeitdepression: eine langfristige Unterdrückung der Zellantwort – die Nervenzelle bleibt auf Grund bestimmter Reizkonstellationen unter Umständen für Tage unter ihrer Normal- oder Spontanaktivität; wird als ein möglicher Grundmechanismus für die Gedächtniskonsolidierung angesehen.

Langzeitgedächtnis: die Information, die langfristig bestehen oder erhalten bleibt; alles, was zeitlich jenseits des Kurzzeitgedächtnisses liegt. Im Grundsatz ist das Langzeitgedächtnis inhaltlich oder mengenmäßig unbegrenzt.

Langzeitpotenzierung: das Gegenstück zur Langzeitdepression, nämlich eine langfristige Steigerung der Zellantwort auf Grund bestimmter Reizkonstellationen. Wird als ein möglicher Grundmechanismus für die Gedächtniskonsolidierung angesehen.

Leukotomie: operative Durchtrennung der weißen Masse, d.h. der Nervenfasern mittels einer Art Messer oder Spatel; auch Lobotomie (lobos = Lappen, tomein = schneiden) genannt, weil man meist einen Cortexlappen vom restlichen Gehirn abtrennte.

Limbisches System: ein Konglomerat aus Hirnstrukturen vom Hirnstamm bis zum cerebralen Cortex, das durch eine Vielzahl von Fasern verbunden ist und vor allem für die Verarbeitung (Selektion, Assoziation) von Information und für die Bewertung von Emotionen relevant ist.

Lobektomie: die Entfernung von Hirngewebe, in der Regel ganzer Lappen (vgl. Abb. 3), meist mit dem Ziel, dadurch einen Ausgleich der Hirnaktivität zu schaffen; psychochirurgische Methode, die vor allem früher bei psychiatrischen Patienten angewendet wurde.

Lobotomie: die Durchtrennung von Hirngewebe (Fasern, weiße Masse), meist mit dem Ziel, dadurch einen Ausgleich der Hirnaktivität zu schaffen. Psychochirurgische Methode, die vor allem früher bei psychiatrischen Patienten angewendet wurde.

Lokalisation: s. funktionelle Lokalisation.

Lymphadenom: geschwulstartige Zunahme von Lymphgewebe.

Mammillarkörper: paarig in der unteren Mitte des Gehirns angelegte Kerne, die Teil des Limbischen Systems sind und für die Verarbeitung von Gedächtnis relevant sind; Teil des Papez'schen Schaltkreises.

Massenaktion: von Karl Lashley vor ca. acht Dekaden formulierte Hypothese, dass Hirngewebe gleichartig arbeitet und dass folglich umso mehr Funktionen beeinträchtigt wären, je mehr Hirngewebe geschädigt ist. (Diese Hypothese ist in ihrer Allgemeinheit sicher nicht zutreffend.)

mediodorsaler Thalamus: ein zentral im Thalamus gelegenes Kerngebilde, das beim Menschen besonders stark in Teilkerne ausdifferenziert ist. Seine Nervenfasern projizieren zum Stirnhirn. Der mediodorsale Kern ist zentral in die Regulation von Schlaf, Gedächtnis und Bewusstsein involviert.

Mesencephalon: s. Mittelhirn.

Mittelhirn: Mesencephalon; Teil des Gehirns zwischen Großhirn und Brückenhirn. Vor allem für sensorische und motorische Funktionen nötig. Der untere Teil produziert vor allem einen bestimmten Überträgerstoff – das Dopamin.

mnestisches Blockadesyndrom: aus dem Alltag ist bekannt, dass z. B. Prüfungsstress oder starke psychische Erregung kurzfristig eine Blockierung der Abruf- oder Einspeicherfähigkeit von Information auslösen kann. Auch kann der Zugang zu bestimmten Erinnerungen langfristig blockiert sein, was – wie schon in den Schriften der Psychoanalyse aufgeführt wurde (Repression, Unterdrückung, Vergessen) – durch die Art der zu erinnernden Ereignisse oder durch die psychische Situation des Erinnernden bedingt sein kann. Bezieht sich die Unfähigkeit der Informationsaufnahme oder des Informationsabrufs auf weite Teile der eigenen Biographie und ist länger andauernd, so spricht man von einem ‚mnestischen Blockadesyndrom'. Der vermutete Mechanismus auf Hirnebene basiert auf einer massiven Freisetzung von Stresshormonen, die den normalen neuronalen Informationsfluss unterbinden.

Modalität: anderer Ausdruck für Sinn (visuelle Modalität = Gesichtssinn).

multiple Persönlichkeitsstörung; dissoziative Identitätsstörung: Existenz von zwei oder mehr Persönlichkeiten in einem Individuum, wobei die Persönlichkeiten i. d. R. füreinander amnestisch sind.

Nahtodesereignis, -erlebnis, -situation: „Erlebnis", das ein Mensch haben kann, wenn er plötzlich „den Tod vor Augen" hat.

Neocortex: der Teil der Hirnrinde, der in sechs Schichten untergliedert ist und den entwicklungsgeschichtlich jüngsten Teil des Hirns darstellt.

Neugedächtnis: Information, die – in der Regel nach einem Hirnschaden – neu eingespeichert (und behalten) wird (Gegensatz: Altgedächtnis).

Neuroimaging: s. Imaging.
Neuromonitoring: elektroencephalographische Verfahren (s. Elektrophysiologie).
Neurotransmitter: s. Transmitter.
non-REM-Schlaf: die Schlafstadien, in denen Augenbewegungen (Sakkaden) eher selten sind und in denen noch ein gewisser Muskeltonus vorherrscht.
Okzipitallappen: s. Hinterhauptslappen.
operantes Konditionieren: die Form des Konditionierens, bei der Belohnung oder Bestrafung von der Reaktion des Individuums (Organismus) abhängen.
orbitofrontale Resektion: operative Entfernung der über den Augen liegenden Anteile des Stirnhirns (sog. orbitofrontaler Cortex). Der orbitofrontale Cortex kontrolliert Persönlichkeits- und emotionale Dimensionen.
ordinative Zeitstörung: Probleme beim Erkennen der Dimension Zeit, insbesondere Störungen bei der Bestimmung und dem Vergleich von Zeitepochen (z. B. Stunden).
Papez'scher (Schalt-)Kreis: von Papez vor weit über einem halben Jahrhundert als „Mechanismus für Emotionen" bezeichnet; heutzutage vor allem als „Gedächtnis-Schaltkreis" gesehen; besteht aus der Hippocampus-Formation, dem Fornix, den Mammillarkörpern, dem mammillothalamischen Trakt, dem anterioren Thalamus, mehreren Thalamusstielen (Pedunculi) und dem cingulären Cortex mit dem Cingulum.
Parietalcortex: s. Scheitellappen.
Parkinson'sche Krankheit: die Parkinson'sche Krankheit wurde ursprünglich von dem Engländer Parkinson als Schüttellähmung beschrieben. An ihr – der sog. idiopathischen Form – erkrankt etwa jeder tausendste Mensch. Krankheitsbeginn ist zwischen dem 40. und 70. Lebensjahr, wobei bei 60-Jährigen der Höhepunkt des Ausbruchs liegt. Die Krankheit ist zu Beginn gekennzeichnet durch langsam einsetzende Rigidität (Starre), Tremor (leichte, aber andauernde Muskelzuckungen), Bewegungsverlangsamung, Gleichgewichtsprobleme und Schwierigkeiten in der räumlichen Zuordnung. Demenzzustände sind eher milderen Charakters und korrelieren in ihrer Ausprägung mit der restlichen Parkinson-Symptomatik. Neben der ohne äußere Auslöser entstandenen (idiopathischen) Form der Parkinson'schen Krankheit existieren weitere Varianten, denen Vergiftungen, Hirntumore usw. zu Grunde liegen können. Auf anatomisch-morphologischer Ebene sind primär die pigmentierten, dopaminergen Zellen der Substantia nigra („Schwarze Substanz") – einer Mittelhirnstruktur – betroffen, die großenteils schon ab-

gestorben sind, wenn die Krankheit auf Verhaltensebene manifest wird. Eine ursächliche Heilung der idiopathischen Form ist nicht möglich; meist versucht man das fehlende Dopamin als Medikament zu substituieren (d.h., man gibt L-Dopa, einen Vorläufer von Dopamin, der auf Hirnebene in Dopamin umgewandelt wird).

Plastizität: Möglichkeit der Anpassung neuronaler Strukturen aufgrund von Umwelteinflüssen oder nach Hirnschäden.

Poriomanie: Flucht-, Wanderlust. Eine außerhalb der Norm liegende Tendenz, aus der häuslichen Umgebung zu entfliehen, meist kombiniert mit dem (vorübergehenden) Verlust der Erinnerungsfähigkeit an die eigene Identität.

Positronen-Emissions-Tomographie (PET): bezogen auf das Nervensystem ein Verfahren, um die Aktivität des Hirns zu messen. Hierbei kann man Blutflussänderungen ebenso wie den Glukosestoffwechsel oder die Aktivität bestimmter Transmitter (Überträgerstoffe) registrieren und zu Umweltvariablen in Bezug setzen. Das Auflösungsvermögen liegt bei einem halben Zentimeter oder etwas weniger.

posttraumatisches Stresssyndrom: („PTSD" für post traumatic stress disorder) eine psychische Störung, bei der es aufgrund von massivem Stress oder einem bzw. mehreren traumatischen Ereignissen zu einer relativ beständigen Verhaltensauffälligkeit kommt.

Priming: eine Gedächtnisform, bei der unbewusst wahrgenommene Information erinnert wird (und unter Umständen verhaltenswirksam werden kann).

prozedurales Gedächtnis: s. Gedächtnis.

PTSD: s. posttraumatisches Stresssyndrom.

Rautenhirn: s. Brückenhirn.

REM-Schlaf: eine Form oder Phase des Schlafes, die durch schnelle Augenbewegungen („rapid eye movements" = REM) gekennzeichnet ist und durch eine nahezu vollkommene Erschlaffung der Skelettmuskulatur.

Remission: das vorübergehende Nachlassen chronischer Krankheiten (ohne nachhaltige Erholung oder Heilung).

Repression: Unterdrückung. Terminus der Psychoanalyse. Gemeint ist die Unterdrückung bestimmter Informationen oder einzelner Ereignisse, meist solcher, die negativ affektiv besetzt sind.

retroaktive Interferenz: Störung, die sich auf früher Gelerntes auswirkt. Je ähnlicher nachfolgend Gelerntes dem früher Gelernten ist, um so stärker wirkt sich dieses rückwirkend auf das zuerst Gelernte aus.

Riechhirn: der olfaktorische Cortex. Die phylogenetisch älteste Cortexstruktur, zwischen Nase und dem restlichen Gehirn an der Hirnbasis in Form so genannter Riechkolben gelegen; analysiert und verarbeitet Gerüche.

Scheitellappen: auch Parietallappen genannter Abschnitt der Hirnrinde, der im hinteren Drittel sowohl außen wie innen (zwischen den beiden Hirnhälften) verläuft (Bereich 2 in Abb. 3) und neben der Verarbeitung taktiler Sinnesreize vor allem die Wahrnehmung visueller, auditiver und taktiler Reize integriert.

Schizophrenie: Form einer psychischen Krankheit, die zu Bewusstseinsstörungen, Fehlwahrnehmungen, Wahnideen und Wahnvorstellungen führen kann. Annahme ist, dass vor allem die dopaminerge Aktivität im Bereich des Stirnhirns durcheinander geraten ist.

Schläfenlappen: auch Temporallappen genannter Abschnitt der Hirnrinde, der sich etwa von der Schläfe bis hinter das Ohr entlangzieht (Abschnitt 4 in Abb. 3). Neben der visuellen Objekterkennung findet sich hier der „Hörcortex" und im hinteren, oberen, an den Scheitellappen angrenzenden Bereich die Sprachwahrnehmung.

Septum: Bezeichnung für zwei kleine Bereiche im unteren mittleren Stirnhirnbereich, zum einen die Scheidewand (Septum pellucidum) und zum anderen die Septumkerne (Septum verum). Von funktioneller Bedeutung sind die Septumkerne, die der Steuerung emotionaler Funktionen dienen.

Soma: Zellkörper, der die genetische Struktur und das „Stoffwechselkraftwerk" der Zelle enthält. Bei Nervenzellen gehen von ihm die signalabgebenden und signalaufnehmenden Teile ab.

Somatosensorik: der taktile Sinn, genauer müsste man von somatovisceraler Sensibilität sprechen, da in der Somatosensorik die Hautoberflächensinne und die des Eingeweidebereichs enthalten sind. Druck-, Temperatur- und Schmerzempfinden werden vom somatosensorischen Sinnessystem empfangen und analysiert, zusätzlich auch chemische Reize.

SPECT, Single Photonen-Emissions-Computed-Tomographie: ein Verfahren, ähnlich der Positronen-Tomographie, bei dem mittels radioaktiver Substanzen die Aktivität des Gehirns gemessen werden kann. Das Auflösungsvermögen liegt bei rund 15–25 mm.

Stirnhirn: der vorderste Bereich des Säugetiergehirns; besteht aus dem Frontallappenbereich und den darunter liegenden subcorticalen Strukturen. Stirnhirnstrukturen steuern Handlung, Planung, Initiative, sind aber auch für Emotionen und Persönlichkeitsdimensionen wichtig.

Stress: Stress ist eine Reaktion des Organismus auf erhöhte Anforderungen der Umwelt. Die Grundreaktionen sind eine (vermehrte) Ausschüttung von Stresshormonen (Glucocorticoiden), eine Erhöhung von Pulsfrequenz, Atemfrequenz, Blutdruck und eine Verengung der Pupillen. Stressreaktionen dienen der Abwehr körperlicher Gefahren oder dem Erreichen eines Leistungshochs; gleichzeitig engen sie meist die kognitive Flexibilität und damit auch die Breite von Erinnerungsfähigkeit und Informationsaufnahme ein. Dies insbesondere dann, wenn Stressreaktionen eng aufeinander folgen oder wenn sie belastend sind (posttraumatische Belastungsstörung, PTSD). Stress wird über die Hypothalamo-Hypophysen-Nebennierenachse gesteuert, die die Ausschüttung von Stresshormonen reguliert.

Stresshormone: Glucocorticoide, Hormone im Körper- und Hirnbereich, die vielfältig an der Regulation von Verhalten und Befinden beteiligt sind. Hauptaufgabe ist das „Fitmachen" von Körper und Hirn für ungewöhnliche Situationen.

Telencephalon: Endhirn; der „oberste", phylogenetisch neueste Bereich des Gehirns; außen besteht er aus der Hirnrinde (Cortex) und innen (neben den Fasern der Nervenzellen) aus telencephalen Kernen.

TGA: transiente globale Amnesie, s. Amnesie.

Thalamus: ein beim Menschen taubeneigroßer Bereich, nahezu in der Hirnmitte gelegen, dessen Kerne vielfältig und wechselweise mit der gesamten Hirnrinde in Verbindung stehen. Er gilt als ‚Tor zum Cortex', weil er von den Sinnessystemen aufgenommene Informationen an den Cortex weiterleitet. Aber auch vielfältige nichtsensorische Funktionen werden über seine Kerne gesteuert.

Transmitter, Neurotransmitter: Überträgerstoffe, die die Kommunikation zwischen Nervenzellen ermöglichen.

Trauma: Trauma bedeutet „Verletzung", wobei diese physischer wie psychischer Natur sein kann. Im Zusammenhang dieses Buches sind meist psychische Traumata gemeint, die auf Grund außergewöhnlicher Umstände (z.B. Stress, Verlust des Partners, Unfallsituation) auftreten können.

Ultrakurzzeitgedächtnis: Das Ultrakurzzeitgedächtnis liegt im Bereich von Hunderten von Millisekunden; seine Dauer liegt damit in dem Bereich, den z.B. der Sehfarbstoff in Stäbchen und Zapfen zum Zerfall benötigt. Man spricht für den akustischen Bereich vom echoischen und für den visuellen vom ikonischen Gedächtnis.

Vergessen: ein wenig verstandenes Phänomen. Gängige Theorien gehen davon aus, dass Vergessen durch Zerfall gespeicherten Materials, durch langfristigen Nichtgebrauch oder durch Interferenz („Überschreiben") bei Neulernen, d.h. durch neu aufgenommene Information, die die alte ersetzt, geschehen kann.

weiße Masse: die Fasersysteme des Gehirns, d.h. die Nervenfasern zu- und wegführender Nervenzellen, die meist in Bündeln zusammengefasst sind.

Wernicke-(Sprach-)Region: diejenige der beiden Hauptsprachregionen des menschlichen Gehirns, die primär mit der Sprachauffassung, dem Sprachverständnis, befasst ist und die in der Regel im linken posterioren Hirnteil im Übergangsbereich von Schläfen- (Temporal-) und Scheitel-(Parietal-)Lappen liegt.

Wissensinseln: Phänomen, dass amnestische Patienten trotz ihrer generellen Unfähigkeit, neue episodische Information bleibend aufzunehmen, einzelne Ereignisse dennoch behalten und wiedergeben können.

Wissenssystem: dasjenige der Langzeitgedächtnissysteme, bei dem es um die Aufnahme und das Behalten von Fakten (Weltwissen, Allgemeinwissen) geht. Wird primär mit dem linken Großhirn in Verbindung gebracht.

Zeitrafferphänomen, Zeitdehnungsphänomen: subjektive Wahrnehmung, dass die Zeit weit langsamer (bei Zeitdehnungsphänomen) oder schneller (bei Zeitrafferphänomen) abläuft, als es der objektiv-chronometrischen Zeit entspricht. Meist nach Hirnschäden oder biochemischen Änderungen auf Hirnebene (z. B. Drogeneinnahme).

Zerfall: Annahme, dass einmal abgespeicherte Information nach gewisser Zeit und bei „Nichtgebrauch" zerfallen und damit nicht mehr abgerufen werden kann.

Zytoarchitektur: regelhafter Aufbau der Hirnrinde, der dadurch bedingt ist, dass die Nervenzellen einer bestimmten Anordnung folgen. Hierbei sind Nervenzellen unterschiedlichen Aussehens (z. B. „Stern-", „Pyramiden-" und „Körnerzellen") nur in bestimmten Schichten zu finden, ähnlich wie bei einer Torte.

Literatur

Aldenhoff, J. (1997): Überlegungen zur Psychobiologie der Depression. Nervenarzt 68, 379–389.

Allende, I. (1999): Fortunas Tochter. Frankfurt: Suhrkamp.

Benedikt, M. (1879): Anatomische Studien an Verbrecher-Gehirnen. Wien: Wilhelm Braumüller.

Bonhoeffer, K. (1901): Die akuten Geisteskrankheiten der Gewohnheitstrinker. Jena: Fischer.

Brodmann, K. (1909): Vergleichende Lokalisationslehre der Großhirnrinde in ihren Prinzipien dargestellt auf Grund des Zellenbaues. Leipzig: Barth.

Brown A. S. (1998): Transient global amnesia. Psychosomatic Bulletin & Review 5, 401–427.

Büchner, L. (1872): Kraft und Stoff. Empirisch-naturphilosophishe Studien in allgemein-verständlicher Darstellung. Leipzig: T. Thomas.

Burnham, W. H. (1903): Retroactive amnesia: Illustrative cases and a tentative explanation. American Journal of Psychology 14, 118–132.

Carruthers, J. (1990): The book of memory. A study of memory in medieval culture. Cambridge: Cambridge University Press.

Dahl, F. (1922): Vergleichende Psychologie oder Die Lehre von dem Seelenleben des Menschen und der Tiere. Jena: Gustav Fischer.

Dahlmann, W. u. P. Schaefer (1979): Klüver-Bucy-Syndrom und Greifreflexe (oral, cheiral, podal) nach schwerer Hirnkontusion. Archiv für Psychiatrie und Nervenkrankheiten 226, 229–239.

Dercum, F. X. (1925): The thalamus in the physiology and pathology of the mind. A. M. A. Archives of Neurology and Psychiatry 14, 289–302.

Ebbinghaus, H. (1885): Über das Gedächtnis. Leipzig: Duncker & Humblot.

Fink, G. R., H. J. Markowitsch, M. Reinkemeier, T. Bruckbauer, J. Kessler u. W.-D. Heiss (1996): Cerebral representation of one's own past: neural networks involved in autobiographical memory. Journal of Neuroscience 16, 4275–4282.

Flechsig, P. (1896): Gehirn und Seele [Brain and soul]. Leipzig: Veit & Co.

Flechsner, U. (Hrsg.) (1995): Die Schatzkammern der Mnemosyne. Dresden: Verlag der Kunst.

Frankl, V. E. u. O. Pötzl (1952): Über die seelischen Zustände während des Absturzes. Monatsschrift für Psychiatrie und Neurologie 123, 362–380.

Freud, S. (1900): Die Traumdeutung. Leipzig/Wien: Franz Deuticke.

Freud, S. (1901): Zur Psychopathologie des Alltagslebens (Vergessen, Versprechen, Vergreifen). Monatsschrift für Psychiatrie und Neurologie 10, 1–32 u. 95–143.

Gagné, R. M. (1965): The conditions of learning. New York, NY: Holt, Rinehart & Winston.

Galton, F. (1879): Psychometric experiments. Brain 2, 149–162.

Gamper, E. (1928): Zur Frage der Polioencephalitis haemorrhagica der chronischen Alkoholiker. Anatomische Befunde beim alkoholischen Korsakow und ihre Beziehungen zum klinischen Bild. Deutsche Zeitschrift für Nervenheilkunde 102, 352–359.

Ganser, S. J. (1904): Zur Lehre vom hysterischen Dämmerzustande. Archiv für Psychiatrie und Nervenkrankheiten 38, 34–46.

Haddenbrock, S. (1949): Radikaltherapie durch Defrontalisation? Theoretisches und Kritisches zur präfrontalen Leukotomie (Moniz). Medizinische Klinik 3, 69–74.

Hameroff, S. R., A. W. Kaszniak u. A. C. Scott (1998): Toward a science of consciousness II: The second Tucson discussions and debates. The Tao of consciousness. Journal of Cognitive Neuroscience 11, 132–134.

Härting, C., H. J. Markowitsch, P. Calabrese, K. Deisinger u. J. Kessler (2000): Die Wechsler-Memory-Scale-revised. Deutschsprachige Adaptation. Bern: Huber.

Hartley, D. (1749): Observations on man, his frame, his duty, and his expectations. London: Leske u. Frederick.

Hering, E. (1870): Ueber das Gedächtnis als eine allgemeine Funktion der organisierten Materie. Vortrag gehalten in der feierlichen Sitzung der Kaiserlichen Akademie der Wissenschaften in Wien am XXX. Mai MDCCCLXX. Leipzig: Akademische Verlagsgesellschaft.

Huschke, E. (1854): Schaedel, Hirn und Seele des Menschen und der Thiere nach Alter, Geschlecht und Race. Jena: F. Mauke.

Kahnemann, D., E. Diener u. N. Schwarz (1999): Well-being: The foundations of hedonic psychology. New York: Russel Sage Foundation.

Kessler, J., H. J. Markowitsch, R. Huber, E. Kalbe, G. Weber-Luxenburger u. P. Kolk (1997): Massive and persistent anterograde amnesia in the absence of detectable brain damage – anterograde psychogenic amnesia or gross reduction in sustained effort? Journal of Clinical and Experimental Psychology 19, 604–614.

Korsakow, S. S. (1890): Ueber eine besondere Form psychischer Störung combiniert mit multipler Neuritis. Archiv für Psychiatrie und Nervenkrankheiten 21, 669–704.

Kraepelin, E. (1889): Ueber den Einfluss der Uebung auf die Dauer von Associationen. St. Petersburger Medicinische Wochenschrift 14, 9–10.

Kraepelin, E. (1892): Ueber die Beeinflussung einfacher psychischer Vorgänge durch einige Arzneimittel. Jena: Gustav Fischer.

Kraepelin, E. (1896): Psychiatrie (5. Aufl.). Leipzig: Barth.

Kraepelin, E. (1900): Ueber die Merkfähigkeit. Monatsschrift für Psychiatrie und Neurologie 8, 245–250.

Kronthal, P. (1916): Ueber den Seelensitz. Archiv für Psychiatrie und Nervenkrankheiten 56, 219–227.

Lashley, K. S. (1950): In search of the engram. Society for Experimental Biology, Symposium No. 4, 454–482.

LeDoux, J. E. (1996): The emotional brain. New York: Simon and Schuster.

Lurija, A. (1971): Der Mann, dessen Welt in Scherben ging. Reinbek: Rowohlt.

Macmillan, M. (2000): Legacy of a flying tamping iron. An odd kind of fame: stories of Phineas Gage. Cambridge, MA: MIT Press.

Markowitsch, H. J. (Ed.) (1990): Transient global amnesia and related disorders. Toronto: Hogrefe & Huber Publs.

Markowitsch, H. J. (1992): Intellectual functions and the brain. An historical perspective. Toronto: Hogrefe & Huber Publs.

Markowitsch, H. J., D. Y. von Cramon u. U. Schuri (1993): Mnestic performance profile of a bilateral diencephalic infarct patient with preserved intelligence and severe amnesic disturbances. Journal of Clinical and Experimental Neuropsychology 15, 627–652.

Markowitsch, H. J., G. R. Fink, A. I. M. Thöne, J. Kessler u. W.-D. Heiss (1997a): Persistent psychogenic amnesia with a PET-proven organic basis. Cognitive Neuropsychiatry 2, 135–158.

Markowitsch, H. J., A. Thiel, J. Kessler, H.-M. von Stockhausen u. W.-D. Heiss (1997b): Ecphorizing semi-conscious episodic information via the right temporopolar cortex. A PET study. Neurocase 3, 445–449.

Markowitsch, H. J., J. Kessler, C. Van der Ven, G. Weber-Luxenburger u. W.-D. Heiss (1998): Psychic trauma causing grossly reduced brain metabolism and cognitive deterioration. Neuropsychologia 36, 77–82.

Markowitsch, H. J., P. Calabrese, H. Neufeld, W. Gehlen u. H. F. Durwen (1999a): Retrograde amnesia for famous events and faces after left fronto-temporal brain damage. Cortex 35, 243–252.

Markowitsch, H. J., E. Kalbe, J. Kessler, H.-M.von Stockhausen, M. Ghaemi u. W.-D. Heiss (1999b): Short-term memory deficit after focal parietal damage. Journal of Clinical and Experimental Neuropsychology 21, 784–796.

Markowitsch, H. J., J. Kessler, E. Kalbe u. K. Herholz (1999c): Functional amnesia and memory consolidation. A case of persistent anterograde amnesia with rapid forgetting following whiplash injury. Neurocase 5, 189–200.

Markowitsch, H. J., J. Kessler, M. O. Russ, L. Frölich, B. Schneider u. K. Maurer (1999d): Mnestic block syndrome. Cortex 35, 219–230.

Markowitsch, H. J., J. Kessler, G. Weber-Luxenburger, C. Van der Ven u. W.-D. Heiss (2000a): Neuroimaging and behavioral correlates of recovery from ‚mnestic block syndrome' and other cognitive deteriorations. Neuropsychiatry, Neuropsychology, and Behavioral Neurology 13, 60–66.

Markowitsch, H. J., A. Thiel, M. Reinkemeier, J. Kessler, A. Koyuncu u. W.-D. Heiss (2000b): Right amygdalar and temporofrontal activation during autobiographic, but not during fictitious memory retrieval. Behavioural Neurology 12, 181–190.

Matiegka, H. (1902): Ueber das Hirngewicht, die Schädelkapacität und die Kopfform, sowie deren Beziehungen zur psychischen Thätigkeit des Menschen. Sitzungsbericht der königlich böhmischen Gesellschaft der Wissenschaften, Mathematisch-naturwissenschaftliche Classe 20, 1–75.

Messner, R. (1978): Grenzbereich Todeszone. Köln: Kiepenheuer und Witsch.

Meynert, T. (1867): Das Gesamtgewicht und die Theilgewichte des Gehirns in ihren Beziehungen zum Geschlechte, dem Lebensalter und dem Irrsinn, untersucht nach einer neuen Wägungsmethode an den Gehirnen der in der Wiener Irren-

anstalt im Jahre 1866 Verstorbenen. Vierteljahresschrift für Psychiatrie, Psychologie und gerichtliche Medicin 125–170.
Müller, G. E. u. A. Pilzecker (1900): Experimentelle Beiträge zur Lehre vom Gedächtnis. Zeitschrift für Psychologie, Erg.-Bd. 1.
Näcke, P. (1893): Untersuchungen von 16 Frauenschädeln, darunter solche von 12 Verbrecherinnen (incl. einer Selbstmörderin). Archiv für Psychiatrie und Nervenkrankheiten 25, 227–247.
Papez, J. W. (1937): A proposed mechanism of emotion. A. M. A. Archives of Neurology and Psychiatry 79, 217–224.
Porter, N. u. P. W. Landfield (1998): Stress hormones and brain aging: adding injury to insult? Nature Neuroscience 1, 3–4.
Proust, M. (1954): Auf der Suche nach der verlorenen Zeit. Frankfurt: Suhrkamp.
Romijn, H. (1997): About the origin of consciousness. A new, multidisciplinary perspective on the relationship between brain and mind. Proceedings van de Koninklijke Nederlandse Akademie van Wetenschappen 100, 181–267.
Schacter, D. L. (2000): The seven sins of memory: Perspectives from functional neuroimaging. In: E. Tulving (Ed.): Memory, consciousness, and the brain (pp. 119–137). Philadelphia, PA: Psychology Press.
Scoville, W. B. u. B. Milner (1957): Loss of recent memory after bilateral hippocampal lesions. Journal of Neurology, Neurosurgery and Psychiatry 20, 11–21.
Semon, R. (1904): Die Mneme als erhaltendes Prinzip im Wechsel des organischen Geschehens. Leipzig: Wilhelm Engelmann.
Sinz, R. (1979): Neurobiologie und Gedächtnis. Stuttgart: Gustav Fischer.
Spengler, T. (1991): Lenins Hirn. Hamburg: Rowohlt.
Stoll, W. A. (1954): Leukotomie-Erfahrungen der Psychiatrischen Universitätsklinik Zürich. Nervenarzt 25, 195–197.
Tulving, E., S. Kapur, H. J. Markowitsch, G. Craik, R. Habib u. S. Houle (1994): Neuroanatomical correlates of retrieval in episodic memory: Auditory sentence recognition. Proceedings of the National Academy of Sciences of the USA 91, 2012–2015.
Weinrich, H. (1964): Typen der Gedächtnismetaphorik. Archiv für Begriffsgeschichte, 23–26.
Welt, L. (1888): Ueber Charakterveränderungen des Menschen infolge von Läsionen des Stirnhirns. Deutsches Archiv für klinische Medicin 42, 339–390 (und 1 Tabelle).
Ziehen, T. (1908): Das Gedächtnis. Berlin: Hirschwald.

Register